17年海南大学科研团队培育项目（项目编号：hdkytg201707）
17年度国家社科基金项目（项目编号：17BGL117）
18年海南省自然科学基金项目（项目编号:718MS035）资助出版

产业融合背景下的旅游创新业态发展研究

耿松涛　宋蒙蒙　著

图书在版编目（CIP）数据

产业融合背景下的旅游创新业态发展研究 / 耿松涛，宋蒙蒙著. —北京：知识产权出版社，2018. 5

ISBN 978-7-5130-5494-2

Ⅰ. ①产… Ⅱ. ①耿… ②宋… Ⅲ. ①旅游业—创新管理—研究—中国 Ⅳ. ①F592

中国版本图书馆 CIP 数据核字（2018）第 058658 号

责任编辑：刘 江　　**责任校对**：潘风越

封面设计：张国仓　　**责任出版**：刘译文

产业融合背景下的旅游创新业态发展研究

耿松涛　宋蒙蒙　著

出版发行：知识产权出版社 有限责任公司	**网　　址**：http://www.ipph.cn
社　　址：北京市海淀区气象路50号院	**邮　　编**：100081
责编电话：010-82000860 转 8344	**责编邮箱**：liujiang@cnipr.com
发行电话：010-82000860 转 8101/8102	**发行传真**：010-82005070/82000893
印　　刷：北京九州迅驰传媒文化有限公司	**经　　销**：各大网上书店、新华书店及相关专业书店
开　　本：720mm×960mm　1/16	**印　　张**：18
版　　次：2018年 5 月第 1 版	**印　　次**：2018 年 5 月第 1 次印刷
字　　数：266千字	**定　　价**：68.00 元

ISBN 978-7-5130-5494-2

序

产业融合作为一种扩散性的技术创新，产生了许多新的产品和服务，开拓了新市场，促进产业的共同繁荣，有利于资源的优化整合和产业结构的转型升级。人们通过产业融合，从产业缝隙中寻找新的经济增长点，延长产业链，拓展产业空间。产业融合，成为一种普遍的经济现象。

旅游业与第一、二、三产业不断融合，催生了很多新的业态，而且旅游业还会依据消费者多元化的需求，不断创新旅游产品与经营业态，对传统产业结构进行调整，以实现转型升级和提质增效。在新技术、新观念的推动下，会展旅游、红色旅游、乡村旅游等多种形式的旅游新业态不断涌现。

2009年年底海南国际旅游岛建设上升为国家战略，海南旅游的发展进入新时期。为全面贯彻五大发展理念，进一步深化供给侧改革，提高海南旅游供给体系的质量，推动经济发展的质量变革、效率变革、动力变革，海南“十三五”规划中提出重点发展以旅游业为首的十二大重点产业。同时为推进海南旅游转型升级、破解海南旅游发展难题，海南作为国内首个创建全域旅游示范省，需要不断创新海南旅游发展业态，推动旅游业向更高层次转型。

海南旅游发展具有得天独厚的优势和条件，拥有良好的生态环境、全国最大经济特区和国际旅游岛等重大优势。为加快推进海南国际旅游岛建设，提升旅游国际化水平，海南在传统观光旅游的基础上，充分发挥海南自身的优势，通过加大适合海南省情的会奖旅游、医疗旅游等优势旅游产品的供给，实现全省旅游设施、经营管理和服务水平、国际知名度、美誉度进一步提高，旅游产业的特色、质量和效益全面提升，旅游富民成效不断显现。旅游创新业态的发展更有助于建设经济繁荣、社会文明、生态宜居、人民幸福的美好新海南，有助于将海南打造成为中国旅游业改革创新试验区和世界一流的海岛休闲度假旅游目的地。

耿松涛博士是我校引进的优秀青年教师，长期从事旅游创新业态方面的研究，已发表学术论文50余篇，并先后出版会奖旅游、医疗旅游、旅游装备制造等主题的多本学术专著，其中《中国医疗旅游发展研究：理论创新与实践探索》荣获海南省第九次社科优秀成果二等奖；主持国家社科基金项目1项以及海南省社科基金、海南省自科基金多项。其担任负责人的“旅游创新业态科研团队”在2017年被海南大学遴选为学校重点培育的科研团队，是获批的8支队伍中唯一一支经济管理学科团队。

本书对旅游创新业态中会奖旅游、医疗旅游、文化旅游、乡村旅游、温泉旅游、森林旅游、体育旅游、婚庆旅游、邮轮旅游和房车露营旅游等10个主要业态进行相关文献整理与分析，在回顾国内外相关理论成果的基础上，结合海南国际旅游岛各旅游业态的发展情况，研究产业融合下新业态的创新培育与健康发展。

耿松涛、宋蒙蒙的新著《产业融合背景下的旅游创新业态发展研究》即将付梓，作为学院领导，希望其带领的科研团队在旅游创新业态的科研道路上坚定走下去，能够多出优质的研究成果。

是为序。

海南大学旅游学院院长　韦开蕾教授

2017年11月于海南大学东坡湖畔

前 言

随着消费经验日趋丰富，旅游者对旅游产品更加挑剔。他们不仅仅满足于单纯的旅游观光，而是开始享受体验式旅游，切身参与到旅游目的地活动项目中。过去相对单一的观光游开始逐渐往深度体验游转变。旅游产业具有关联度高、综合性强的特点，正好促进旅游业与其他产业的融合发展，开始进入旅游业态创新发展的新阶段。旅游创新业态是指旅游产业在发展过程中，融合其他产业，应用新的模式或转变新的内容，逐步完善、改进和深化、转型、升级旅游产业，创造出不同于传统旅游产业的新业态，促进旅游业可持续发展。

国家旅游局抽样调查结果显示，2017年上半年，国内旅游人数达到25.37亿人次，比2016年同期增长13.5%，旅游增长速度远远超过预期。随着旅游人数的不断增长，多样化、精细化的旅游需求日益凸显。为了更好地满足市场需求，丰富旅游产品，促进旅游业态创新可持续发展，2016年年底国家颁布的《“十三五”旅游业发展规划》明确提出，要推进业态创新，拓展新领域；2017年6月国家旅游局发布的《全域旅游示范区创建工作导则》（以下简称《导则》）提出“坚持融合发展、创新发展，丰富旅游产品，增加有效供给”的指导意见。

旅游业态创新是我国旅游市场持续发展的动力，是旅游经济和产业转型升级的重要方式。海南省作为国际旅游岛、全国最大的经济特区，拥有巨大的旅游需求潜力，一方面要积极响应国家颁布的文件规定，另一方面必须进行旅游业态的创新，以顺应旅游市场竞争日益激烈的需要，获得更多的竞争优势，满足市场需求变化。海南省经济发展的主导产业是旅游业，海南对旅游业态创新发展十分迫切，需要时刻关注旅游行业的发展动态，了解旅游者的心理需求，结合海南省丰富的自然资源、浓厚的文化资源以及国家政策支持的优势等条件，将旅游产业与其他产业融合发展，创新出多种多样的旅游业态，丰富旅游细分市场。此外，还应该在《导则》大思路指导下，利用“旅游+”的发展理念有力促进产业体系化发展，丰富产品供给，并通过融合创新业态，如温泉旅游、会展旅游、医疗旅游等，促进海南旅游业态创新发展。

当前海南省发展旅游创新业态的景区还存在诸多问题，如景区规划建设资金匮乏，基本设施建设不完善甚至是落后状态；组织结构冗杂、管理职责混乱；宣传推广不到位，缺乏品牌形象意识；旅游从业人员专业素养较低，服务质量低下等，所以还需要花费更多的精力去分析其中缘由并找到相应的解决办法，促使海南旅游业往更好的方向发展。

现有的对海南国际旅游岛创新业态的研究比较匮乏，缺少完整的理论研究以及创新业态分析。以往的研究还只是停留在对新型业态的描述、归纳、总结上，缺少实质性分析研究，不具有普遍性和实际可操作性，不利于海南创新业态的发展。所以，本书编排的初衷就是希望能够系统地研究归纳国际旅游岛发展起来的多种旅游创新业态的情况，为读者提供有价值的研究参考。

本书在梳理前人对旅游创新业态研究的基础上，有针对性地研究海南国际旅游岛10种旅游创新业态，分别为：会奖旅游、医疗旅游、文化旅游、乡村旅游、温泉旅游、森林旅游、体育旅游、婚庆旅游、邮轮旅游和房车露营旅游，并以此为据分为10章。每章内容大体上从四个方面进行阐述：第一部分为概念研究，对相关旅游业态进行定义和内涵分析，描述其发展的背景意义，并回顾国内外相关理论研究成果。第二部分为发展现状描述，深入探究海南创新业态发展的资源条件、政策条件、社会环境，以及典型代表的发展状况。第三部分是分析海南在发展创新业态时所面临的问题，通过实地调研、访谈、查阅文献资料等方式寻找海南创新旅游业态中存在的亟须解决的问题。第四部分是实践进路研究，针对第三部分提出的发展中遇到的问题，通过寻找有效措施来解决问题或提出相应的建议对策，以便让海南旅游产业更长远更健康地发展。此外，部分章节还插入了国内外旅游发展的典型案例，给海南省的旅游创新业态发展提供建设性的参考，同时也帮助读者更好地理解本书内容。

本书提出的发展问题和实践进路，具有较高的理论价值和实践指导意义，希望能给读者带来启示和指导作用。

本书的编撰由海南大学旅游学院师生参与完成，由于时间和能力有限，内容方面难免存在遗漏和不足之处，还请广大读者批评指正，以共同推进本研究的不断完善和提高。

目　录

第一章　会奖旅游

第一节　会奖旅游的概念和特性

一、会奖旅游

会奖旅游，即会展及奖励旅游，包括四个组成部分：会议（Meeting）、奖励旅游（Incentive）、大会（Convention）、展览（Exhibition），国际上简称为MICE。会奖旅游以规模大、时间长、档次高和利润丰厚等突出优势，被认为是高端旅游市场中含金量最高的部分。会展旅游是会展经济的重要组成部分，产品以会展为中心构成，但可以整合多种资源形成多种产品，会展的参与者即是会展旅游的客源。

据世界权威国际会议组织（ICCA）统计，每年度全球举办的参加国超过4个，与会宾客超过 50人的各种国际会议达40万个以上，会议总产值约达2 800亿美元。

近年来，国内关于会奖旅游的研究逐渐增多。刘伟 （2015）[1]通过构建评估会奖旅游经济效应指标体系来研究会奖旅游的区域经济效应，并且针对体系中的每个指标如何测量会奖旅游经济影响进行具体分析。耿松涛和王琳（2015）[2] 从宏观层面、中观层面、微观层面三个不同视

---

[1] 刘伟．会奖旅游区域经济效应评价指标建构研究[J].商业经济，2015（5）：90-92.

[2] 耿松涛，王琳.我国会奖旅游发展的影响因素及动力机制研究[J].经济研究参考，2015（69）：93－100.

角分析了我国会奖旅游发展的影响因素，从推动型动力因素与支持型动力因素两个视角解析了我国会奖旅游发展的动力机制。常玮洪和陈礼勇（2016）[1] 运用层次分析法计算影响北京会奖旅游业发展的各因素的权重。

张红和郝庆智（2009）[2]提出在会奖旅游市场开发中应充分研究分析会奖旅游主体人群的特点及需求，开发可替代性旅游产品。王春才（2015）[3] 通过数据调查分析北京会奖旅游发展存在的问题，并提出应从完善管理体制、规范市场行为、优化旅游环境、加强人才培养、加快会奖旅游产品创新、建立会奖旅游统计标准方面提出提升会奖旅游的举措。孟铁鑫（2016）[4] 研究发现当前我国高校会奖旅游教育中存在的人才培养基础理论研究薄弱、培养结构单一、培养模式理论化等问题不利于培养具有全面的品质素养、复合的知识结构、多元的实践能力等特征的会奖旅游人才。卢凤荣（2017）[5] 认为传统的会奖旅游产品已经不能满足客户的需求。会奖旅游产品设计必须注重创意主题的体验、虚实结合的环境体验、惊险刺激的旅游产品的体验、参与性活动的体验、体贴入微的服务体验等以满足消费者的需求。

---

[1] 常玮洪，陈礼勇.基于AHP 北京会奖旅游影响因素的综合评价[J].甘肃科学学报，2016，28（4）：141-146.

[2] 张红，郝庆智.可替代性旅游在会奖旅游市场开发中的运用研究[J].旅游论坛，2009，2（5）：752-755.

[3] 王春才.北京市会奖旅游发展的制约因素及破解路径[J].城市问题，2015（6）：41-45.

[4] 孟铁鑫.会奖旅游教育的制约因素及培养模式构建[J].劳动保障世界，2016（32）：79-81.

[5] 卢凤荣.体验经济时代会奖旅游产品设计策略[J].现代经济信息，2017（2）：371.

此外，国内学者刘红霞（2015）、[1]唐彩玲（2013）、[2]叶娅丽（2012）[3]等分别对海南、云南、四川等地的会奖旅游发展做出深入分析。而在国外，关于奖励旅游的研究多集中在人力资源管理方面，他们多把奖励旅游作为企业的管理手段以“凝聚企业向心力、提高生产力、塑造企业文化”。旅游企业对奖励旅游的研究则集中在奖励旅游的策划与组织上，从奖励旅游专业网站中（如泰国奖励旅游网站、日本奖励会议旅游网站等），可以发现大量成功的奖励旅游案例，这些案例渗透着丰富的奖励旅游理念。

中国自2002年正式提出会奖业概念以来，会展经济取得长足发展。中国会奖旅游市场正以每年超过20%的速度增长，会奖旅游市场的游客占全国游客的39.9%。商务旅游市场发展潜力惊人，规模已经达到法国、德国等欧洲主要国家水平。预计到2020年，中国商务会奖旅游市场将增长5倍，从而成为世界第三大商务旅游市场。会奖旅游发展势头迅猛，目前正迅速成为中国旅游业中举足轻重的力量，并展现出良好的发展前景。

二、会奖旅游的特性

会奖旅游除了具备季节差异小、消费水平高、组团规模大、经济效益好等会展旅游的特点外，还显示出自身鲜明的特点，高档次、高消费、高要求是会奖旅游的首要特点。

（1）参加者首先必须通过企业特定的审核资格，一般来说，他们都是企业的优秀员工和业务骨干或者是贡献很大的经销商、拥有忠实品牌认知度的客户。其次，一个会奖旅游团往往就是一个高消费旅游团。

---

❶ 刘红霞.海南会奖旅游发展现状及对策研究[J].中外企业家，2015（1）：236-238.

❷ 唐彩玲，谢洪忠.云南会奖旅游资源优势及开发策略研究[J].现代商业，2013（36）：45-46.

❸ 叶娅丽.四川旅游发展对策研究——以会奖旅游为例[J].改革与战略，2012，28（3）：132-134.

据统计，一个豪华会奖旅游团的消费通常是一个普通旅游团的5倍。最后，会奖旅游通常需要提供会奖旅游业务的专业公司来为企业“量身定做”，使会奖旅游活动中的计划与内容尽可能地与企业的经营理念和管理目标相融合。因此，这无论对会奖旅游产品本身，还是对设计这些旅游产品的专业公司都提出了较高的要求。

（2）会奖旅游是企业文化的一部分，会奖旅游不仅是企业的公费旅游，更是企业的公务旅游，它是把办理公务事项作为活动的主要目的，寓旅游于公务之中。在会奖旅游的过程中穿插着会议、培训、教育等活动，有的放矢地显示内部营销的组织性和亲和力，从而有利于增强员工对企业文化和使命的认可，有助于增进员工或同事之间的沟通和友谊。

（3）目的是激励企业员工。研究管理问题的心理学家在经过大量调查和分析后发现，把旅游作为奖品来奖励员工、客户时，其所产生的积极作用是金钱和物质奖励远达不到的。通过会奖旅游中的一系列活动，如专项会议、颁奖典礼、主题晚宴、集体游戏、友情赠送等，可以极大地激励员工的生产积极性，增加经销商和客户对企业品牌的忠诚度，激励他们更好地为企业服务，同时也起到对企业本身组织建设的激励作用，有利于展现企业自身实力，树立企业良好的社会公众形象。

（4）企业对员工的福利。会奖旅游是“一种带薪的、休闲的、免费的旅行游览活动”，这就揭示了会奖旅游的福利性本质。有关研究显示，会奖旅游费用占企业超额利润的30%左右。用这部分利润作为对企业做出贡献的群体的福利性待遇，即体现了现代企业的人文关怀理念，也从经济意义上节省了个人自发旅游带来的种种成本。会奖旅游活动为企业员工、经销商、客户与管理者共同参与企业发展创造了条件。会奖旅游活动提供的各种机会，能够使各方零距离接触，有效地调整企业上下层关系，以实现企业的“共同愿景”。会奖旅游的过程还经常会加入一些参与性活动，这对团队协作精神的形成，无疑能起到事半功倍的效用，并且参与性活动的一些富有人情的做法，能在活动结束后给人留下值得回味的经历。

第二节　会奖旅游国内外发展经验

一、国外会奖旅游的起源

20世纪初，北美和欧洲是世界经济最发达的地区，相对发达的商品经济和激烈的市场竞争成为奖励旅游萌生的沃土。早在1906年，美国“全国现金注册公司”就向客户提供了一次免费参观其代顿（Dayot）的总部的活动。二三十年代在美国芝加哥的汽车销售业中，有的公司管理者为了提高销售额而在开展销售竞赛活动时，为销售人员规定了定额指标，只要超额完成销售指标，销售人员就有资格参加免费的旅游活动。在当时，活动的组织者潜意识中把这样的免费旅游活动归纳为促销手段的一种，认为可以“生利还本”，也就是说这种活动可以给公司带来足够的利润来支付免费旅游的费用，其结果也证明活动组织者预想的正确性。于是作为促销手段而产生的免费旅游活动逐渐演变成奖励旅游活动，并首先受到销售企业的认可，成为销售企业中对员工进行激励的方法。在当时，奖励旅游的最终使用者主要是汽车经销商、电器分销商和保险公司推销员等销售业精英，而这种奖励旅游活动包括全部免费和部分免费两种。几乎在同一个时期的欧洲，苏联采取了全面规划以加速工业化的经济发展战略，并从1928年开始实施了第一个五年计划，斯大林为了激励那些完成政府五年计划的人，曾把他们送到黑海度假两周，形成最早由政府实施的奖励旅游方式。但是这种奖励旅游活动有着浓厚的政治色彩，并且阶段性明显，对国际奖励旅游的影响不大。

在“2017中国旅游业界奖（商务+会奖类）”中，澳大利亚荣膺“年度最佳海外会奖旅游目的地（长途）”，连续第4次获得该奖，体现出业界对澳大利亚高品质会奖项目与服务体验的高度认可。澳大利亚已经成为具有世界影响力的旅游胜地，拥有众多举办世界级商务活动的专业经验，凭借世界一流的风光和自然环境、澳式美食美酒、出色的商务互动设施、优质的住宿以及独家的体验，澳大利亚在全球热门商务活动旅游目的地排名中一直稳居前列。越来越多的国际企业选择凯恩斯、大堡礁地区、黄金海岸等地方作为公司员工激励和培训教育地点。澳大利亚会奖旅游局的数据表明，目前许多中国企业选择凯恩斯与大堡礁地区作为其会奖旅游目的地。

除了亚洲企业以外，不少美国公司也对在这里进行会奖旅游有着浓厚的兴趣，包括来自IT、电子、制造业及销售等不同领域与行业，最大的团体人数可达500人。毋庸置疑，凯恩斯与大堡礁的自然美景和世界级景观成为他们选择这里的重要原因。

同时，澳大利亚旅游局在直航、签证和旅游安全方面也做了很多的工作，欢迎更多的中国企业和MICE团队访问澳大利亚。目前，澳大利亚已经与包括北京、上海、广州等主要交通枢纽在内的13个中国大陆城市开通直航，并且还将新开更多航线，进一步深入中国内陆腹地，极大地方便中国商务会奖团队前往澳大利亚。

此外，澳大利亚推出了多样化的会奖旅游体验活动，思维车探秘之旅，驾驶思维车游走费沙岛西海岸，无须驾驶经验，简单轻松，趣味无穷。全程30分钟，由向导带领，沿途讲解，可以推荐奖励团队作为创意的海边团建活动之一。包船海钓，如果想尝试钓鱼的乐趣，可以乘坐私人游船出海钓鱼。

面对蓬勃发展的中国出境会奖旅游市场，澳大利亚旅游局将继续深耕中国市场，积极部署，不断提升澳大利亚的会奖设施和服务品质，并积极与各大行业伙伴合作，以有创意的、创新的服务去迎合瞬息万变的市场需求，为中国赴澳奖励旅游团队打造更为优质商务会奖旅游产品及体验。

二、国内奖励旅游的发展

普遍认为，改革开放后随着大批外资企业涌入，作为先进管理手段的奖励旅游随之进入我国。中国奖励旅游的缘起在某些方面与苏联政府实行的奖励旅游有些类似。确切地说，中国的奖励旅游始于20世纪五六十年代，在政府及国有大中型企业兴办的疗养院中所进行的休假疗养活动已经具备奖励旅游的基本特征。它们多建在风光旖旎、环境优雅的旅游风景区，来休假疗养的人绝大多数都是政府机关与国有大中型企业经过层层选拔的劳动模范和先进工作者，费用由政府和企业承担，而目的基本上是出于对优秀人员的表彰和激励，这些特征和奖励旅游非常相似。

20世纪80年代初期，亚洲经济的迅速发展受到世界普遍的关注，越来越多的公司到亚洲寻求发展甚至将总部迁移到亚洲，奖励旅游作为一种有效的管理手段随之在亚洲传播开来。与此同时，亚洲旅游资源丰富、旅游业发展日益成熟，一些奖励旅游策划者开始选择亚洲作为奖励旅游目的地。1993年，亚洲一些旅游业发达的地区如泰国曼谷、中国香港、新加坡等地已经接待了为数可观的奖励旅游团，据估计约占其接待总量的10%。而亚洲日益发达的经济，尤其是亚洲的新加坡、日本、韩国及我国台湾地区、香港地区等的企业开始自己组织洲内的奖励旅游，更是推动亚洲奖励旅游的发展。但短途奖励旅游仍然是亚洲奖励旅游的主流。在这样的区域环境背景下，改革开放以后特别是80年代末期90年代初期外资企业大量涌入中国，欧美盛行的奖励旅游观念随之在中国传播。在中国范围内，外资企业和大多数三资企业秉承国际传统，奖励旅游作为其内在的管理手段得到了继承，如友邦保险公司、安利公司、惠普公司、欧司朗公司、民营企业和股份制企业机制灵活，奖励旅游发展也比较迅速；而国有企业因为受国家规定、传统观念等因素的影响很少看好奖励旅游这种方式，甚至认为奖励旅游是公费旅游，是不正当的。而来自旅行社的统计资料也证明了这种看法：数据显示，预定奖励旅游团最多的还是外资企业，占到60%，民营企业和股份制企业大约占35%，而国有企业仅有5%的比例。

（一）专业会奖旅游目的地——海南

海南作为国内外知名的旅游目的地，旅游业经过30多年发展，基础设施、服务体系已完备，供应链可以实现一站式服务。最典型的是三亚，三亚会奖旅游近年来蓬勃兴起，年接待国内外各类会议超过5 000场。据不完全统计，2015年三亚会议接待总人数51.7万人次，会议总场次（50人以上）5 765场，其中国内会议5 684场，国际会议81场。会展源涉及医药、汽车、房地产、能源、金融等行业领域，制造行业、社会团体、医药行业的会议占据前三。2016年上半年，三亚会议接待总人数35万人次，各类会议2 219场。

目前，海南全岛共拥有4 258家星级酒店，五星级酒店为主力军，这些五星级酒店宴会厅面积大多在1 000平方米以上，大多拥有户外草坪或滨海沙滩。

此外，邮轮游艇、低空飞行、高尔夫温泉、热带雨林、乡村、海岛探险游等丰富体验，海南应有尽有。

省政府和海口、三亚等市县政府分别制定政策、划拨专项资金，扶持会奖产业。单个会议、展览、节庆活动最高可获150万元奖励。一个会议，省、市两份补贴，最高可获得300万元补助。

海南的会奖旅游发展势头正好，但海南的会奖业也开始未雨绸缪地看到海南会奖旅游的短板，积极谋求发展的新思路。

海南要打造国际会奖旅游胜地，人才是可持续发展的根本。无论是作为项目管理负责人的中高层人才，还是创意人才，又或者是销售团队和基础性的执行人员，海南会奖旅游的从业人员专业程度都还有待提高。交通也是制约海南会奖旅游发展的瓶颈。旺季航线加密，淡季很多航空公司撤减航班，使到海南的交通成本增加，这是失去会奖团队的因素之一。海南会奖旅游发展要牢牢抓住海南独有的自然优势。除此之外，海口、博鳌、三亚三个不同的地区要形成差异化、互补化，向高端、专业化发展。

（二）特色会奖旅游目的地——苏州

苏州打造会奖旅游品牌“约会苏州”，并推出“约会园林”“约会湖畔”“约会古城”“约会雅韵”等四大会奖主题。

在政策方面，2014年，苏州正式成立会奖旅游推广中心，还专门成立会奖旅游发展有限公司。会奖旅游推广中心致力于建立苏州会奖旅游目的地管理体系，提升苏州会奖旅游业整体水平。苏州会奖旅游发展有限公司则为苏州会奖旅游业发展注入新的内生动力，将散落在苏州各地的会奖旅游资源进行整合和串联，集合工业园区的国家商务旅游示范区、太湖国家旅游度假区以及古城的国家古城旅游示范区等优势资源，实现了苏州会奖旅游产业的整体提升、融合和发展。2015年苏州的会奖推广着力于四个方向。

（1）引进品牌性会奖项目。引进有知名度、关注度的项目，配合媒体的广泛传播和报道，主动宣传，形成会奖精品案例，争取成为苏州会奖品牌性的项目。

（2）积极参加国内外会奖专业组织和展会。一方面，通过加入各类重点的国际会奖专业组织，积极参加会员活动，推广苏州会奖旅游，在业内形成口碑；另一方面，通过参加国际性的专业会奖展览、会议，积极参与各类推广活动，广泛接触国际买家，争取买家项目在苏州的对接、落地。

（3）组织系列买家考察活动。这类活动主要包括媒体考察和体验活动、专业的国内外会奖买家考察活动，并广泛听取专业的会奖推广建议。此外，还将组织大型公司、企业单位、协会等直接客户的考察体验活动，直接促进项目对接、落地。

（4）系统性的年度宣传与推广。建立会奖中心专业网站、微信、微博等宣传阵地，配合年度内容营销，全面展示苏州会奖目的地的特色、产品、进度、动态；并通过各类型买家活动、国内外的展会和活动，建立苏州会奖的买家资源库，及时跟进买家动态，主动推送苏州会奖动态，增进买家触点。除此之外，还要用大数据管理的方式进行买家管理和服务，增强互动性，提高品牌形象。

三、国内外会奖旅游发展经验总结

根据国内外的发展状况以及一些案例，可以基本得出会奖旅游发展的基本经验。

（1）基础建设完备，会议中心一流。对于任何一个会奖旅游目的地来说，没有完备的基础设施就不可能吸引会议游客和团体，这一点将是会奖旅游发展最基础的内容。

（2）政府奖励体系健全，促进旅游发展。政策也同样影响着会奖旅游的发展，鼓励性的政策会使会奖旅游在短期快速发展。

（3）城市宜居，物价很有竞争力。作为会奖旅游目的地，城市的特性会影响会奖旅游的体验，舒适宜居的环境和清新的空气是会议团体选择的主要考虑因素，同时低廉的物价也会增加城市的竞争力。

（4）城市氛围亲民、热情、多元。这一点主要是使得团体游客感受好客和宾至如归的感觉，大大提升体验。

（5）独特的自然资源。拥有广袤的森林、辽阔的海域等一些自然美景会使得这个城市的竞争力大大提升，使得会议团体在工作的同时放松身心。

第三节　海南省创新业态之会奖旅游发展

近些年，会奖旅游以其消费水平高，活动内容丰富、利润相对较高，对服务商的专业度、业务操作能力和资源整合能力要求高等特点，成为世界各国各地区大力发展的一大领域，而在中国，会奖旅游正以每年20%的速度快速增长。海南作为中国唯一的热带岛屿省份，凭借独特的旅游资源、日渐完善的会奖设施，以及通达的交通体系，吸引着越来越多的国内外会奖客人。

海南会奖旅游还处于初级发展阶段，主要集中在海口、三亚、博鳌三地。会议会奖旅游发展迅猛，孕育并形成一些显示度高的品牌展览活动，比如中国（海南）国际热带农产品冬季交易会、海南世界休闲旅游博览会、海南国际美食博览会、海南旅游贸易博览会、海南国际海洋旅游博览会、海南国际美食博览会、海天盛筵游艇及奢侈品展会等。但展览业仍然是海南会展业发展的一大短板。特别是随着展馆个数的快速增长，参展商和消费市场两头在外的弊端将进一步放大，长期以来展馆利用率低、参展商层次低数量少、消费市场狭小、观览人数少等困扰海南展览展会发展的瓶颈性问题也将进一步加深扩大。

2015～2017年海南省千人以上会议、展览数量、展览面积、会展业接待过夜人数等重要指标年增长率均达到两位数。2017年上半年海南省会展业发展势头良好，办会、办展数量，参会、参展人数均有所突破。上半年共举办100人以上会议8 100场，同比增长8%；举办展览46场，同比增长7%，展览面积达56.4万平方米；参加会展人数158.1万人，同比增长9%；会展业收入达80.2亿元，同比增长15.5%，高于2016年同期增速7.1个百分点；会展业增加值27.9亿元，同比增长13.7%，在十二大产业中排名第五。

近年来海南会展业经济、社会效益突出，被纳入海南省“十三五”规划重点扶持的十二大产业之一，既是促进海南“国际旅游岛”建设新的经济增长点，也是海南调优做强绿色实体经济、提升经济发展质量效益的重要动力。海南省正在加强会展硬件设施建设，在全省“多规合一”框架下，完善海口、三亚、博鳌、儋州等地的展馆及周边配套设施，提高会展承载能力。同时发挥“生态环境、经济特区、国际旅游岛”三大优势，按照“企业主体、市场运作、政府推动”的发展模式，加快形成链条完整、优势互补、管理科学、竞争力强的会展产业集群。为了鼓励会展业发展，海南省在财政政策上大力支持。根据《海南省会展业发展专项资金管理暂行办法》，海南省将投资入股展馆建设项目、成立平台公司培育重点会展项目、设立产业投资资金培育处于初创期的会展企业，对展馆建设项目给予贷款贴息等。在奖励方面，对于参会人数在500人（含）以上，省外（含境外）参会人数比例不低于80%，会期在1天（含）以上，活动期间安排住宿使用三星级以上宾馆（或相当于该星级标准的宾馆）总间数达到500间夜数的会议、节庆，按三、四、五星级宾馆分别给予每间夜80元、100元、120元奖励。使用多星级宾馆的，可合并计算。单次活动奖励金额原则上不超过150万元。加入国际会议协会（ICCA）等国际性组织后，对取得ICCA认证的机构或项目，一次性给予5万元奖励。引进（申办）2 000人以上的会议、节庆或1 000个标准展位以上的展览发生的申办费，根据主办方要求和各地惯例，由省商务厅会同省财政厅提出意见。未来海南省应该进一步创新机制体制，在从境内外相关会展城市的发展模式中提取适用于海南会展业的经验启示的基础上，立足海南会展发展实情，探索根植于海南本土的会展发展路径，补足展览发展的短板，从而实现“三年成形，五年成势”的发展目标。

一、会奖活动数量持续增长，质量不断提升

近年来海南省会奖活动既在举办数量上持续增加，同时在质量上也不断地突破。根据海南省商务厅的数据显示，全省2016年举办百人以上会议14 980场，同比增长15.4%；其中千人以上会议82场，同比增长22%。会展产业收入145.1亿元，相比2015年增长11%。如图1-1、图1-2所示，海南省历年来展览活动的举办数量和面积整体保持上升的趋势；会议业由于相关政策因素的影响，2012～2014年举办的数量和参会人数不断下降，经过一段时间的市场调整之后，2014年之后开始稳步上升。

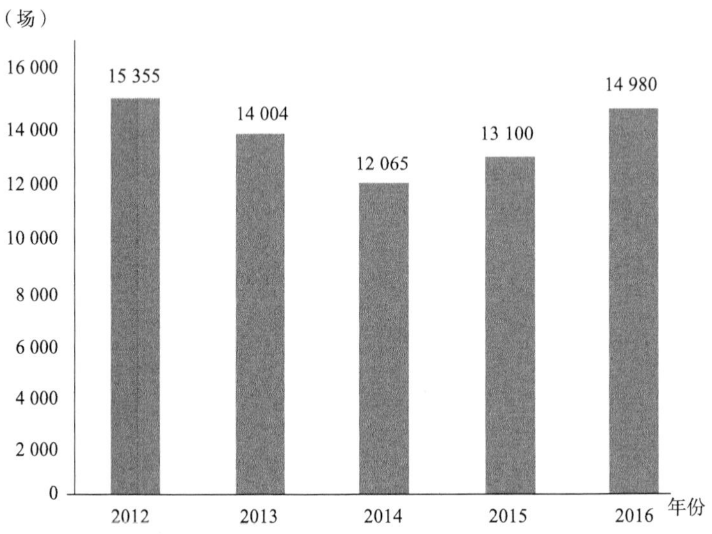

图1-1　海南省2012~2016年举办会议数量

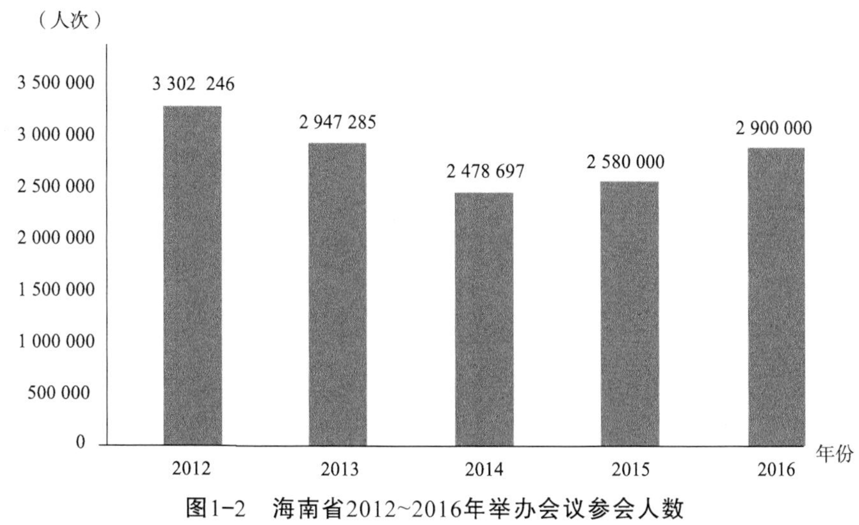

图1-2　海南省2012~2016年举办会议参会人数

在会议活动举办的质量方面，近年来海南省立足省情不断培育重点会展品牌，如冬交会、海洋产业博览会、三亚热带兰花博览会、国际旅游岛欢乐节等传统品牌会展活动规模档次不断提升，逐渐成为海南省的会展名片；而海南国际旅游贸易博览会、国际旅游岛购物节、博鳌国际物流论坛、国际旅游岛三角梅花展等12场重大展会，首次举办即取得良好效果，不断向外界展示海南省会展业广阔的发展空间。此外，海南省近年来也不断引进国内外知名会展活动，例如中国会展文化节、中国饭店大会、中国环境科学年会、西普会等，在促进海南会展活动多元化的同时也为当地的会展行业注入新的活力，引入新的竞争，有效促进海南省会展业的市场化、国际化进程。

二、会议目的地优势凸显，经济效益不断增强

近年来，海南省会展业依托得天独厚的生态环境，丰富的旅游资源，享誉的博鳌亚洲论坛年会、中非合作圆桌会议、三亚国际数学论坛等重要会议，已经成为海南省旅游业的重要支撑和旅游收入的重要来源。据统计，海南省会议参会人数最多的是2012年，100人以上的会议超过1.5万场，参会人数达330万人次，会议接待收入140多亿元，约占全省

旅游收入的1/3；会议接待的过夜人数约1 300万人次，约占全省旅游接待过夜人数的1/3。

三、会奖基础配套设施日益完善

近年来，海南省会奖旅游基础设施处于不断完善之中。在会议酒店方面，截至2016年年底，全省共有挂牌星级宾馆133家，其中五星级宾馆26家，四星级宾馆41家，三星级宾馆58家；其中三亚拥有五星级酒店14家，四星级酒店17家，三星级酒店9家，拥有客房56 312间，比2015年增加6 403间；目前三亚市正在打造亚龙湾、海棠湾、凤凰湾等商圈的高级酒店产业集群，近两年不断引进国际高端品牌酒店例如凯宾斯基、美高梅、希尔顿、万豪等，以满足不断发展的会展市场。

而对于配套设施，在信息化建设方面：截至2016年年底，海南省已经实现全岛光网、4G、重点公共场所wifi三个全覆盖，并提出在2017年建成全光网省，实现省内三大基础电信运营企业网络间访问的互联互通和省内互联网企事业单位的互联交换。在交通运输方面：2015年12月投入运营的环岛高铁高效地连接全岛，极大推进海南中西部的交通运输；海口美兰机场二期扩建正在加速推进，预计2019年将投入运营，2025年将满足年旅客吞吐量3 500万人次、年货邮吞吐量40万吨；此外，集公路、有轨电车、输水、电网、燃气、光纤等六大通道功能于一体的海口如意岛跨海大桥也于2017年2月全面开工，预计在2019年投入使用，届时将深入促进岛内外的沟通交流。

四、会奖旅游利益相关主体协同共进

在新一届政府领导对会展业的持续关注之下，海南省会展业各利益相关主体保持紧密协作交流，积极履行自身职能，政产学协合作共进。

海南省各级政府对会展业的发展日益重视。省委省政府将会展业视为“十三五”规划中十二大重点产业之一，并且颁布多项财政鼓励政策支持会展业的发展，如2015年的《海南省会展业发展专项资金管理暂行办法》以及2016年的《关于做好2016年度省会展业发展专项资金项目申报工作的通知》，同时各市县也纷纷推出相应的财政支持政策，如海口市颁布了《海口市会展业发展专项资金使用管理暂行办法》；三亚出台了《三亚市加快旅游业发展扶持奖励办法的实施细则》，其中明确指出要加大对会议产业的扶持力度；此外，琼海、儋州、万宁、澄迈、文昌、屯昌、定安、陵水等市县也加大了会展业的资金扶持力度。同时为了提升海南省会展的品牌知名度，吸引更多知名机构来琼参展办展，海南省会展局在岛内外举办多次会展招商推介会，如2017年6～7月先后在上海、北京举办两场会展推介会，近三年来针对会展业的招商推介会的频率之高、规模之大都是前所未有。

会展企业不断发挥市场主体作用，知名会展机构纷纷落户海南。截至2016年年底，海南省共有439家会展企业，其中海南国际会展中心、共好、西点、智海王潮、海旅、九思、中博、红帆等当地传统会展企业迅速壮大，成为海南省会展龙头企业。共好展览公司旗下的海南国际车展是目前海南省营利能力最强的展览，并且共好展览公司是海南第一家也是唯一一家在省级区域性股权交易市场挂牌的会展企业；主打会议的智海王潮于2016年成为ICCA会员，年营业额突破3亿，业务遍及海口、三亚、沈阳、上海、大理等全国各地。随着海南省会展市场环境的不断改善，众多知名会展机构如中展、振威展览集团、意大利世展米兰国际等纷纷落户海南，有效提升海南会展产业核心竞争力并进一步推动当地市场化进程。

高校不断提升会展人才培养质量。目前海南当地高校开设会展专业的有海南大学、三亚学院、海口经济学院、海南外国语职业学院等，每年为当地输送会展毕业生将近300人。以海南大学为例，近年来海南大学不断拓展会展人才的培养模式，例如与爱尔兰都柏林理工大学合作进行会展人才联合培养，有效提升会展专业学生的国际化水平；同时为进一步提高学生对会展行业的了解，熟悉会展活动操作流程，海南大学会展系一直以来致力于推进校企合作，多次邀请当地会展企业参与由会展系举办的会展人才双向招聘会，为学生提供大量的见习实习机会；此外，为进一步探索会展人才培养的新模式，保证会展毕业生能够在工作中学有所用，2017年海南大学旅游学院与中国会展经济研究会联合举办了中国会展教育论坛，探讨会展人才与教育的国际化合作。

第四节　海南省会奖产业发展存在的关键问题

目前海南会奖旅游市场在全国知名度很高，据不完全统计，每年在海南召开企业商务会议1.5万多个，绝大多数在三亚和博鳌举办，仅仅博鳌亚洲论坛大酒店一家酒店一年就召开1 000多场各种形式的商务会议，收入在20亿元以上，经济效益巨大。同时，海南会奖旅游也存在会议配套活动缺乏、会议基础设施不完善、会议购物和休闲娱乐设施不全、会议策划和组织人才匮乏、政府管理服务需要进一步提高等诸多问题。例如会后配套拓展活动不完善，没有固定的会后拓展训练场地，企业投入巨资在海南召开商务会议，但在员工的户外拓展训练等配套方面非常薄弱，无法进行理想的户外拓展训练活动，从而导致企业商务会议的回头客少，会奖旅游的聚集和扩散效应不够等问题。

一、市场规划定位不明确

相比日趋成熟、市场普遍认可且赢得广泛赞誉的会议，会奖旅游在发展定位、功能定位、市场定位等方面均不明确，且品牌辨识度普遍不高。（1）会议展览一般分为产业驱动型、消费市场驱动型、旅游资源驱动型、政府行为驱动型、综合实力型等，海南尚未确立起展览的主导性定位；（2）会议展览在海南经济社会发展中的功能定位也未厘清，受制于产业基础薄弱、消费市场狭小、资源单一、政府财力有限、综合实力不足等影响，展览展会大多依赖政府主导、出资、扶持等，难以发挥宏观指导、政策支持、条件提供和市场培育等功能定位。[1]

[1] 刘红霞. 探析海南会奖旅游资源优势及开发策略[J]. 经济研究导刊，2015(10):234-235，276.

二、管理体制不顺畅

会展业从属于不同职能部门管辖，职能交叉重叠严重，责权利边界不清导致难以形成有力的管理体制。目前海南省会展业管理体制仍未理顺，会展行业行政主管机构仍不明确且多头管理，会展产业综合配套与服务设施不够完善，业态较单一，政策支持力度明显偏弱，会展人才缺乏，会展信息咨询和发布系统有待完善，并且重复办展、多次办展、恶意竞争现象普遍，展览展会重招展轻招商、重创收轻服务、扰乱市场秩序、侵害展商观众的事件时有发生。同时，不同部门、各个市县在推动会展业发展的过程中也不能形成合力，难以有效打破地域间的经济社会壁垒，难以实现在相对狭小空间内的资源共享。由于盲目跟风现象比较严重，已经造成大量场馆设施的闲置浪费。相应地，多数会展企业缺乏科学的发展战略和市场化运营，导致不同场馆的设施功能参差不齐、管理水平千差万别、配套设施完善程度各不相同、会展企业之间无序竞争等现象出现。

PCO（专业会议组织者）和 DMC（目的地管理公司）是会展业发展不可缺少的重要内容，也是国际会展业专业化发展的重要体现。国际会奖旅游活动的举办通常都是由PCO进行组织，在选定会展目的地城市之后，将各种主题活动交DMC公司负责。目前，海南会奖旅游市场更多偏向于会议接待，主要集中于会议公司、旅行社、会议酒店。他们大多只是单纯地按照客户要求，为客户安排在海南开会期间的住宿、餐饮、旅游等事宜，主动性差，从而导致这些公司所获得的利润有限。由于提供会议接待的企业多，致使会奖市场出现恶性削价竞争，严重影响海南会奖市场正常、健康发展。

三、市场化创新程度低

海南会展业一直未能充分正视自身消费市场狭小、产业基础薄弱、空间环境相对封闭等核心基础问题，加之会展产品和服务质量偏低、运作机制混乱、利益格局与冲突调节机制不健全，尤其是展览展会仍严重依赖政府直接出资、主办等，无论综合性展览展会，还是行业领域的专门性展会，出资方式、举办形式、组织手段、保障措施、运营理念等几乎如出一辙、毫无新意，市场化创新理念匮乏，市场化的投融资平台建设滞后，导致社会资本占比极小，专业化、市场化、国际化水平低，行业协会、会展企业、专业机构等主要依赖财政资金办展、自身功能作用发挥有限，国际知名会展组织、企业和机构对海南展览展会缺乏足够信心，国内、国际竞争力与经济整体环境、特别是旅游业的发展不相匹配。

四、特色优势不突出

虽然海南已有诸如车展、房展、海天盛筵、冬交会、海洋旅游博览会、海洋产业博览会等看似特色鲜明的展览展会，但置于全国甚或华南地区，此类展览展会办展层次低、水平差、竞争力弱、同质化高、重复办展严重且国际化程度不高等一目了然。（1）展览展会管理运营粗放，单一的财政资金办展却未能精准投放，难以充分展示地域优势，形成品牌展、特色展；（2）未能充分认识到把海南作为一个大城市规划建设的重要性、必要性和现实性，立足海南发展实际打破行政区划壁垒和界限，有效充分利用海口、三亚、琼海、儋州等中心城市的展馆、市场资源，创新现代展览展会办展理念，综合利用先进场馆搭建技术等，统筹区域中心展馆和市县临时场馆等；（3）会展企业普遍小、散、弱，整体效益不高且竞争力不强，员工从业素质低、流失率大、专业化程度低，企业自身品牌效应不足，企业资金与技术实力欠缺，缺乏现代企业制度建设，难以发挥市场在资源配置中的决定性作用。

五、产业融合度过低

会议相对成功的前提是旅游业的持续快速发展，以及相关设施、配套、产品、服务的高度融合且市场化程度比较高，展览展会方面海南缺乏像中国—南亚博览会、中国—东盟博览会、广交会等，对区位优势、资源禀赋和产业基础等的融合利用，已经形成覆盖特定国家、地区的标志性品牌展会。一方面，展览展会缺乏与地方优质资源和优势产业的深度融合，虽多命名国际展会，其实质并未有多少国际化产业和服务内涵，过度盲目追热点、提口号、抓政绩，对自身区位条件、资源禀赋和优势产业等并未有过多关注，流于盲从模仿跟随国内外知名展会，总体上形式大于内容，缺乏与地方政治、经济、社会、文化和生态等的深度产业化融合发展；另一方面，为了展览展会而搞展览展会，随意性、随机性过大，展览业自身特点、规律和特色未能得到有效体现，缺乏产业聚焦和中长期、全省统筹覆盖。产业优势并不突出的行业领域给予了过多关注，比如海洋产业、海洋旅游、图书、汽车、教育等在海南省产业基础非常薄弱，热带农业、渔业、旅游、地产等虽然在海南比重较大，但与发达地区仍存较大差距，且大多展览展会并未达成多少实质性的成交。另外，本就不够发达的展览业却中小企业林立竞争异常激烈，没有形成品牌性的占据市场领先地位的企业。

第五节　海南会奖旅游发展的政策建议

海南的地理和气候条件良好，生态环境和生活环境优质，独具特色的海岛文化、移民文化和民俗文化等使得其成为国内外旅游者进行会奖旅游活动的首选。海南的基础设施逐渐完善，会展接待水平提升。海口是热带旅游天堂海南省的省会城市，拥有许多政府专项机构，会奖旅游业的发展能够得到强有力的政策扶持。海南国际旅游岛建设的国家战略实施后，海口市在 2012 年 6 月成立全国首个会展行业的政府职能部门——海口市会展局，引导支持海口会展行业的健康发展。近几年来，海南的许多高校陆续开设会展专业，如海南大学、海口经济学院等，为海南会奖旅游业的专业人才输送开通渠道，人才队伍建设渐趋壮大。在会展规模快速发展壮大、会展基础设施日益完善、政府会展政策逐步深化的情况下，海南的品牌化会展目的地形象逐渐建立。海南省的会奖旅游想要进一步发展还需要做以下工作。[1]

一、营造良好的会奖旅游环境

目前海南省最大的展馆是海南国际会议展览中心，但是其可用的展览面积也不超过10万平方米，因此，未来海南省想要培育或者引进国家级、国际性的大型展会，首先需要拓展展馆空间。但在扩展展馆空间的过程中不能盲目兴建展馆，一定要从海南省会展经济发展的实情出发。建议将原有的海南国际会展中心进行扩建，使其可用展出面积增加到15万平方米左右。同时，加强周边地区设施配套和功能完善，创新发展会奖旅游服务业态。按照会展商务区或会展产业集聚区的要求配套宾馆、会议中心、商务楼、餐饮以及相关休闲娱乐业态；吸引会展相关配套企业（广告、公关、搭建、物流、咨询等）入驻，形成积聚效应；加快城市立体交通设施建设，强化公共交通的直达性。

二、培育办展主体力量

（一）培育展览机构，打造产业生态圈

海南省政府应该加大本土展览机构的培育力度，从政策支持、财政扶持、法律援持三个层面鼓励当地有实力的大型展览企业通过收购、兼并、控股、参股、联合等形式组建国际化展览集团，将其打造成具有先进办展理念、管理经验和专业技能的龙头展览企业，从而带动展览业发展，提升行业竞争力。通过提供展馆租赁、办公地址、财税补贴等优惠政策积极引进国内外诸如北京励展、法兰克福等专业大型展览机构落户海南，一方面提升海南展览机构的整体实力；另一方面激励本土展览企业转型升级，进而为海南省今后承接举办国家级展会奠定基础。

此外，政府应该积极发挥服务职能，引导展览机构以及展览机构

[1] 耿松涛，张凤鸣．海口会奖旅游目的地品牌化建设路径选择研究[J]．企业经济，2015，34(10):141-147.

的供应商、分销商等相关企业并同展览机构的合作企业如文化传媒企业、旅游服务企业等构建会展产业生态圈。由于海南省展览机构及展览相关机构普遍是中小型规模，存在融资困难的情况。因此，政府应该将商业银行也纳入产业生态圈，通过相应的政策刺激，为展览机构及展览相关机构提供便捷可靠的融资服务，从而助推展览机构进一步拓展展览业务。

（二）加强人才培养，吸引人才留琼

当前海南省需要尽快培育和壮大一支熟悉国际展览业惯例，善于展览市场开拓，强于策划、营销、组织和管理的会展专业人才队伍，以提高海南展览业的服务质量和管理水平。海南省政府可以从以下三个方面着手。第一，采用政府支持，行业协会主导的模式，与国际展览管理者协会（IAEM）、国际展览业协会（UFI）等国际会展组织或机构合作，开展展览业高级人才培训或研修项目，提升高层次展览人才的国际化操作水平。第二，针对广泛的展览从业人员，政府加大力度和当地高校或培训机构合作，培养展览业所需的技术性、应用型、复合型人才；此外，逐步形成展览业人才分类管理机制，促进展览专业人才队伍建设，推动展会朝专业化方向发展。第三，海南省政府可以通过为当地高校的会展毕业生提供住房补贴、生活补贴、便捷的落户政策等相关优惠措施吸引更多的应届会展毕业生留琼参加展览工作。

（三）促进行业协会建立

随着海南省展览业的不断发展，越来越多的展览新业态开始显现，例如展览+会议、展览+旅游、展览+节事节庆、互联网+展览等；而从展览产业链来看，也涉及场地业、展装业、舞美业、活动软件与技术业、活动服务业等不同的行业。无论是新型的业态，还是不同的行业，都需要相应的行业协会代替政府部门出面搭建利益相关主体之间的沟通交流平台，并促进行业内的资源合理配置。目前海南省政府充分尊重市场发展规律，不断简政放权；但政府所下放的职能，目前当地的行业协会并不能完全承接，因此，政府应该引导展览业相关利益主体根据展览业务的差异，自主形成相应的行业协会，并且行业协会之间加强沟通交流。此外，政府也应该进一步转变职能，以服务为主；赋予行业协会更多话语权，鼓励行业协会在政府和企业、高校之间积极承担搭建交流平台、制定行业准则、组织人员培训、建立利益相关主体反馈机制等职能。

三、塑造会奖旅游目的地的良好形象

海南作为会奖旅游目的地，其品牌即代表着身份识别，将目的地形象塑造融合到品牌识别中去，树立区别于其他会展城市的独特形象，创造出可持续性的品牌化优势。一般认为，旅游者对目的地形象的感知是受到目的地营销组织（DMO）进行的品牌定位和形象定义所影响的。海南在打造品牌会奖旅游目的地之前，必须先设计与塑造其作为会奖旅游目的地的良好形象，结合当地的风土人情和政治经济环境，重视品牌所代表的主题和特色。充分发挥海南得天独厚的地理优势和气候优势，将其独特的海岛文化、移民文化、特色民俗文化与目的地品牌文化建设相结合，定义“休闲”“会议”“民俗”以及“滨海”作为关键着眼点，打造“特色会展品牌城市、中国滨海商务会奖城市”，并努力提高展商和游客对海南会奖旅游目的地品牌文化的支持和理解。

四、准确地进行目的地品牌定位

会奖旅游目的地品牌定位除了立足于目的地自身的特征对海南进行定位外，还要进行市场细分，选择恰当的目标市场。有效的旅游目的地营销是通过构造一种无法模仿的品牌而实现，这种品牌依托地方旅游资源优势和现代化营销设计而形成。尽管海南拥有自然环境上的绝对优势，但其经济发展程度与城市规模决定了会展城市其品牌在中国处于中下层次，无法与传统的会展品牌大城市如上海、广州等相抗衡。所以，海南的目的地定位必须结合竞争环境，突出本地特色文化内容，将自身的差异性优势显示出来，建立并维持独特竞争地位。

（一）省会城市定位

海口的城市定位是从具备的综合性、多功能的特点出发的。为打造最精最美省会城市，海口明确了建设“四宜三养”之城的目标，即“宜居、宜业、宜学、宜游”与“养眼、养身、养心”，充分考虑了海口所拥有的自然条件优势和经济发展现状。在进行确切的城市本身定位之后，作为会奖旅游目的地的目标才有更多的依据。

（二）目标市场选择

目标市场的选择决定了目的地市场前景，是品牌定位的核心内容。广西南宁的会奖旅游近年来发展较快，虽然不具备达到国际性会展城市的条件，但凭借其独特的区位优势和中国—东盟自由贸易区建立的良好契机，各部门大力协作，正在快速打造面向东南亚的国际性会奖旅游品牌。海南的定位可借鉴南宁会展发展的经验，依靠其位于中国华南经济圈，外临东南亚，处于中国—东盟自由贸易区的中心位置，以及与各海峡相通、优越的海上地理区位优势，利用自身丰富的热带旅游资源和优美的环境，将会奖旅游的目标市场定位为：立足于华南地区这个核心目标市场、以东南亚国家和环亚太地区为基本目标市场、以其他远距离中国大陆和海外市场为潜在机会市场，逐渐扩大国内外客源市场，实现高知名度的目的地品牌化目标。

五、精心设计会奖旅游产品，提供优质服务

依据各目标市场消费者的消费习惯和海南的资源条件，为目标客户精心设计会奖旅游产品，提供优质的会展服务，提升海南目的地的美誉度。随着会奖旅游业的蓬勃发展，海南的会展服务团队积累了大量的运作和现场管理经验，专业的服务意识与管理水平也得到了提升。基于此，海南的会奖旅游产品设计应紧密联系海岛民俗、滨海度假文化，开展以大会、会议旅游、节事活动为主的会奖旅游活动，依靠海南本身的环境优势来塑造会议型、以民俗庆典而闻名的目的地等特色形象。由于城市规模太小、基础设施有待改善，海南举办大型展会受到诸多硬件和

软件方面的条件制约，相比于传统的会展大城市并不具有发展优势，不利于展会品牌的宣传与人气的增加。因此，在保证产品特色和质量的基础上，海南会奖旅游管理部门及相关协会企业要致力于服务水平的提高，确保会展高层管理者能力的有效性和会展服务人员素质的顾客满意度。

六、建立海南会奖旅游目的地营销系统

海南会奖旅游目的地营销系统的构建依据的是会奖旅游行业的各个利益相关主体之间的关系，明确营销系统的利益相关者和全部营销对象。其中，利益相关者包括当地政府、行业协会和会奖旅游企业等，而营销对象则涉及参展商、与会者、专业观众、旅游者、投资者、竞争城市、上级政府、居民及国际组织或者跨国会展公司等。以相关的网络技术为依托，由政府主管部门——海南省会展局牵头，行业协会即会展协会进行协助管理，全面收集和规范海南的各种会奖旅游信息，构建城市会奖旅游信息平台，使城市相关企业、媒体公众、参展商及专业观众等利益相关者及时了解所需要的行业信息并及时作出反馈，使之成为通畅的信息传播渠道，实现行业信息管理的网络化、推动会奖旅游产品和服务销售的电子化、在世界范围内宣传目的地城市等功能，同时推进了海南会奖旅游业信息化发展的进程，从真正意义上对海南会奖旅游目的地品牌化建设进行整体营销。传达与目的地相关的独特高品质的活动体验与服务的信息，积极影响目标客户在开展会奖旅游活动时对目的地的选择。将品牌营销过程具体落实到精细化、精算化、精英化的“三精”品牌战略中来。

（1）精细化是指做到会奖旅游城市目的地品牌营销渠道及产品和服务的精细化与正规化，选择多层次、全方位的立体形态的信息传播渠道，一般采取广告和公共关系这两种营销传播渠道。在进行目的地广告的设计和宣传时，要结合品牌营销所处的阶段来拟定媒体组合、设计相关方案，运用网络、电视、报纸等传播媒介，系统化地宣传海南的目的地品牌形象。公共关系的营销方式可以是主办或承办各种影响力大的盛会，吸引营销对象形成对目的地品牌的行为反应。海南作为品牌目的

地，其为目标市场所提供的会奖旅游产品和服务必须精细化。会奖活动组织方应结合海南当地文化特色和环境特点，依据行业标准，为活动参与者提供独特的产品与服务，使之与其他会奖旅游目的地的产品区分，给目标客户一种独一无二的体验与感知。

（2）精算化战略要求政府相关部门和行业协会对海南的会奖旅游信息进行精算化的管理及决策，在营销中管理者对于信息动态发展的掌控、围绕整体目标而制定的各个阶段的目标、作出的决策都必须精算化，因为这直接关系到最终的经济效益和社会效益，进而影响目的地的品牌化建设成果。

（3）精英化是指人才精英化战略，专业人才的质量是决定品牌建设的关键性因素。人才缺乏是制约海南会奖旅游业发展的重要原因，目前最缺乏的是高素质、高能力的项目策划者和经营过大型项目的展览展示操作者。同时，行业从业人员的专业技能和管理水平达不到所需水平要求。在职业培训领域，课程内容设置、师资、证书和主办单位、培训效果评估等层面欠缺相对的权威认定基准。为进一步为海南会展业的健康发展提供智力支持和人才保障，有关部门应该将重点放在培养高校教育中专业会展人才和对已从业人员的职业培训两方面，努力提高会展组织人员的外语水平和经营管理技能。另外，通过“引进”行业领军人物和学术专家等多种方式，提高海南会展人员的专业素质。最后，确立一套严谨的职业资格认定体系，通过与国内其他会奖旅游政府、行业组织共同探讨研究，对会展业的职业资格机制进行规范化标准化的定义与管理。实行有力的人才战略，培养优秀的专业人才，以促进海南的目的地品牌化建设。

第二章　医疗旅游

第一节　医疗旅游发展回溯

一、研究背景

21世纪，随着经济的持续发展和人们生活质量的不断提高，人们对健康的追求越来越强烈，以健康为动机的旅游方式成为新世纪旅游业发展的重要潮流。近年来，医疗旅游作为医疗业与旅游业彼此融合产生的一种新型旅游业态，顺应了这种潮流并成为旅游业继观光游、休闲度假游、体验游之后的一个新领域。在国际上，医疗旅游一般被称为医疗旅游（medical tourism）、养生旅游（health tourism）或者外科手术式旅游（surgical tourism）等。相对而言，养生旅游的历史更为悠久，其范畴相对也比较宽泛，即“任何可以使人们更健康的旅行方式”，如海水浴、温泉浴、按摩、美容等都属于这一内容，而医疗旅游则是从养生旅游中演化出来的一个细分，与养生旅游相比，医疗旅游在内容上侧重于侵入性手术、医疗诊断等内容，当然也包括减肥、抗衰老等项目。虽然医疗旅游和养生旅游有所不同，但是在学术论述中部分学者并没有对二者严格加以区别，而是倾向于用养生旅游一词来囊括一切与健康相关的旅游活动。

进入21世纪以来，医疗旅游在世界范围内都取得快速发展，数据显示，2014年度全球医疗健康旅游产业规模约为4 780亿美元，约占全球旅游产业经济总体规模的14%。预计到2017年全球市场规模将达到6 785亿美元，约占全球旅游产业经济总体规模的16%。到2022年，旅游业将占到全球GDP的11%，健康产业占到12%。[1]作为全球经济发展的两大产业，旅游业和健康产业在未来发展中对人类生活以及经济发展起着重要作用。当今世界已有100多个国家／地区正在如火如荼地开展医疗旅游这一新兴产业，各自以其特色医疗资源优势吸引着世界各地的消费者。具体到中国，据携程旅游近日发布《2016年在线医疗旅游报告》显示，2016年通过携程网报名参加海外体检等医疗旅游人数是2015年的5倍，人均订单费用超过5万元。报告显示2016年出境医疗旅游的中国游客将超过50万人。[2]

以上数据不难看出，医疗旅游已经成为一个越来越重要的旅游业态，因此，国内外不少学者都开始致力于研究如何发展医疗旅游，并取得了一定的成果。与国外相比，我国医疗旅游尚处于起步阶段，经验不足，没有形成统一的市场规模，医疗旅游研究更是薄弱。因此，本章通过对国内外医疗旅游研究比较，并结合海南省医疗旅游发展现状，提出一些海南省医疗旅游发展过程中存在的问题和改进的建议，以期推动海南省医疗旅游的研究与实践。

二、医疗旅游的概念界定及内涵

医疗旅游是旅游业和医疗业融合所产生的新业态，是国际旅游市场上新兴的旅游形式，目前已经成为全球增长最快的产业之一。在医疗旅游发展之初，许多不同领域的专家学者试图从不同的角度对医疗旅游进行定义。比如，杨宇霆认为，医疗旅游是指人们因定居地的医疗服务太昂贵或不完善，到国外寻求较相宜的保健服务，并与休闲旅游相结合发展而成的一种新的产业。另有学者则认为，医疗旅游就是提供实惠的私人医疗中心与旅游业相结合，为病人提供其所需要的任何特殊的医疗

[1] 刘庭芳，焦雅辉，董四平，等.国际医疗旅游产业探悉及其对中国的启示[J].中国医院，2016，20(5):1-6.

[2] 携程旅游. 2016年在线医疗旅游报告[R].上海，2017.

程序、手术或其他形式的专门治疗。[1]世界旅游组织（World Tourism Organization）则将医疗旅游定义为以医疗护理、疾病与健康、康复与修养为主题的旅游服务。[2]但是近些年，随着医疗旅游业的不断发展壮大，医疗旅游越来越朝着多元化的模式发展，医疗旅游的内涵和外延都得到不断丰富和延伸，已经很难从某一单一角度对医疗旅游下一个全面的完整的定义。参加医疗旅游的人群不仅有治疗需求的病人，也有想放松自己、疗养身心的旅游者。既有以医疗为主要目的、旅游为次要目的的医疗旅游者，也有以旅游为主要目的，医疗、保健、养生为次要目的的旅游医疗者。由此可见，医疗旅游者的群体范围得到极大地扩展，不仅病人可以参加，那些渴望健康、渴望美、渴望改变自己的人也可参与其中。为了满足这种多元化的需求，医疗旅游的模式也越来越丰富。

本书借鉴前人对医疗旅游的定义，结合医疗旅游的发展现状，从广义的角度将医疗旅游定义为：医疗旅游就是指人们在常住地的医疗服务不能满足其医疗需求的情况下，由于目的地实惠、特色的医疗、保健、养生等服务或活动的吸引，到目的地接受各种特殊医疗护理、治疗和其他各种形式特殊医疗服务与旅游服务的过程。在这一过程中，疾病治疗、休息疗养、美容整形、恢复青春等医疗护理活动与度假、休闲、娱乐等旅游活动有机融合在一起，让游客在娱乐享受中治病，在身心愉悦中康复。[3]

医疗旅游的理念就是寓休闲于治病，寓治病于休闲。医院接收的病人既是接受保健疗养、健康检查、疾病治疗、整形美容等手术的患者，也是旅游者。医疗旅游提供的服务主要包括两个部分：一方面是便利的疾病治疗、手术矫正、医疗照顾、跟进治疗等医疗方面的各种服务；另

[1] Srirastava.R.Indian Society for Apheresis and Aphersis Tourism in India-Is there a future [J]. Transfusion and Apheresis Science, 2006, 3412:139-144;张文菊. 我国医疗旅游发展对策研究[D]. 重庆：西南大学, 2008.

[2] 吴之杰，郭清. 国外医疗旅游研究现状及启示[J]. 中国卫生政策研究，2014, 7(11):59-63.

[3] 张文菊. 我国医疗旅游发展对策研究[D]. 重庆：西南大学, 2008.

一方面是适合游客病情的健康美食、保健按摩、水疗等康乐消遣服务以及娱乐服务。医疗旅游为病人提供了优越的外在环境，度假村或酒店式的客房及其服务，摆脱了医院白大褂式的呆板和冰冷，让人打心底感到温暖和舒适。例如，印度的阿婆罗医院，绿树成荫，格调高雅，看起来像是一座皇宫。除了这些外在环境的优越，医疗旅游还帮助病人营造轻松愉悦的心境，如教授客人煮养生粥、跳保健操等，还给病人配备专门的陪护人员，帮助病人缓解心情。好的心情非常有利于身体的康复，而身体的康复又进一步促使精神面貌的好转，二者相互促进，良性循环。医疗旅游凭借自身的独特治疗理念、优势和特点，让病人在优美的环境中、轻松的心境中、优质的服务享受中接受治疗，实现身体康复。

三、医疗旅游的主要类型

1. 保健养生为主的疗养旅游

现代社会人们面临很大的生活压力，亚健康问题已经成为一种普遍现象，WHO公布的一项预测性调查表明，全球大约有75%人处于亚健康状态，其已被医学界认为是与艾滋病并列的21世纪人类健康大敌。所以，养生与保健已不再是中老年人的专属课题。21世纪人们已经不满足于简单的生病后治愈疾病，转而要求在生活中能够预防疾病和提高身体的健康状况。在这种情况下，保健养生类的医疗旅游越来越得到人们的青睐。森林氧吧、沙滩疗法、瑜伽运动、身体按摩、水疗香薰、温泉疗愈以及具有中国特色的中医药保健、针灸等特色医疗项目的逐渐兴起就是保健养生旅游受到推崇的写照。通过保健养生为主的疗养旅游，人们在轻松愉快的游玩过程中接受专业的医疗人员的指导，不仅有效地提升了自身的健康指数，还能够学会日常保健的方法。

2. 疾病疗愈为主的治愈旅游

这一类旅游者进行医疗旅游的主要原因是碍于本国或本地区的技术水平有限无法得到满意的治疗进而寻求更好的医疗方式；或者是想在获得同等或更好的医疗水平的同时为自己争取到更加低廉的医疗服务。基于这两个目的的医疗旅游主要以治疗康复为主，旅游活动只是其在治疗期间的即兴活动，并不是其旅游的主要目的。治疗疾病、获得健康是医疗旅游者进行医疗活动的最直接和根本的动因，因此医疗旅游最普遍、发展最快的是以疾病疗愈为主的治愈旅游。比如发展中国家的部分消费者被美国、日本等发达国家高水平的医疗技术吸引，前往美国、日本等进行心脏移植等外科移植手术。

3. 整形美容为主的美丽旅游

爱美之心，人皆有之，社会的发展让人们有能力追求更好的生活。随着对自己要求的不断提高，把自己打造得更加精致是每个人的追求。整形美容能够满足人们提高容貌、提升气质的需求，从而使人更加自信。因此，以整形美容为主的医疗旅游在全球范围内得到迅速发展。放眼全球，美容整形类医疗旅游发展的典型代表是韩国，其美容整形产业已经实现产业化、系统化、规范化。医疗旅游者入境韩国后，从旅行社到进行治疗的医疗机构再到各个旅游景区游览观光都有专业人士负责接待。在医疗技术方面，韩国的医疗机构以优质的服务让旅游者宾至如归，医生在整容和美容治疗方面有着丰富的经验和专业的知识，得到海内外的认可，有着不错的口碑。

四、医疗旅游产业的效应

医疗旅游的发展推动了许多其他相关产业发展，其发展带来许多经济、社会、环境的积极和消极效应。具体来说，医疗旅游产生的积极效应有以下几个方面。

（1）促进旅游目的地经济发展。医疗旅游发展融合医疗产业与旅游产业的资源，产生大于医疗效益与旅游效益之和的经济效益。通过技术、品牌、文化等无形资产的互补和共享，医疗和旅游相互之间产生积极的影响，双方都获得了更大的经济效益。当今国际医疗旅游流主要是由发达国家流向医疗服务优良的发展中国家，给医疗旅游目的地带来可观的经济收入。此外，医疗旅游产业链较长，属于劳动密集型产业，必然带来大量的就业机会。比如，印度医疗旅游每年能创造4 000万个就业岗位。综上发现，医疗旅游打破了传统的旅游六要素格局，实现了医疗业与旅游业的资源融合，产生新的经济增长点，其发展对目的地经济增长和就业率提高起着巨大的促进作用。

（2）带动产业发展。医疗旅游以医疗和旅游活动为核心，突破了传统旅游产业的边界，在为旅游目的地国家带来丰厚经济收入的同时，会带动其他细分产业领域的发展。依据联合国统计署的测定数据显示，旅游业可拉动的产业数量达110个（包括旅游公司、纪念品制造企业、旅游景点运营单位、翻译组织、科技、教育、环境、建筑、医疗旅游中介服务机构、保险公司、制药企业、医疗器械制造企业、通信及网络服务机构、交通服务机构、宾馆酒店、会议展览服务、法律咨询组织等)，对住宿餐饮业的贡献率可达90%以上，对民航、客运的贡献率达75%以上，对文娱产业的贡献率达50%以上，对商品零售业的贡献率达40%以上。

（3）提高旅游城市知名度。开展医疗旅游可以为一个旅游目的地树立良好的口碑与品牌，从而提升城市的知名度与美誉度。比如泰国、韩国、印度等通过发展优质的医疗旅游，不仅促进了当地的经济良好发展，也提升了当地的城市知名度。同时城市知名度的提升可进一步提升医疗旅游产业的发展，二者相辅相成，共同作用，形成良性循环。

（4）有利于改善生态环境质量。良好的生态环境不仅是医疗旅游产业发展的内在动力和吸引医疗旅游消费者的重要因素，而且是其可持续发展的基本条件。如果当地的生态环境恶化必将会影响消费者的医疗旅游体验，最终导致医疗旅游项目的失败。所以，医疗旅游的发展必然要求高度重视生态文明，旅游的生态效应也得到最大化地释放，这能减轻经济发展对生态、资源环境造成的压力，最终达到有效利用旅游资源、改善当地生态环境的效果。

医疗旅游带来的消极影响效应如下。

（1）影响目的地医疗秩序。一个国家或地区的医疗资源，肯定首先是为本国或本地区的人民服务的，在医疗资源和技术有剩余的情况下适度地开展医疗旅游是一举多得的好事。但是如果不首先满足本地人们的需要，尤其是对于发展中国家而言，只会给本国人民带来极大的生活压力和不便，甚至造成不满，引起社会的不稳定。如果在不能满足本国及本地区人民医疗需求的情况下肆意将本地区、本国的医疗资源用于各地的医疗旅游者，使外来旅游者享受的国民医疗资源比本国人民的医疗待遇更好更迅速，则会抢占本地国民医疗资源，出现就医难等问题。

（2）目的地居民医疗成本增加。第一，医疗旅游产业的有序发展，要求旅游目的地具备完善的基础的医疗与旅游设施，因而对于当地政府来说，为更好地发展医疗旅游产业，政府势必投入大量资金改善公共交通、网络、通信、道路等基础设施服务。这就造成政府减少其他关乎当地居民的社会福利的投入，比如教育、医疗等。第二，不同地区的医疗旅游者到当地进行商品及服务的消费，当旅游人员到达一定数量时，产品及服务的价格会随之上涨，这就造成当地居民的生活成本上升。

通过上文的分析不难看出，医疗旅游作为一种新型的旅游形式，具有很强的发展潜力，能给旅游目的地带来许多有利影响。但也应该看到其发展过程中可能面临的不良影响，避免出现为追求暂时的经济效益而损害当地居民利益的发展方式。医疗旅游目的地的可持续发展需要从长远着手，综合考虑各种因素，协调各种利害关系，最终实现共赢。

第二节　境外医疗旅游发展经验与启示

21世纪，医疗旅游在全球范围内都迎来了快速发展。据统计，医疗旅游已成长为全球增长最快的一个新型产业。2013年全球医疗旅游的收入是4 386亿美元，占旅游业收入的14%；到2017年预计全球医疗旅游的收入达6 785亿美元，占旅游业收入的16%，增长速度是旅游业增长速度的2倍。[1]世界范围内许多国家都在大力发展本国的医疗旅游产业，这些国家的医疗旅游经过多年的探索和发展，逐渐形成各具特色的医疗旅游模式，其中一些经验和启示值得借鉴和学习。下面选取在世界范围内

[1] 2015年世界医疗旅游大会上海峰会会议报告[R].

医疗旅游较为发达的国家／地区，包括泰国、韩国、印度和中国香港地区。通过分析它们的医疗旅游发展模式和特点，总结出可以借鉴和学习的地方。

一、泰国医疗旅游发展模式分析

泰国在经历了20世纪90年代末的亚洲金融危机之后，其政府意识到医疗旅游的发展前景，将其作为政府重点扶持新产业之一。自2004年以来，泰国政府制定了第一个医疗旅游发展五年规划，在其计划中结合其既有的观光旅游优势，积极促进医疗服务产业国际化，致力于把泰国打造成“亚洲健康旅游中心”。泰国以泰式水疗、传统按摩服务以及长期医疗保健产品及服务等作为重要推广项目，先在旅游胜地作重点推广区域，再用优质的服务及公平合理收费来提高国际竞争优势。经过多年发展，泰国不仅在传统草药医疗、按摩理疗、SPA水疗等方面备受国际青睐，还在某些特定专业医疗领域，比如热带地区传染疾病、心脏手术、术后照护、整形与外观重建、牙科、骨科疾病、白内障等专业项目获得国际医学界肯定，备受国外患者推崇。

开展医疗旅游以来，泰国一流的技术、低廉的价格和公认的超水准服务使得泰国的医疗旅游具有非常高的性价比，而其国内相对稳定的物价使得前往泰国就医的人数越来越多。据泰国卫生部统计，2015年医疗旅游产值高达45.16亿美元，年增长率为18%，有超过300万人到泰国就医。人数最多的依次是日本、美国、英国、中东和澳洲。综合来看，泰国医疗旅游具有以下特点。

（1）私立医院比例高、市场竞争充分。充分引入民间资本，促进医疗旅游市场充分竞争是泰国医疗旅游发展的一个重大特点。据泰国卫生部统计，截至2012年，全国现有的1 200多家医院中，有471家是私立医院，大约占40%。根据泰国私立医院协会的统计资料显示，每年大约有数百万人次的外籍病患到泰国的私立医院接受医疗诊断与治疗，所衍生的相关医疗收入总计超过1 000亿泰铢（折合人民币约201.6亿元）。这些高端的私人医院基本都是以外国专家带领的国际管理团队来管理，不仅性价比高，而且竞争力强。

（2）专业化和国际化程度高。泰国积极推动医疗旅游产业国际化，提出“亚洲医疗旅游中心”“亚洲健康之都”以及“泰国草药有益健康”等一连串宣传口号与形象定位，有计划地实现将泰国打造成为“东南亚医疗服务中心”的目标。泰国医疗旅游非常重视医院的专业化和国际化，这不仅现在医院所提供的世界一流的医疗设备和仪器上，还体现在从事医疗工作的医师大多都受过国际培训并获得国际认证的执业医师资格。泰国目前有30多家医院通过国际医疗机构评审联合委员会（JCI）认证。以曼谷医院为例，曼谷医院属于全球前十的医疗机构，成立于1972年，属于私立医院，位于曼谷二环外，共设立有63个部门，该院配32国翻译，按照国际化标准服务，目前已经发展为在世界范围内拥有35家医院的集团化医院。国际就诊区则按照各国语言分区域收治病人，如阿拉伯病人中心、缅甸病人中心、中国病人中心、日本病人中心等。

（3）个性化私人服务。泰国医疗旅游中介机构可以为病人寻找合适的医院、确定手术日程，订购机票、旅馆，安排康复前后的旅游等事项；一对一，人性化全程跟踪服务。泰国医院还可以为国外患者提供翻译、预约、签证等多种服务，几乎面面俱到，堪称细致入微。

（4）性价比高。泰国医疗旅游性价比高是其相对于其他国家／地区的主要竞争力之一。比如，在美国进行血管成形手术大约需要5.7万美元，而在泰国手术费用平均在1.4万美元左右，不及美国的1/4；除此之外，低廉的住宿、交通、生活费用也极大地降低了到泰国进行医疗旅游的成本。简单来说就是，在泰国可以花费第三世界的费用，享受第一世界的医疗服务。这对于医疗成本较高的发达国家的外籍病患而言，具有相当大的吸引力。

二、韩国医疗旅游发展模式分析

韩国政府对医疗旅游在经济增长中抱很大期望，为此政府为医疗旅游的发展创造了宽松的签证法律环境。韩国政府拓宽入境医疗旅游的路径，直接与其他亚洲国家竞争，旨在用高质量、低价格、人性化的医疗服务来吸引其他国家的潜在客户。2009年5月，韩国通过法令批准实施医疗观光。韩国医学研究所（KMI）与韩国旅游局和韩国国籍医疗协会合作共同探索提升国内和国际医疗服务产业。

近年随着“韩流热潮”的掀起，到访韩国的游客人数也在激增，带动韩国医疗旅游业的繁荣。尤其是韩国在美容整形产业的领先已得到世界公认，其开展的相关医疗旅游项目非常丰富，如常规项目的健康体检、整形美容方面的隆鼻术、拉皮术、自体脂肪丰胸、腹部整形等都备受国外游客的青睐；再加上其自身医学整形在国内也具有很高的普及率和韩国影星外在形象在国际上的影响力，无形中增加其在国际上的竞争力。近年来，韩国医疗旅游人数增长快速，根据韩国保健福祉部的统计数据，2013年韩国共接待外国医疗旅游者21.12万人次，2014年共接待26.7万人次，2015年，外国人赴韩医疗旅游29.6万人次，到2016年增加到36.4万人次。但是随着旅游医疗的迅猛发展，虚假广告、非法行医、手术事故频发等现象不断出现，造成相当恶劣的影响，所以，韩国政府立即制定了相关的医疗保障体制，完善医疗维权理赔法律法规，从一定程度上解决了医疗旅游者的后顾之忧。综合来看，韩国医疗旅游的发展具有以下几个特点。

（1）专业、优质的医疗服务。韩国医疗旅游从业人员需要接受专业的学习和训练，并通过严格的考试后才能成为医生，所以从业人员一般具有较高的专业性。此外，韩国医疗旅游还非常注重相关从业者自身职业素质的培养，以此来为消费者提供舒心、优质的医疗服务，所以韩国医疗旅游顾客的回访率、满意度都十分高。

（2）医疗技术不断发展和创新。韩国自身医疗技术水平相对于亚洲其他国家/地区就有一定的优势，甚至与欧美等西方国家相比也不逊色多少。此外，韩国十分重视医疗技术的发展（尤其是在整形美容方面），将世界最先进的技术充分应用于体系化的医疗系统，将一直发展下来的体系化的传统医术同西方医学相结合，提供尖端医疗服务。

（3）费用较低、性价比高。与全球某些最现代化、技术先进的医疗机构相比，韩国医疗旅游的费用相对较低。比如，在美国需要8 000美元左右的痔疮手术在韩国只需1 000美元。甚至和泰国、新加坡等亚洲国家相比，性价比也较高。

（4）完善的医疗旅游中介服务。韩国医疗旅游经过十多年的发展，形成比较完善的产业链。尤其值得一提的是，韩国医疗旅游中介机构为国外游客所提供的便利的一条龙服务，包括签证办理、医院选择、陪同翻译、疾病治疗、术后回访、旅游观光等一系列服务，让患者轻松赴韩进行治疗。

（5）合理的医疗旅游产品搭配。韩国的医疗旅游以整形整容最为出名，但是韩国也非常注重传统旅游项目的发展，借助医疗旅游对国外游客的巨大吸引力，将医疗旅游和传统旅游进行巧妙结合。医疗旅游者在韩国接受治疗后可以根据自己的需求进行购物、游览、参观等多种旅游方式，在治病、养生的同时还可以体验异国风情。比如韩国的旅行社提供的医疗旅游和传统旅游相结合的套餐项目中，消费者赴韩国就医之后可以到明洞东大门市场、美食街等地方购物，或者去首尔和海浪号观光游览。

三、印度医疗旅游发展模式分析

印度于2002年下半年开始致力于发展医疗旅游产业。虽然属于第三世界国家，但是印度的确是在全球范围医疗旅行目的地中价格最低、服务质量最好的国家之一，其医疗旅游大国的地位已经被世界认可。据统计，每年前往印度寻求医疗救治的游客达数百万人次，医疗旅游的发展也给印度带来巨大的经济收益。

印度的医疗旅游产品类型比较丰富，涵盖心内外科、牙科、整形整容外科、脊椎接骨、减压、关节造型术、外科移植、肿瘤、耳喉鼻科、神经外科、眼科等，以及提供印度草药、物理疗法、印度瑜伽等医疗服务、休闲服务。综合来看，印度医疗旅游的发展具有以下特点。

（1）精准的市场定位和丰富的产品组合。印度的医疗旅游产品市场需求定位为以下三种旅游者：一是专门前来印度就医的外国人，如需要心脏瓣膜更换、肝脏移植等手术的病人；二是前来印度寻求治疗的外国人，如对印度草医学等传统医学比较好奇，认为其比较神秘，希望能够寻找秘方治愈一些顽疾的外国人；三是休闲健康护理，如瑜伽、水疗、物理疗法、印度草医护理等。例如，印度公司针对北欧许多领取月度养老金的退休人员推出了一个医疗旅游套餐。北欧国家距离北极圈较近，常年温度较低，日照较少。对于这些向往热带气候的游客，印度无疑是一个良好的目的地。因此，公司推出的医疗旅游套餐可以为他们提供在印度居住一个月的成套服务，地点自选，而费用只需他们三个月的养老金。同时，作为一种激励手段，公司还会为游客在印度居住期间负责照料他们的小病小疾。

印度的医疗旅游产品多以医疗旅游套餐来提供，如印度著名的医疗旅游产品营运商专门为美国和欧洲游客设计的医疗旅游套餐。该套餐报价为：牙齿美容套装1万美元。其包括的服务有：医生的旅游前咨询、术后咨询、治疗后恢复期间的全套旅游安排，包括宾馆、交通、双语服务、印度果阿豪华旅游胜地休闲游、印度境内自选海滨活动或观光旅游。另外，一些医疗旅游产品营运商还推出了“家人医疗旅游”套餐形式，在提供医疗旅游的医疗机构的不同中心，整个家庭的成员都可以找到适合自己的医疗项目，如父亲做眼睛护理，母亲做美容或整形，孩子做牙齿护理等。还有一些机构提供的套餐为陪同医疗旅游者前往治疗的人免去往返机票以及在印度期间的一切费用，以此吸引更多的人购买其提供的产品。

（2）先进的医疗水平和宽松的药品政策。在印度，目前提供医疗旅游的机构多为大型私立公司拥有的专业医院，这些私立医院拥有较好的财力，他们与世界著名的医院合作，以保证自身医院的质量。如埃斯科特医院2011年完成4 200例心脏手术，其术后并发症、感染率、平均住院日都要比中国的数字低，死亡率只有8‰，感染率有3‰。同时印度还有“世界药房”的美誉，癌症患者在中国买不到药，可以到印度买仿制药，而价格仅是美国或者是欧洲的1/10。

（3）良好的英语能力。英语作为印度的官方语言，在印度的普及率非常高。医护人员精通英语，极大地提升了印度医疗旅游的竞争力，吸引更多外籍游客前往印度进行治疗。

（4）政府的大力支持。为发展医疗旅游，印度政府从2002年起便开始采取一系列的政策和措施，以吸引更多的医疗旅游者，例如政府主动削减医疗设备进口税以降低医疗基础设施费用，使得私立医院进口医疗设备和仪器日益便利，并能够购买昂贵的世界一流医疗设备，保证硬件设备达到世界先进水平。印度成立国际医疗旅游委员会和医疗旅游协会，制定了一套推行医疗旅游的法规、政策、战略和计划。此外，印度还引入一种特殊的签证种类——M签证，不仅方便医疗旅游患者，而且可以为服务供给方减免税费。另外，印度卫生部门还与英国国家卫生服务系统（NHS）合作，将在英国需要长时间等候手术的病人转到印度治疗，既能缓解英国国家卫生服务组织的压力，又能为印度增加客源，不失为共赢之举。

四、我国香港特别行政区医疗旅游发展模式分析

我国香港地区具备先进的医疗技术和设施，拥有世界顶尖的医疗技术，在癌症和糖尿病治疗方面更是世界闻名。医疗体系不但广受当地民众信赖，很多其他地区的病人，也不惜花费高昂的医药费，来香港地区获取较好的医疗服务。与此同时，旅游业是香港地区的支柱产业，所以香港地区把医疗服务和旅游业有组织地结合起来，成为香港地区旅游业的一个新卖点。香港地区医疗旅游的理念，就是把医院、疗养、保健和度假四者结合起来。来此接受检查或手术的病人，入住由私立医疗机构经营的度假村，并获得酒店式服务，同时获得便利的医疗照顾，甚至在度假村内也能获得医护人员适当的照顾和跟进治疗。度假村除了根据医疗旅游者病情提供健康美食、保健按摩、水疗等服务外，还能提供一定程度的康乐活动。

香港地区的医疗沿用英联邦制，在全世界这是一个先进的医疗体系，不仅声名卓著而且在多个医疗领域全球领先。香港地区先进的医疗体系，在医疗性质、信息透明、质量保证等方面做得尤为突出。

五、境外医疗旅游发展经验总结

随着国际医疗旅游市场的逐步完善，我国医疗旅游也逐渐起步。但总体来看，并未形成规模，且我国还存在各种问题。在如今的国际形势下，我国医疗旅游该如何扬长避短，顺利融入国际医疗旅游市场，是现今比较重要的关注点。通过对以上国家/地区旅游发展的总结分析，可总结出以下值得学习和借鉴的地方。

（1）医疗人员素质精良。泰国、韩国、印度和我国香港地区医疗旅游的从业人员都具有很高的专业技术和职业素养。他们接受国外医疗专业训练的专科医师数量较多，医疗品质具备国际水准。为了提高医疗旅游从业人员的素质，他们采取的策略主要有以下几种：①国内机构的培养和严格的选拔；②通过与国际知名大学的医学院、教学医院以及大型医疗院进行联合培养；③严格的监管制度。因此，这些国家/地区可以以第三世界的价格提供世界一流的医疗服务，吸引了大批西方国家的消费者。

（2）相对低廉的费用。旅行就医费用低廉是国际病患到境外就医的重要因素之一，这四个国家/地区在收费方面都有一定程度的竞争优势。以各项医疗的收费标准由高至低分析，依次为我国香港地区、韩国、泰国、印度。即使是收费最高的我国香港地区，医疗的费用也低于西方国家，而印度所提供的某些医疗项目的收费甚至只有西方国家的1/10。

（3）鼓励民间资本进入。医疗旅游的发展和进度，离不开健康的市场竞争。这些国家/地区的经验说明，通过鼓励私人医疗机构的发展，可以提高医疗旅游服务质量、培养专业医疗人才和降低医疗旅游成本等，极大地加速当地医疗旅游的发展。

（4）国际认证增强竞争力。医疗旅游者在选择目的地时除了价格因素之外，考虑最多的是目的地医疗服务质量及效果，医疗服务国际认证程度成为其选择判断的重要标准。JCI是国际医疗卫生组织机构认证联合委员会用于对美国以外的医疗机构进行认证的附属机构，是全世界公认的医院安全与规范管理的标志。迄今全球已有40多个国家／地区的数百家医疗机构通过JCI认证。如，新加坡有11家医疗机构通过JCI认证。

（5）完善的医疗旅游产业链。根据上文的分析可以看出，医疗旅游中介行业已经成为医疗旅游业发展重要的推动因素，医疗旅游中介公司有效的宣传手段和完善的服务使主要的医疗旅游目的地声名远扬，更有效地吸引了旅游者前来就医。如韩国的旅行社，从旅游者办理签证、进行治疗、术后康复到旅游观光都属于其服务范围。

（6）特色的医疗旅游服务。以上四个医疗旅游目的地都打造了具有地方特色的、优势的旅游产品，并且形成旅游产品体系，构建起完善的产业链。比如泰国的泰式水疗、传统按摩服务以及长期医疗保健服务等；韩国的医学美容、隆胸等；印度的瑜伽、水疗、物理疗法等；我国香港地区的癌症和糖尿病治疗等。

（7）政府扶持力度大。在每个新事物诞生之初，政府的关注与支持是其发展的重要支撑力，有了政府在政策、财力等方面的大力支持，行业发展就会有章可循、有法可依，制度完善，实现良性循环。如果没有政府的支持，仅凭行业的自身条件，经过长时间才能有一定的发展，但是无法形成一定规模。以上四个医疗旅游目的地发展医疗旅游的时间都不长，之所以可以在如此短的时间内成为该行业的领先者与当地政府的大力支持分不开。

（8）语言文化氛围良好。医疗旅游的发展更多的是为了吸引境外游客，而为境外游客提供服务首先必须具备的是良好的语言条件。目前，国内医疗服务行业从业人员的英文水平还相对较低，国内仍然缺乏为入境医疗旅游者提供优质贴心服务的语言文化氛围。根据上文可以看出，泰国、韩国、印度和我国香港地区这四个医疗旅游目的地，要么英语本就是其官方语言之一，要么极其重视语言环境的培养。

（9）营销巧妙，定位准确。正如前文总结到的，四个医疗旅游目的地都认识到对医疗旅游进行宣传推介的重要性。如泰国提出“亚洲医疗旅游中心”“亚洲健康之都”以及“泰国草药有益健康”等一连串宣传口号与形象定位；印度一直对外宣传自己的医疗服务是“一流世界的服务，三流世界的价格”，营销巧妙和准确定位为其医疗旅游的发展建立了一张名片。

第三节 海南医疗旅游发展的现状

一、海南医疗旅游发展概况

在新中国成立到改革开放以前，我国经济发展比较落后，大部分人都只能满足温饱，没有财力和精力追求生活质量和精神需求，如果生病也只能在当地医院进行治疗，外出就医的机会和条件很少。改革开放以来，我国经济发展速度加快，人们生活水平日益提高，在追求物质生活的同时也注重精神修养，旅游业在我国的发展风生水起。经济的提高也增加了外出就医的机会，患者为获取更好的医疗资源，不得不前往外地求诊，在一定意义上形成中国医疗旅游的雏形。但是这种行为只是单纯的以治疗为主的就医行为，并不是真正意义上的医疗旅游。

我国医疗旅游的发展主要是从20世纪90年代初开始，从理论探究开始逐渐应用于实际工作，通过借鉴国外医疗旅游发展的经验，结合我国国情，进行中国发展医疗旅游的探索。在国内，北京、上海、海南、成都等地医疗旅游都有所发展，且具有各自的鲜明特色。虽然海南比北京、上海等国内其他地区，医疗旅游发展较晚，但是近些年，得益于海南省得天独厚的旅游资源和国际旅游岛建设的政策支持，海南医疗旅游取得突飞猛进的发展。如2011年，海南省卫生厅就制定了《关于加快海南医疗保健旅游产业发展的意见》，提出海南省医疗保健旅游的发展目标：2015年年初具规模、2020年力争建成旅游目的地；“十二五”时期，发展具有高附加值的医疗旅游成为国际旅游岛建设的一项重大课题。海南省第六次党代会报告里提出积极推进万泉乐城医疗旅游先行区建设，将医疗旅游纳入海南发展战略。这一系列政策和举措的推出，在很大程度上支持和推动了海南医疗旅游的发展。

近年来，随着国际旅游岛建设的推进，海南省医疗卫生业得到很大改进。目前已基本形成以县级医院为龙头、乡镇卫生院为骨干、村卫生室为基础的基层医疗卫生服务体系。在缓解公众“看病难、看病贵”的问题上，组建了一个非常好的体系架构。在此情况下，海南大胆构想医疗旅游先行示范区的架构。2013年2月28日，海南博鳌乐城国际医疗旅游先行区设立得到国务院批复，标志着海南省正式参与到医疗旅游行业的市场竞争。

二、海南发展医疗旅游的优势

（1）得天独厚的旅游资源。海南作为我国唯一的国际旅游岛，具有丰富的森林、滨海、矿泉等旅游资源。这些旅游资源都具有很好的疗养保健功能，为海南发展医疗旅游提供了便利条件。海南全岛森林覆盖率达到60%左右，有9个国家级自然保护区、8个国家级森林公园。全岛海滨资源分布在海南岛长达1 500多公里的海岸线上，阳光充足明媚，空气清新湿润，沙滩干净柔软，一年中多数时间可进行海浴和日光浴。海南的温泉数量多，种类全，分布广，开发的形式也各显其长。全岛已知的温泉点近40处，其中最著名的有兴隆温泉、官塘温泉、七仙岭温泉、南田温泉、珠江南田温泉、蓝洋温泉等6处，这些资源具有很好的医疗保健功效。

（2）坚强有力的政策保障。海南省在发展医疗旅游时不仅可以享受国家层面的政策优惠，而且由于其国际旅游岛的定位，还具有一些其他地区不具有的政策优势。比如，海南博鳌乐城国际医疗旅游先行区，就享受在医药卫生、土地、投融资及对外开放等方面的9项优惠政策，这些优惠政策都是特有的先行先试政策，为海南发展医疗旅游提供了有力的政策保障。

（3）传统中医领先优势。海南省三亚市目前把中医药和自然环境有机结合，通过实践形成新型康复保健模式。近些年，三亚市中医院与许多国家签订了中医国际疗养和进修带教合同，接待了大批到该院进行中医疗养和观光的国际游客，其中包括哈萨克斯坦总统的旅游疗养团和多位俄罗斯高官及富商。三亚市中医院在中医药医疗旅游方面的尝试取得一定成功，获得宝贵经验，值得借鉴推广。

（4）消费价格优势。发达国家与发展中国家之间巨大的医疗费用差距是医疗旅游兴起的主要动因之一，低廉的价格是发展中国家开展医疗旅游吸引国际游客的关键因素。海南医疗服务价格不仅明显低于发达国家和一些亚洲国家，即使与国内已开展医疗旅游的北京、上海等地区相比也是相对低廉，这是海南发展医疗旅游产业不可忽视的优势。

（5）相对过剩的医疗资源。相对过剩的医疗服务资源是开展医疗旅游的必备物质基础，只有充足的医疗服务资源才能在不影响本地需求的同时向外来者提供服务。海南医疗资源相对过剩，据统计，2010年海南医疗机构病床使用率为75%左右，还有25%左右的医疗资源处于闲置状态，有待充分开发和利用。

（6）海陆空交通网络四通八达。从2010年开始，随着海南省国际旅游岛建设国家战略的正式启动、建设和推进，省内交通得到飞跃发展。纵横交错、四通八达的海陆空立体交通网络为海南医疗旅游的发展奠定坚实的交通基础。航空方面，截至2016年年底，海南已建成使用的机场有3个，分别是海口美兰国际机场、三亚凤凰国际机场和博鳌国际机场。海运方面，海南省形成“四方五港”的海运格局。全省港口共有码头泊位143个，其中可以供万吨级以上船舶停靠的深水泊位有34个。铁路方面，海南岛现有铁路近千公里，贯穿海南省所有的市县。公路方面，“一环三纵四横”网络格局极大地便利了岛内的出行，岛内“3+1交通圈”的基本格局已形成。

第四节　海南医疗旅游发展存在的问题

医疗旅游的发展会给海南带来巨大的发展机遇，但是机遇向来是与挑战并存的，虽然目前海南省的医疗旅游发展取得一定的成就和进步，但是还存在医疗机构国际认证滞后、国际医疗旅游专业人才不足、国际医疗旅游资源整合不够、相关部门扶持力度不够、医疗旅游产业链不完整、国际医疗旅游产品不多、营销水平不高、医疗旅游产品缺乏特色、竞争优势不强（与东南亚相比）等问题。

（1）医疗机构国际认证滞后。JCI国际认证是全球公认的、世界卫生组织认可的评价医院管理、医疗质量和服务水平的最高级别认证体系，被誉为医疗服务“金标准”。它要求医院建立相应的制度和流程，以人为本促进医疗质量和病人安全的持续改进。当前JCI认证标准已经升级到第五版标准，包含300多条标准以及1 200多个衡量要素。在我国2万多家医院中，目前仅有60多家通过JCI认证。JCI标准对患者就诊流程、身份识别、隐私保护、用药安全、手术安全、医疗质量、健康教育等各环节均有国际化标准要求，截至2016年年底，海南省仅有2家医疗机构（海南现代妇女儿童医院和海南现代妇婴医院）通过JCI认证。这是外国游客对海南医疗机构认可度不高的一个重要原因。

（2）从事医疗旅游的专业人才不足。目前海南从事医疗旅游的专业人才尤其是通晓国际语言的医护与行政人员紧缺。据统计，海南省每千人口拥有执业医师（含执业助理医生）数仅为1.61人，低于全国平均水平1.75人，即使是医疗卫生机构和医疗人员比较集中的海口市和三亚市每千人口拥有执业医师（含执业助理医生）数也仅为2.51人和1.99人，不仅低于世界一流水平，甚至远低于国内一线城市水平。人才的缺乏造成海南大部分医疗机构竞争力不足的窘境。

（3）医疗旅游的有关资源未能有效整合。旅游观光、国际医疗保险理赔以及语言翻译等各自为战，未能形成合力。医疗旅游涉及旅游、制造、卫生、药监、培训、工商、监督等多个部门，目前海南在相关方面管理上存在条块分割严重、管理模糊等问题，制约着其进一步发展。

（4）相关部门扶持力度不够。政府的关注与支持是医疗旅游发展的重要支撑力，有了政府在政策、财力等方面的大力支持，行业发展就会有章可循、有法可依，制度完善，实现良性循环；就目前海南省医疗旅游发展的情况来看，虽然当地政府意识到医疗旅游发展的广阔前景，并给予了一定的政策导向和支持，但是并未针对医疗旅游出台相应的规章制度和行业规范，也未实行更多具体的鼓励政策（如签证政策、税收政策、土地政策、融资政策等）。相关规章制度和行业规范的缺失，使得本就倾向于综合性、多样化发展的医疗旅游市场更加混乱。鼓励政策的缺失，则大大降低了医疗旅游在海南发展的速度。

（5）医疗旅游产业链不完整。根据前文对国外医疗旅游行业发展的分析可以看出，医疗旅游以医疗和旅游活动为核心，通过整合传统旅游资源和医疗资源，不仅拓展了原有的产业，还广泛交叉着许多其他行业，形成自己独有的产业链。例如医疗旅游中介服务机构、保险公司、医药制药企业、医疗器械制造企业、医院组织、通信及网络服务机构、交通服务机构、宾馆酒店、会议展览服务、法律咨询组织、旅游公司、纪念品制造企业、旅游景点运营单位、翻译组织、科技、教育、环境、建筑等，都是医疗旅游产业链网络体系不可缺少的一部分。比如医疗旅游中介行业已经成为医疗旅游业发展重要的推动因素，医疗旅游中介公司有效的宣传手段和完善的服务使主要的医疗旅游目的地声名远扬，更有效地吸引旅游者前来就医。海南的医疗旅游虽然有了初步的发展，但是消费者并未通过旅行社或其他中介机构的有效宣传获得有效咨询，缺少了解的正规渠道。正是由于缺乏有效的宣传手段和正规的接待渠道，海南的医疗旅游无法发挥全部潜力。

（6）对外开展营销经验较为缺乏。医疗旅游产品很难天然形成市场，医疗旅游起步早的国家都认识到对医疗旅游进行宣传推介的重要性。如匈牙利2003年的旅游主题是“健康旅游年”，新加坡旅游局在印度尼西亚8个城市举行路演宣传，印度通过医疗旅游博览会推广本国医疗旅游产品。相比之下，海南医疗旅游在国内外还鲜有人知，很多人对其内涵的理解不深甚至错误，可见其医疗旅游市场宣传促销的缺乏。

（7）医疗旅游产品缺乏特色。世界上发展较好的医疗旅游目的地都打造了具有地方特色的优势旅游产品，并且形成自己的旅游产品体系，如韩国的医学美容、日本的入境体检、匈牙利的专业牙科手术，与医疗旅游相对发展较好的旅游目的地相比，海南还没有形成自己医疗旅游的独具特色的产品，比较具有中国特色的中医药文化旅游处于自发展状态，并没有成熟的开发理念和完整的发展规划，发展规模小，发展程度低。

（8）国际竞争中的劣势地位。亚洲其他国家医疗旅游蓬勃发展，已处领先优势。正如前文提到的，泰国号称亚洲医疗旅游的领跑者，低廉的价格、高水平的医疗技术和优质的服务备受游客的青睐，泰国政府将医疗旅游列为国家的核心产业，对其大量扶持。印度的医疗服务被誉为“一流世界的服务，三流世界的价格”，且医疗旅游业正以每年30%的速度增长。新加坡被世界卫生组织列为“亚洲拥有最佳医疗系统国家”。韩国的医疗水平在亚洲也属于较高水平，尤其以整容和隆胸见长。相对来说，海南的医疗旅游起步较晚，在市场上已经失去先机，面对其他国家/地区的激烈竞争，海南医疗旅游如果想后来居上，必须要有更高的产品力才能脱颖而出。

第五节　海南医疗旅游产业发展对策

本节通过借鉴国外医疗旅游发展的经验，立足于海南省医疗旅游发展的现状，结合海南省医疗旅游发展的优势和不足，根据医疗旅游产业发展的基本规律，提出海南医疗旅游发展的一些对策。

1. 加大政府政策支持

国家赋予的海南省特区立法权以及博鳌乐城国际医疗旅游先行区九条优惠政策，成为海南医疗旅游发展的重要优势。目前海南除了博鳌乐城国际医疗旅游先行区之外，其他地区并没有享受到足够的政策支持。所以，海南省政府应该明确医疗旅游产业在海南省的定位，加强对该产业发展的宏观指导，促进产业集聚和产业链的形成与运作。海南省政府可以从产业刺激政策和产业法律法规两个方面来加速海南省医疗旅游业的发展。（1）从产业刺激政策方面来说，政府可以在不影响海南公共医疗资源的情况下，尽可能地放宽相关政策，支持医疗旅游的发展。比如，打破垄断限制，鼓励民营医疗机构的发展；鼓励通过股权投资等方式，推动资源重组和结构调整，带动社会资本投资该产业。引进国际先进医疗机构落户海南，以减轻海南缺乏先进医疗资源的现状；降低相关医疗税收，在设备购置、占地用地上给予适当优惠，以鼓励吸引医疗旅游经销商或相关机构前来投资开发；采取贴息、补助、奖励等方式，引导扶持符合海南省国际医疗旅游产业发展规划和相关政策的产业重点项目建设。在政府投资资金方面给予该产业适度倾斜，并对企业技术创新和国际市场开拓给予资金支持；建立适应国际医疗旅游产业发展的人才引进、激励机制；适当放宽签证制度和简化签证流程，延长游客签证逗留时间。（2）从产业法律法规政策来说，政府应该在资质审查、卫生条件、服务环境、服务质量等方面制定严格规范的法律法规。严禁任何单位或个人以任何名义向在海南投资的各类医疗旅游主体乱收费、乱摊派、乱罚款，规范服务标准和价格，努力为海南医疗旅游的发展创造出一个良好的发展环境。

2. 建立有效的部门协调机制

目前，海南省卫生计生委牵头承担了医疗健康产业前期的运作，设有健康产业处负责相关事宜。对于全省未来重点产业来说，这样的力度远远不够。卫生计生部门长期承担民生事务，经济事务非其所长。但医疗健康从行业上升为产业，涉及产业规划、产业研究、产业招商甚至金融投资、市场运作等诸多事项，必须有一支深谙市场管理的团队进行决策和管理。建议尽快建立医疗健康产业决策机制，成立直属于省政府的医疗健康产业管理委员会，待条件成熟时成立更高级别医疗健康产业局，主抓医疗健康产业。

首先，海南省可以设立旅游管理部门与卫生部门之间的互动协调机构，统筹医疗旅游工作，协调各部门，具体规划医疗旅游的发展方向与具体时间表，及时化解在合作过程中遇到的问题和矛盾。其次，设立医疗旅游行业协会和相关研究机构，健全行业管理体制，形成合力，上下联动，实现资源的有效整合，促进共同发展。最后，还可成立医疗旅游协会组织，通过协会组织加强各相关部门间的沟通协作，维护行业内的公平竞争，加强行业内的技术交流与合作，方便对外合作交流。

3. 大力开展国际资格认证

JCI国际认证是全球公认、世界卫生组织认可的评价医院管理、医疗质量和服务水平的最高级别认证体系，对海南开拓旅游医疗市场有着重要意义。取得该项认证的医院将成为国际医疗保险公司首选的合作医院。建议海南省政府制定具体措施，鼓励海南医疗机构积极申报JCI国际认证，并对取得认证的医疗机构给予相应奖励。

4. 积极完善医疗旅游产业链

海南省应该积极发展医疗旅游关联产业，促进医疗机构与旅游企业深度融合，拓展服务空间，延伸产业链，包括中医药品种植业、医疗器械制造业、医疗养生业、医疗保险业、医疗中介、医疗培训业等。

5. 加强国际合作

海南省医疗旅游的发展应该加强与国际之间的多方面合作。合作对象包括国外先进的医疗机构或者院校、客源国的医疗旅游中介公司、保险公司等。与国外先进的医疗机构或者院校合作，可以加快海南省医疗旅游人才的培养；和医疗旅游中介公司合作，让其将海南医疗旅游列入其考察范围；和医疗保险公司合作，给予患者在海南医疗旅游的保险支持，以此吸引国际游客。

6. 打造特色医疗旅游产品

打好海南特色品牌，走中医保健与旅游相结合的道路。目前，海南中医保健游已开拓部分市场。作为具有中国特色的新疗法，中医药养生保健方式对于亚健康群体的治疗、普通人群的保健和健康检查等有着显著的疗效，已经引起西方国家的兴趣和广泛关注。比如，海南三亚市中医院在传统中医药旅游方面已开拓部分市场，享有一定的国际知名度，积累了宝贵的经验。但整体来看，规模普遍较小，技术含量不高，也未开发出满足游客个性化需求的配套产品。应加强宏观指导，要注意产品创新，避免同质化。在完善医疗旅游产品上多下工夫。海南省可以组织成立专门的团队或部门，加强市场调研，有效整合资源优势，针对不同市场不同游客群体，尤其是针对海南的主要国内客源和国际客源的特点，研究开发出系列医疗旅游产品，丰富医疗旅游产品体系。充分利用海南特色旅游资源，如温泉、海滩、原始森林、热带植物及黎苗医药等，建设一批集养生保健、医疗康复、观光休闲、美食娱乐等为一体的中医保健旅游网点，不断延伸产业链，主动开拓中、高档医疗保健旅游市场，形成海南特色鲜明的医疗旅游品牌。

7. 找准定位、加强营销

在医疗旅游的定位上，海南省应走立足国内市场，拓展国际市场，走差异化发展道路。海南省以优美的自然风光、宜人的气候环境、特色的中医疗养来形成自己的医疗旅游发展的名片。

在营销方面，海南省需要加大医疗旅游的宣传力度，针对不同国家/地区的游客群体制定相应的营销策略，并通过多种手段在世界范围内推广，吸引国际游客来海南进行医疗旅游活动。可以借鉴泰国、印度、新加坡等医疗旅游发达国家的经验，充分利用各种方式、各种途径结合宣传。比如，各类大事件、节庆日、会议、文体活动等重要的宣传媒介，报纸、杂志、电视或网络等多种宣传媒体。借鉴目前国际上先进的营销方式，如网络营销、体验营销等，进行主题鲜明、有针对性的、多手段、多途径的宣传推介。同时还应该加强舆论宣传和口碑宣传，使更多的人认识和了解海南医疗旅游，逐步认同海南的医疗旅游品牌和特色。

8. 加强人才引进和培养

医疗旅游的发展离不开高素质、高质量的专业人才。相比于其他的医疗资源，人才的培养需要花费更多的时间，是一个周期化、系统化的过程。所以，根据海南省目前医疗旅游人才紧缺的现状，加强人才引进和培养势在必行。首先，加强专业型人才培养。可以选派优秀专业人才出国深造或者从国外引进高素质专业人才，以此不断提高海南医务人员的数量与质量，缓解专业人才缺乏的现状。其次，加强复合型人才培养。医疗旅游不是单纯的医疗或旅游，而是医疗和旅游的有机结合。不但要求医疗专业知识强，还要懂得相关旅游知识，这就对人才提出全新的挑战。因此，顺应医疗旅游的发展，还需要加强复合型人才的培养。

第三章 文化旅游

第一节 文化旅游国内外研究概况

世界旅游组织将文化旅游定义为“人们了解彼此生活、思想时所发生的旅行”。具体而言是指通过某些具体的载体和方式，提供机会让游客鉴赏、体验和感受旅游地地方文化的深厚内涵，从而丰富其旅游体验的活动。辛格（Reisinger，1994）[1] 认为文化旅游的参与主体是那些对体验文化经历怀有特殊兴趣的游客；除此之外，还认为文化客体除遗产旅游外，包括艺术、信仰、习俗等。而体验自然历史的旅游、生态旅游，以参加体育活动和观看体育赛事为主要内容的体育旅游，以及与农业密切相关的乡村旅游等都属于文化旅游的范畴。杰米森（Jamieson，1994）[2] 对文化旅游的内容做了简要说明，提出文化旅游是涉及手工艺、音乐、建筑、语言、艺术、古迹、节庆、遗产资源、教育、技术、宗教等与之相关的旅游活动。霍华德·休斯（Howard L. Hughes，1998）[3] 发现旅游者的意愿、艺术形式或文化事件的吸引力才是判断旅游活动是否属于文化旅游的重要标志，在此基础上提出要想更深入地了解文化旅游市场

---

[1] Reisinger.Tourist-Host Contact As Part of Cultural[J]. Tourism world leisre and pecreation, 1994(36):24-28.

[2] Jamieson W.The challenge of Cultural Tourism[J]. Candian Tourism Bulletion , 1994(3):3-4.

[3] Honard L.Hugnes Thea the in London and the Interlationship with tourism[J]. Tourism management, 1998(915):445-452.

就必须扩展文化旅游的研究范围。

我国在文化旅游方面的研究起步比较晚且大多建立在国外一些权威机构的研究基础之上。概念本身可以有丰富的内涵和外延，对于文化旅游的概念，国内学术界也从不同的研究角度提出了自己的见解。在我国，“文化旅游”一词最早出现在魏小安的《旅游文化与文化旅游》一文中。[1] 然而，其尽管提出对于旅游者来说旅游活动是一种具有很强经济性的文化活动，却并未针对文化旅游提出确切的概念界定 。刘玉、杨达源（2000）[2] 则在充分借鉴已有成果的基础上从可持续性、网络销售、知识密集、启迪创新四个方面分析了文化旅游的特点。李巧玲（2003）[3] 是从旅游者的角度看待文化旅游的，认为文化旅游是一种旅游类型。在这个过程中，旅游者能在精神层面、文化层面都能得到全方位的体验和享受，达到全身心深入感受和体验文化的目的。侯燕（2011）[4] 从结果性角度指出，文化旅游是指旅游者深入体验旅游目的地的旅游资源，并获得精神上的满足的过程。李俊霞（2012）[5]、王浩等（2014）[6] 从目的性角度指出，文化旅游是指人们离开居住地，到文化旅游地如名人故居、历史遗址等进行游览体验的全过程。通过对文化旅游概念的梳理可以发现，文化旅游不仅具有旅游的一般属性，同时更强调游客对于蕴藏丰富文化内涵的旅游资源的体验，并获得精神上的满足。

---

[1] 魏小安.旅游文化与文化旅游 [J]. 旅游论坛，1987(2).

[2] 刘玉，杨达源. 知识经济时代的文化旅游[J].云南地理环境研究，2000，12（1）：15-17.

[3] 李巧玲.文化旅游及其资源开发会议[J].湛江师范学院学报，2003（2）：87-90.

[4] 侯燕.文化旅游业竞争力现状及提升路径研究——以河南为例[J].生产力研究，2011（10）：177-173.

[5] 李俊霞.文化旅游新业态的出现和产业发展对策研究——以兰州为例[J].开发研究，2012（4）：126-129.

[6] 王浩，李卉妍，王树恩.体验经济视角下文化旅游产业创新开发策略研究——以海南省三亚市为例[J]. 生产力研究，2014（6）：97-101.

1. 文化旅游者的研究

有关文化旅游者的研究主要涉及旅游者决策行为、旅游动机、感知、空间行为和旅游市场分布、特征、吸引力等几个方面。沃尔（1996）[1]探讨了思想形态和文化旅游的关系，在此基础上提出研究旅游者的新视角，认为文化旅游者对其游览方式的理解会对自身的旅游体验产生影响，因此旅游研究者可通过考察游客的理解方式来进行有关旅游者的研究工作。加特(Charters，2002)[2]选择爱好酒或者以酒产地为首选旅游地的游客为研究对象对酒文化旅游者行为及其特征进行深入研究，提出一个三维分析模式（游览目的、基本动机与旅游行为的关系）。国外学者还围绕旅游者对于旅游地形象感知和信息使用行为偏好进行相关研究。

国内研究面则相对较窄，主要集中在旅游者的旅游动机和行为特征方面，较少涉及对旅游者真实性感知、满意度、旅游意向的研究。冯淑华(2002)[3]以古村落旅游吸引力、客源特点和客源地与旅游地之间的关联度为研究重点，在充分探讨旅游者行为模式的条件下提出相同条件下不同旅游者的行为特点，为之后的古村落旅游产品设计开发提供宝贵的财富。隋丽娜等（2010）[4]结合理论分析、深度访谈与问卷调查进行社会统计分析，探讨文化遗产旅游者游览前的期望价值与游览后的感知价值差异。窦开龙（2013）[5]对西北600名民族文化旅游者进行抽样调查，利用SPSS17.0软件进行数据挖掘，分析旅游动机和目的、旅游决策行为、旅游组织行

---

[1] AH H.Nalle.Habits of thought and Cultural Tourism[J].Anuals of Tourism Research, 1996, 23(4):874-890.

[2] Charters.S. Who is the wine tourist[J]. Tourism management, 2002(23):311-319.

[3] 冯淑华.古村落旅游客源市场分析与行为模式研究[J].旅游学刊，2002，17（6）：45-48.

[4] 隋丽娜，李颖科，程圩.中西方文化遗产旅游者顾客价值差异研究——以旅西游客为例[J].旅游导刊，2010，25（2）：35-41.

[5] 窦开龙.国外典型旅游危机管理模式及对我国民族旅游发展的展示[J].经济问题探索，2013（2）：121-124.

为、旅游消费行为、旅游偏好行为、旅游评价行为，据此提出未来西北民族文化旅游发展对策和建议。金艳方（2014）[1]在符号互动论、交往假设理论和结构功能主义等理论的指导下，对跨文化旅游和旅游目的地感知的文献进行梳理，并对跨文化旅游、旅游目的地感知和旅游目的地感知差异进行了新的界定；继而对旅游者目的地感知的影响因素及结果和影响、旅游者目的地感知差异形成机理进行了理论研究。张维亚（2015）[2]以苏州园林、南京明孝陵和杭州西湖为例，开展文化遗产地旅游者消费行为数字足迹研究，旨在探索文化遗产地旅游者消费行为数字足迹特征，分析文化遗产地旅游者在旅游消费过程中数字足迹形成机制和响应机制，提出文化遗产地旅游管理优化策略。

2. 文化旅游社区的研究

国外学者的研究重点主要集中在居民真实性感知、旅游影响感知、社区参与影响因素以及社区参与模式等方面。另外，也出现了一些针对细化感知内容和特定居民群体的研究。例如，亨特（Hunter，2011）对我国台湾地区鲁凯族圣地雾台乡的居民在发展民族旅游过程中的文化认同、文化表征方面的主观态度做了探讨。

国内在文化旅游社区方面的研究较为有限，以居民真实性感知、社区参与模式为主要内容。彭多意（2001）[3]借鉴国际上欠发达地区成功的参与性发展模式，与云南当地实际相结合，融入特色族文化、传统习俗、生活方式，同时将民族文化的自信心、自觉性转化为村民的自觉行为可以有效解决民族传统文化传承与经济发展的矛盾。卢天玲（2007）[4]

---

[1] 金艳方.跨文化旅游者的目的地感知差异研究[D]. 泉州：华侨大学，2014.

[2] 张维亚. 文化遗产地旅游者消费行为数字足迹特征与机制研究[D].南京：南京师范大学，2015.

[3] 彭多意.发展民族社区经济方法探索——以可邑彝族生态文化旅游村项目为例[J].思想战线，2001，27（6）：113-115.

[4] 卢天玲.社区居民对九寨沟民族歌舞表演的真实性认知[J].旅游学刊，2007，22（10）：89–94.

以九寨沟为例，重点对社区居民对民族歌舞表演的真实性认知做了探讨，提出旅游对地方传统的影响深刻地反映在当地居民对旅游文化项目的真实性认知上。郭凌等（2014）[1]运用新经济社会学所创立的“制度嵌入性”分析框架，对泸沽湖民族旅游社区两个典型的社区参与制度——“家屋制度”与“人头制度”是如何嵌入具体的社会情境中从而发挥预期作用这一问题进行了探讨，提出从借用社区的非正式制度、重视既有的社会网络、推动民族旅游社区的精英治理、发挥行动主体的积极性等四个方面更好地构建社区参与制度。贾衍菊等（2015）[2]在长期跟踪研究一个乡村旅游社区——山东省荣成市河口村（“胶东渔村”）的基础上，评估旅游发展过程中社区居民旅游感知和态度的动态变化趋势。纵向研究结果表明，随着时间的推移，社区居民对旅游发展积极影响的感知一直保持着较高的认同，而对旅游发展消极影响的感知水平明显上升。苏静等（2017）[3]从较微观的研究视角出发，以社会关系为研究对象，通过定性的研究方法对贵州从江县岜沙苗寨展开个案研究。

3. 文化旅游产品的研究

丹尼尔（Daniel，1996）[4]认为，区别于其他艺术表现形式，舞蹈表演无论在空间和内容上如何变化，在旅游背景下依然保留着原真性和创造性。其选择多种舞蹈表演形式进行分析，选取海地和古巴进行案例分析，重点探讨舞蹈的文化构成、行为及其影响。卡莱（Kaley，2004）[5]通

---

[1] 郭凌，王志章.制度嵌入性与民族、旅游社区参与——基于对泸沽湖民族旅游社区的案例研究[J].旅游科学，2014，28（2）：12–22.

[2] 贾衍菊，王德刚.社区居民旅游影响感知和态度的动态变化[J].旅游学刊，2015，30（5）：65–73.

[3] 苏静，孙九霞.旅游影响民族社区社会关系变迁的微观研究——以岜沙苗寨为例[J].旅游学刊，2017（4）:87–95.

[4] Ywnne Payne Daniel.Tourism Dance Performances Authenticity and Creativity [J].Annals of Tourism Rersearch, 1996, 23(4):780–797.

[5] Kaley Mason. Sound and meaning in Aboriginall tourism[J].Annals of Tourism Research, 2004, 31(4):837–854.

过对加拿大渥太华的音乐遗产旅游加以研究，探讨当地本土化旅游的合理性。

国内也不乏对文化旅游产品的研究。黄芳（2002）[1]从居民参与的角度出发，研究传统民居的旅游开发问题，提出传统民居作为一种独特的旅游资源，虽然在很多地方都已得到一定的开发，但鉴于其所有权在当地居民，再开发利用时必然要考虑到居民的参与问题。郭颖（2002）[2]以泸沽湖地区为例，对我国少数民族文化旅游进行研究，并就如何对其进行更好地保护和开发提出一些自己的见解。其中包括对旅游资源进行“保留、分离、传承、提倡”和“划分功能区及社区参与”等思路。蒋志杰等(2004)[3]通过发放调查问卷发方式获取了江南水乡古镇的一手数据资料，运用意象地图描绘法绘制出古镇旅游意向空间结构，提出这种结构的环形特征，总结出组成意象空间的要素，最后提出相应的具体规划和开发的建议。吕晶（2007）[4]通过研究桂林新开发的文化旅游产品得出有关开发模式和运作管理路径的结论，对文化旅游产品的开发动作有借鉴意义。程超功（2009）[5]运用定性分析的方法，得出文化旅游产品的四个层次，包括文化精神、文化载体、文化内容和文化价值。焦世泰等（2013）[6]以民族文化旅游演艺产品为研究对象，首先回顾了国内外游客感知研究相关文献，然后从分析民族文化旅游演艺产品游客感知的影响因素入手，构建评价民族文化旅游演艺产品游客感知的多层次指标体系，并利用因子分析法对指标体系进行定量分析，通过因子分析法，萃取出5个民族文化旅游演艺

---

[1] 黄芳.传统民居旅游开发中居民参与问题思考[J].旅游学刊，2002（5）：54-57.

[2] 郭颖.民族文化旅游资源保护性开发的理论与实践[D].成都：四川大学，2002.

[3] 蒋志杰，吴国清，白光润.旅游地意象空间分析——以江南水乡古镇为例[J].旅游学刊，2004，19（2）：32-36.

[4] 吕晶.文化旅游产品开发模式初探[D].桂林：广西师范大学，2007.

[5] 程超功.文化旅游产品评价体系研究——以无锡灵山为例 [J].现代商贸工业，2009（7）：13-15.

[6] 焦世泰，张艳敏.百色市旅游资源开发研究[J].百色学院学报，2009，22（4）：76-79.

产品游客感知意象评价因子。李东等（2014）❶采用专家打分法采集相关数据，运用SPSS软件对数据进行因子分析，计算因子载荷矩阵，构建喀什民族文化旅游产品真实性评价模型，得出喀什民族文化旅游产品真实性得分，找出确保民族文化旅游产品真实性的方向，为有效解决民族文化保护与开发之间的矛盾做出贡献。王汝辉等（2016）❷以大熊猫为主题的熊猫邮局为例，采用问卷调查和访谈两种方式，收集游客对大熊猫生态文化旅游产品形象感知数据，运用SPSS统计分析，探讨游客对大熊猫生态文化旅游产品形象感知。侯兵等（2016）❸结合传统经济学的四种价值理论，将文化旅游产品价值分为公益性和营利性两种属性以及公益型、依托型和商业型文化旅游产品三种类型。

4. 文化旅游服务的研究

刘纬华（2001）❹以旅游服务业为研究对象，通过透视技术进步、特别是信息技术发展的时代背景，总结服务理论和创新理论基础，综合运用演绎和归纳，文献查询、系统分析和实证分析等方法，试图构建旅游服务创新体系框架，并对该创新体系进行实证分析。谢礼珊等（2013）❺通过对在线旅游服务企业的员工和使用在线旅游服务的顾客进行深入访谈，归纳了在线旅游服务提供者顾客需求知识的内涵、获取顾客需求知识的方式以及在这一过程中顾客扮演的角色，并提出管理建议。刘长生（2012）❻基于投入产出分析，构建低碳旅游服务提供效率

❶ 李东，由亚男，栾福明.喀什民族主化旅游产品真实性研究[J].资源开发与市场，2014，30（8）：1013-1015.

❷ 王汝辉，谢梅，李雪霖.大熊猫生态文化旅游产品形象感知研究——成都熊猫邮局游客调查[J].中华文化论坛，2016（3）：16-17.

❸ 侯兵，李杰.文化旅游产品的价格机制及调控[J].社会科学家，2016（3）：96-100.

❹ 刘纬华.旅游服务创新体系研究[D].泉州：华侨大学，2001.

❺ 谢礼珊，关新华.在线旅游服务提供者顾客需求知识的探索性研究——基于在线旅游服务提供者和顾客的调查[J].旅游科学，2013，27（3）：1-17.

❻ 刘长生.低碳旅游服务提供效率评价研究——以张家界景区环保交通为例[J].旅游学刊，2012，27（3）:90-98.

评价的数据包络法（DEA）和随机前沿函数法（SFA）。黄泰（2014）[1]构建2007年、2010年、2013年三个时间断面铁路网络数据集，利用GIS和Huff服务力模型研究高铁对长三角城市旅游服务力格局演变的影响，研究发现高铁对长三角城市旅游服务力的影响具有明显的节点和廊道锁定效应，同时旅游服务力从上海、苏南向高铁影响显著的浙北城市扩散，促进核心区域的相对均衡。

5. 文化旅游的保护研究

谢凝高（2002）[2]提出索道对遗产的负面影响，主要表现在对地形、植被生态、景观的破坏，加剧人流在山顶的集中等方面，不符合旅游的基本要求，建议索道及其他商业性的游乐设施最好选择在遗产地以外的适当区域。陶伟（2000）[3]通过对中国“世界遗产”的现状进行全面梳理，提出在遗产地进行可持续旅游发展的必然性，并指出发展遗产旅游要正确处理好旅游文化与旅游经济、旅游供给质量与旅游项目数量以及旅游保护与旅游开发这三大关系。除此之外，还探讨了遗产旅游可持续发展的内涵，并为我国世界遗产地旅游可持续发展提出相应的对策。马晓京（2000）[4]探究了民族旅游的开发对民族文化产生的消极影响，对西部民族旅游开发过程中的民族文化保护问题做了深入探讨。何玥琪（2015）[5]以韩城古城的保护规划为研究对象，对韩城古城的历史文化、格局变迁、建筑风貌、区域地位、产业构成、社会背景进行综合评述，并对韩城古城的文化旅游市场竞争、资源利用、客源需求进行归纳

---

[1] 黄泰.城际铁路对长三角旅游城市可达性格局的影响[J].资源开发与市场，2014（7）：883-885.

[2] 谢凝高.关于风景区自然文化遗产的保护利用[J].旅游学刊，2002（6）：7-8.

[3] 陶伟.中国“世界遗产”的可持续发展研讨[J].旅游学刊，2000，15（5）：35-41.

[4] 马晓京.西部地区民族旅游开发与民族文化保护[J].社会科学家，2000，15（5）：46-49.

[5] 何玥琪.文化旅游背景下的韩城古城保护规划策略研究[D].西安：西安建筑科技大学，2015.

整理，提出韩城在省域竞争和文化旅游开发市场中所迫切面临的具体问题。

6. 文化旅游管理的研究

文化旅游管理研究主要包含三方面的内容：（1）政府在文化旅游管理中的作用、管理权与经营权的关系；（2）文化遗产管理模式；（3）社区参与管理。

徐嵩龄（2003）[1] 认为要想实现黄山模式的更新应关注遗产管理标准、遗产经营制度和遗产与当地社区的关系。在对遗产旅游业经营制度的选择问题探讨之后提出，中国遗产旅游业经营制度应具有中国特色，具体应表现在"贫困地区遗产公益性""遗产区门票的价格定位""门票优惠""遗产区旅游收益的分配""让利于地方"等。罗佳明（2003）[2] 以江西省遗产管理为例，探讨政府在我国遗产管理组织改革中所扮演的角色，提出当前我国遗产管理最重要的是理顺遗产地管理的组织体制，建立两级遗产管理组织体系并营造相应的法律环境等。张朝枝等（2004）[3] 认为遗产是由政府管理还是由市场经营是旅游发展过程中遗产资源管理的核心问题的两个方面，在探究近年来国内关于遗产资源管理的问题上，提出公共选择与制度分析框架。朱建安（2004）[4] 认为政府作为遗产资源经营主体理应具备三个条件，即财政条件、行政管理条件和法治条件。周钟萍（2015）[5] 等通过文献研究法、调查研究法、深度访谈法

---

[1] 徐嵩龄.中国的世界遗产管理之路——黄山模式评价及其更新（下）[J].旅游学刊，2003（2）.

[2] 罗佳明.我国自然与文化遗产可持续发展的组织体系建设[J].旅游学刊，2003（1）：51-55.

[3] 张朝枝，保继刚，徐红罡.旅游发展与遗产管理研究：公共选择与制度分析的视角——兼遗产资源管理研究评述[J].旅游学刊，2004（5）：35-40.

[4] 朱建安.世界遗产旅游发展中的政府定位研究[J].旅游学刊，2004（4）：79-84.

[5] 周钟萍.城市文化遗产管理中的政府职能研究——以南京夫子庙—秦淮风光带景区为例[D].南京:东南大学，2015.

等研究方法，完成对城市文化遗产管理中政府职能的研究分析。余晓兰（2015）[1] 以翁丁佤族村为案例进行研究，在分析众多专家学者研究的基础上，结合民族村寨特殊的社会、经济、文化、生态环境等的特征，以及目前“大旅游、大产业”的旅游业发展新理念，提出民族村寨文化旅游产业体系系统构想。符海琴（2016）[2] 针对南京历史文化深厚、文化遗存多且分布广等特点，从南京城市规划、文化遗产管理的体制、法制及公众参与度等方面剖析南京城市建设与文化遗产保护之间的深层次矛盾。

7. 文化旅游发展的研究

围绕文化旅游产品构建了一个吸引力评价指标体系，包括产品质量、可持续性、便利性、意识、游客服务、产品的独特程度、社区支持与参与程度和管理能力等方面。霍华德和艾伦（Howard Hughes&Danielle Allen, 2005）[3] 通过研究中欧和东欧这些经历过政治剧变的国家，发现当其国家形象因为巨变而一落千丈时，文化旅游成为其旅游市场的增长点，并且文化旅游还在重塑国家形象方面发挥着重要作用。马勇等（2010）[4] 认为，鄂西生态文化旅游圈作为一个整体区域，要将其建设成为国家级生态文化旅游示范区，必须构建符合其区域特色和发展条件的区域发展模式，即区域共生——产业协调发展模式。龚宁（2012）[5] 对文化旅游资源进行整合，在确保区域内各

---

[1] 余晓兰.云南翁丁佤寨特色文化旅游产业体系建设与管理研究[D].昆明:云南师范大学, 2015.

[2] 符海琴.转型期南京文化遗产管理的多元主体模式研究[D].南京:东南大学, 2016.

[3] Hughes H, Allen D.Cultural Tourism and tour operatois in Orientuial and Eastern Europe[D].London: City University, 2005.

[4] 马勇, 何莲.鄂西生态文化旅游圈区域共生——产业协调发展模式构建[J].湖北社会科学, 2010（1）：69–72.

[5] 龚宁.基于资源整合的文化旅游产业发展战略研究——以“丁县”文化旅游产业发展战略研究为例[D].成都:四川师范大学, 2012.

文化旅游资源的系统性、整体性和协调性发展的基础上，以深挖区域文化旅游产业发展的核心竞争力为中心，对整个区域进行整体规划和系统开发，使大区域内的文化旅游资源在时间上和空间上形成相对良好的互补关系。侯兵等（2013）❶以南京都市圈为例，围绕区域文化旅游的发展状态、区域协同发展的现实基础和基本条件等设计调研项目，采用社会调查和定量分析相结合的方法，分析公众对区域文化旅游协同发展的认知和评价情况。研究发现，文化旅游区域协同的空间认知分异规律存在文化资源导向性、交通区位导向性和文化关联导向性的特征。刘洋（2016）❷围绕文化旅游与城市经济协调发展的一系列问题展开研究，以期为二者的协调发展提出一套行之有效的理论和方法。

❶ 侯兵，黄震方，陈肖静，等.文化旅游区域协同发展的空间认知分异——以南京都市圈为例[J].旅游学刊，2013（2）：102-110.

❷ 刘洋.文化旅游与城市经济协调发展研究[D].西安:西北大学，2016.

第二节 海南文化旅游产业现状分析

一、海南文化旅游资源现状

（一）历史文化旅游资源

1.人类文化遗址

海南新石器时代文化遗址有130处。昌江县七叉镇燕窝岭和混雅岭发现的两个旧石器遗址更是把海南人类活动的历史追溯到距今约2万年前。海南具有代表性的遗址有落笔洞遗址（全国重点文化保护单位）、米察洞遗址、仙人洞遗址、皇帝洞、大港村遗址、石贡遗址、付龙园遗址、风鸣村遗址和贝丘遗址等。

2.社会经济文化遗址

自西汉设珠崖、儋耳两郡以来，历代在海南建城的情况屡见不鲜。现如今有些古城的城墙和道路界限仍清晰可辨，包括琼山府城、崖州古城、定安古城、儋州古城、昌化古城、乐会古城、儋耳郡城、万安州城和珠崖岭城等；海南的古建筑有300处，其中属于国家级、省级文物保护单位的有15处，主要包括万宁青云塔、海口南洋骑楼、琼海聚奎塔、定安见龙塔、崖州迎旺塔和孔庙、定安解元坊、文昌孔庙、府城鼓楼、澄迈美郎双塔、博鳌蔡家宅等；名人故居及纪念建筑主要包括海瑞墓、丘浚墓、五公祠、东坡书院及宋氏故居、冯平故居、王文明故居、张云逸纪念堂、丘浚故居、“南霸天”旧居、冯白驹故居、杨善集故居、海瑞故居等。著名的攀崖石刻主要有黎母山攀岩石刻、东山岭攀崖石刻、五指山石刻和天涯海角石刻；近现代社会经济文化遗址主要包括日本帝国主义侵琼遗址—— 南渡江铁桥、安由至黄流窄轨铁路、石碌至八所、三亚田独死难矿工遗址东方八所死难劳工遗址等。[1]

[1] 海南省旅游发展委员会网站http://www.visithainan.gov.cn/。

3.军事遗址

1891 年由两广总督张之洞下令建造，与天津大沽口炮台、上海吴淞口炮台和广东虎门炮台并称中国四大炮台的秀英古炮台；陵水县苏维埃政府旧址以及琼崖红军云龙改编旧址；人民解放军强渡琼州海峡——白沙门和临高县临高角等。

（二）民俗文化旅游资源[1]

1.民俗风情

军坡节是海南人的庙会，至今已有1 300 多年的历史。每年农历正月到三月之间举行，据说是为了纪念民族英雄冼夫人而设立的节日，分为“公期”和“婆期”，是海南民间最负盛名、规模最大、最具海南民俗特色的民俗节日。

黎族三月三节是海南黎族人民纪念先祖、表达幸福向往的传统节日。 每年农历三月三，各聚居区的黎族民众都要举行规模盛大的赛歌会、花灯展览、篝火晚会、民族传统体育比赛、彩车比赛、男女青年对歌、歌舞表演等庆祝活动。

南山长寿文化节于每两年“重阳节”期间举办，为期一周，充分展示海南省长寿岛的形象，推动老年旅游事业的发展，倡导“老有所乐、老有所为、老有所学、老有所养”。

中秋歌节起源于宋代末期，于每年农历八月十五在儋州举行。活动内容主要包括儋州山歌、赏月和调声对歌比赛等。歌手们男歌女答，以“唱倒”（不能答歌）对方为止。一般在下午3～5点举办赛歌活动，到了晚上则以村为单位举行“中秋情酒歌会”，男女对唱情歌，共享月饼，直到凌晨才会离去。

换花节是海口府城地区于每年农历正月十五元宵之夜举办的节日，风情独特。换花节的历史据说可以追溯到唐代贞观元年。之前是换香，意在香火不绝；现在变成换花，成为象征美好、幸福的新形式。换花活

[1] 根据海南省旅游发展委员会网站资料整理。

动的规模影响如今也在不断扩大。

海南岛欢乐节以“旅游搭台，唱旅游戏”，于每年11月举办。由各地方吸引社会各方面参与的旅游和娱乐活动，丰富游客体验，体现出海南岛的国际性、欢乐性和参与性。

2.文学艺术

海南是个多民族的省份，每个民族都有属于自己独特的文学艺术形式。黎族文学艺术就是其中的杰出代表。黎族的口头文学形式多样、生动活泼，其题材广泛且内容丰富，主要有神话、童话、故事、传说、家谱、宗教等。其中比较著名的有《绣面的传说》《鹿回头》《人类的起源》《洪水的传说》《甘工鸟》《五指山大仙》《勇敢的打掩》等。这些作品既反映了社会历史，又总结出生活经验。在传播各方面知识的同时也丰富了当地人们的精神世界，寄托了黎族人民对美好生活的希冀和向往。除此之外，黎族还是个能歌善舞的民族。黎族音乐题材丰富、曲调优美，包含民歌、歌舞音乐、说唱音乐等多种形式。

（三）宗教文化旅游资源

海南的宗教文化资源较为丰富。主要的佛教文化旅游资源包括普渡祠（定安长凤山）、三味祠（陵水）、南山祠（三亚南山）和潮水祠（万宁）。道教文化旅游资源主要有大小洞天（三亚）和文笔峰（定安）。伊斯兰教文化旅游资源主要在三亚羊栏。除此之外，黎族还有自己的传统宗教。

二、海南文化旅游产业发展现状

（一）客源市场开发情况

“十二五”期间，海南省超额完成其旅游产业的发展目标。第一，接待游客总人数实现快速增长。接待游客总人数 4 789.08 万人次，年均增长 12.5%。无论是接待游客总人数还是旅游总收入增速均高于全国平均水平。第二，旅游总收入稳步增加。2016年全省旅游业完成增加值310亿元，比上年增长10.9%。接待国内外游客总人数6 023.59万人次，比上年增长12.9%；其中接待旅游过夜人数4 977.28万人次，增长10.8%。旅游总收入672.10亿元，增长17.4%（见表3-1）。

表3-1　海南省旅游发展状况

项目	2015年		2016年	
	本年度	同比增长	本年度	同比增长
接待过夜旅游人数（万人次）	4 492.95	10.66%	6 023.60	12.9%
过夜国内旅游者	4 432.11	10.97%	4 902.32	10.6%
过夜入境旅游者	60.84	−8.01%	74.90	23.1%
外国人	35.59	−15.56%	46.98	32.0%
香港同胞	11.87	10.01%	13.20	11.2%
澳门同胞	1.06	−10.92%	1.11	4.7%
台湾同胞	12.32	2.58%	13.60	10.4%
旅游总收入（亿元）	572.49	13%	672.10	17.4%
国内旅游收入（亿元）	528.08	12.7%	610.27	15.6%
国际旅游收入（万美元）	24 764.93	−6.8%	34 988.86	41.3%

资料来源：海南省旅游发展委员会。

2016年海南境外客源国主要国家分别是：俄罗斯、韩国、马来西亚、新加坡、美国、泰国、德国、加拿大、日本、澳大利亚以及英国（见表3-2）。

表3-2　2016年海南旅游饭店接待外国人分国别(地区)人数

国家或地区	累计（人）	累计对比（%）
俄罗斯	80 956	116.2
韩 国	64 138	66.6
马来西亚	48 877	166.9
新加坡	36 224	6.7

续表

国家或地区	累计（人）	累计对比（%）
美国	26 599	14.8
泰国	12 956	61.2
德国	10 024	4.3
加拿大	9 889	12
日本	9 284	−7.2
澳大利亚	7 568	4.2
英国	6 504	−2.9

从2016年各市县接待情况来看，排名前10位的市县接待旅游者总量都超过80万人次。其中，三亚、海口和万宁位列前三名，接待人数都超过300万人次。从目前情况看，海南各市县的旅游发展很不均衡，三亚、海口、万宁是海南旅游产业发展的绝对主导力量（见表3-3）。

表3-3　2016年海南省各市县接待过夜游客人数

市县	万人次	市县	万人次
三亚	1 651.58	昌江	85.96
海口	1 329.19	东方	71.63
万宁	395.60	保亭	70.27
琼海	316.62	五指山	69.79
文昌	199.14	琼中	57.46
儋州	181.28	乐东	55.83
陵水	175.22	屯昌	41.78
澄迈	114.33	临高	39.64
定安	88.68	白沙	33.20

（二）旅游接待能力概况

目前，海南岛吃、住、行、游、购、娱方面的配套旅游接待体系已经初步形成，具备较强的接待能力。根据海南省统计局统计数据显示，截至2015年，海南省共有旅行社389家，其中出境社41家；共有星级酒店144家，其中五星级酒店26家、四星级酒店41家、三星级酒店64家、二星级酒店10家、一星级酒店3家，基本建立起包括高、中、低不同档次，可以适应不同客户需求的酒店体系。海南省星级酒店主要集中于海口、三亚、琼海、兴隆、儋州等地区，2015年旅游酒店客房平均开房率已经达到59%以上。除此之外，海南省的市场主体培育取得一定成果。众多著名国际酒店集团如洲际酒店集团、万豪酒店集团、雅高酒店集团、喜达屋酒店集团等均已进入海南，引导希尔顿夏威夷度假酒店、三亚湾红树林度假世界、海口香格里拉酒店等代表企业向集餐饮、购物、休闲、娱乐、度假为一体方向转变，鼓励梨花之家、黎家民宿等特色住宿企业实现突破发展。事实上，海南旅游酒店特别是度假酒店的发展速度已经在全国范围内处于领先地位。海南已逐步成为全国高端酒店品牌最集中、酒店国际化水平较高的地区。海南地区的高星级酒店滨水靠海，环境雅致优美，服务设施完善，配套服务上乘，已经成为冬季避寒度假的理想目的地。

（三）旅游产品开发与基础设施建设

近几年来，海南省不断在发展旅游业的过程中逐步实现传统观光旅游项目的整合优化，更重要的是海南省积极响应不断变化的市场需求，结合当地资源自身的特点，精心打造旅游热点，重点发展休闲度假、会议旅游等。在此基础上积极拓展能充分体现海南自然、文化历史特色的专项旅游产品，有效提升旅游产品的吸引力和竞争力。有些特色旅游项目在国内已经取得一定的成绩，在全国范围内起到良好的示范作用。比如南山文化旅游区，结合海南生态文化和历史文化于一体，特色鲜明；以亚龙湾国家旅游度假区为代表的度假休闲酒店群已发展成为国内游客冬季避寒度假目的地的首选；博鳌亚洲论坛的成功举办提升了海南承接的层次，极大地带动了海南会议旅游的发展。

景区景点的建设进程呈现出明显加快的趋势。2015年海南省的景区景点已达到62个，通过不断建设和整合，海南旅游景点的整体品质也在逐步提升。蜈支洲岛度假中心、三亚大小洞天旅游区、南山文化旅游区、呀诺达雨林文化旅游区、槟榔谷黎苗文化旅游区和分界洲旅游区已经荣膺国家5A级风景区；亚龙湾爱立方滨海乐园、天涯海角风景区、兴隆热带植物园、亚龙湾热带天堂森林旅游区等一大批已经列入国家4A级风景区。

第三节　海南文化旅游业发展瓶颈

目前，海南文化旅游发展中依旧存在一些问题，制约着海南文化旅游向更高层次的发展，其主要表现如下。

（1）文化旅游产品单一。目前，海南文化旅游开发方式还是趋于简单化，尚停留在历史遗迹和人文景观的简单组合上；在开发深度方面，由于对文化旅游资源的认知开发层次还比较低，结果导致大量的文化旅游资源没有找到合理的载体，特别是海南丰富的非物质文化遗产的转化率偏低，结果导致海南文化旅游的地域特色既不突出也不鲜明；由政府组织兴办的大量纪念馆、博物馆最终鲜有真正纳入旅游线路，缺乏作为旅游产品的吸引力。

（2）文化旅游产业融合单一。文化旅游的表现形式有专项线路、文化表演、节事活动、纪念品和出版物等。目前海南文化旅游产品活力不足，产品功能、质量及相关配套与国际旅游岛尚有差距。文旅融合形式较为单一，现有产品集中在文化展示、餐饮等浅层次开发，文化体验不足。加之景区景点开发、旅游资源、配套服务等方面的整合力度不够，使得文化含量高的旅游精品少之又少。海南文化旅游目前仍然以观光旅游为主，现有文化产品缺乏参与性和体验性，文化旅游产品的整体竞争力不足。具体表现在缺乏规模大、影响力强的文化节庆活动，专业化的旅游文化表演更是不足，高质量的特色文化旅游纪念品少之又少等。

（3）文化旅游产业游客流向相对单一。海南省文化旅游产业空间上分布不平衡，呈现出东热西冷、南重北轻的两极分化问题。东部强势引领，西部优于中部的发展格局明显。旅游空间布局过度集中于以海口和三亚为核心的东线沿海区域，三亚、海口占全省 60%以上的旅游市场份额。游客流向与产业分布呈正相关，东部各市县发展处于领先地位，相比之下，中西部地区相对落后，旅游产品较为分散，规模不足，尚未有效分流客源。

（4）管理水平层次低。与建设国际旅游岛的发展目标相比，海南省旅游行政管理与行业监督管理水平还存在较大的提升空间。旅游行政管理部门统筹协调协作能力、旅游市场长效监管机制、综合执法机制均有待强化。部分低价竞争等扰乱旅游市场秩序的行为仍然存在。导游管理体制有待进一步改革，旅游市场主体培育机制也有待健全，大型优质旅游旗舰企业存量有限，整体呈现出小、弱、散的特点。另外，海南国际旅游岛的涉旅优惠政策效应释放不明显。《国务院关于推进海南国际旅游岛建设发展的若干意见》（国发〔2009〕44 号文）赋予海南省旅游大量扶持政策，但是部分优惠政策未用透用足，红利释放不明显。文化旅游仍有较大可发挥的空间。

（5）旅游公共服务体系落后。海南省旅游信息化建设相对滞后，智慧化旅游软件、智慧化集散咨询系统服务功能仍待提升，智慧旅游服务推广应用也未能实现全省覆盖。散客服务体系还不健全，旅游信息查询系统和旅游救援的网络系统尚未建立。旅游交通、旅游厕所等基础设施还不健全。整体的软性服务标准化不足，国际性、专业性旅游服务人才储备不足，与国际游客需求还没有实现有效对接，使得入境旅游市场增长受限。

第四节　文化旅游发展对策

突出海南文化特色，打造海南文化旅游品牌。海南文化资源丰富，黎族文化、海洋文化、华侨文化、生态文化、贬官文化、移民文化等都是海南特色文化。这些海南特色文化旅游资源是海南发展文化旅游最大的亮点和卖点，具备打造旅游精品和品牌的条件。因此，要充分利用这些具有海南特色的资源，突出创新性、参与性和市场性，开发具有海南地方文化特色的系列旅游精品，做到“人无我有”，才能最大限度地丰富旅游者的体验，提高重游率。加大发掘海南文化资源的力度，对海南文化进行充分挖掘、梳理、解读，最后转化为旅游资源。由于这项工作涉及面广、工作量大，需要社会各界密切合作，政府部门应该牵头组织各方力量展开合作。各级史志部门同时要发挥自身业务优势，将研究、整合海南文化作为工作的主要任务；各海南高校和研究机构也要加强对海南历史文化遗产的研究和梳理；旅游部门则负责将海南的各种典故、民间传统、历史传说、诗词、人物传记等进行提炼和挖掘，通过精心策划、包装、宣传，让游客从旅游产品中感受到海南文化特有的文化内涵。

一、打造特色精品项目，强化核心吸引

具体而言，海南在产品构建方面要做到以下四点。

（1）打造本土民族民俗文化旅游产品。充分发掘海南民族民俗文化特色，不断推动扩大海南黎族苗族传统节日“三月三”的规模及影响力，提高黎祖祭祀庆典活动的知名度。把重点放在本土文化旅游项目的打造上，如展示黎苗文化的槟榔谷、五指山黎峒文化园；体现名人文化的东坡文化旅游区；彰显中华文明的非物质文化遗产展示中心等，要以文化景区为载体，保护并且发扬海南的特色文化。

（2）大力发展节庆活动和演艺市场，挖掘历史、民俗文化、“海上丝绸之路”海洋文化资源，打造冼夫人文化节、东坡文化节、换花节、潭门赶海节和万宁、陵水中华龙舟大赛等特色节庆品牌。将“海南国际旅游欢乐节”办成国际性旅游节庆品牌。繁荣文化旅游演艺市场，推动千古情、万达剧场、海胆剧场、兴隆剧场等推出一系列艺术水平高、市场潜力大的旅游演艺节目，提升演艺的水平、突出特色。

（3）促进节庆活动转型升级，策划一批有旅游吸引力的、具有海南本土文化特色的品牌节庆活动，重点打造海南国际旅游岛狂欢节活动，

争取培育沙雕文化艺术节、海上丝绸之路电影节、图书节、国际旅游岛美食节等节事品牌。

（4）培育壮大影视制作、游戏动漫等文化创意产业。整合电影公社、长影“环球100”等资源，打造影视集聚区。以中国游戏数码港为依托，大力发展海南游戏动漫等文化创意产业。

二、加强区域沟通与协调，促进区域共同发展

海南各市县同处于一个地域文化之中，地方间的旅游资源难免具有相似性。为了防止文化旅游产品雷同导致的同质化恶性竞争和有可能带来的文化资源贬值和破坏。在进行文化旅游开发过程中要加强区域的沟通与协调。要在旅游主管部门组织下，由各地区根据当地的实际情况，选择合适的特色主题进行规划和开发，实现有序开发，共同打造富有海南特色文化的旅游产品体系，促进海南文化旅游资源合理开发和均衡发展。

三、升级产业要素，优化旅游体验

升级传统旅游“食住行游购娱”六要素，加入愈加重要的“厕”，构成新旅游基本要素，通过国际化、标准化、主题化升级，在“硬件”层次优化游客体验；在拓展六要素“商养学闲情奇”中增加旅游之魂“文”，通过新六要素在旅游产业各个环节的融入，在“软件”层次优化游客体验。

1.推进旅游餐饮建设

（1）着力提升旅游餐饮质量，完善旅游餐饮体系。以特色风味餐饮为核心，适度发展酒店餐饮和大众餐饮，建立起多档次、多品位的餐饮体系。（2）合理布局旅游餐饮网络。实现旅游餐饮全市县覆盖，各市县至少要打造一条特色餐饮街区。兼顾旅游城市、旅游景区、交通节点的不同需求，建设高、中、低档配套的全省旅游餐饮网络。（3）立体化营销，打造国际知名品牌。加大海南餐饮的推介和营销力度，做活以文昌

鸡、东山羊、加积鸭、和乐蟹等海南传统四大名菜为引领的特色餐饮。（4）加强旅游餐饮管理。重点发挥旅游餐饮行业协会的监管作用，强化对旅游餐饮的标准化管理，树立起国际旅游岛的品牌形象。

2.加速旅游住宿发展

（1）推动旅游住宿业态向多元化方向发展。重点建设主题酒店、经济型酒店、会议度假酒店，鼓励青年旅社、露营地、民俗特色度假旅店等多种旅游住宿接待设施的企业入驻海南，营造多元住宿业态。（2）注重住宿质量提升。全省着重突出旅游住宿设施的热带和海南主题特色，通过住宿设施优化升级及提升服务水平，全面满足国际旅游岛的发展需求。（3）强化旅游住宿管理。重点完善、修订《海南经济特区旅馆业管理规定》《海南省酒店业发展总体规划》等酒店管理条例、法规，强化旅游住宿管理。

3.提高旅游交通服务水平

（1）完善全省外部旅游大交通建设，构建接轨国际的无障碍旅游交通网络。（2）完善全省内部交通建设，打造联结铁路干线、公路干线与主要景区、景区与景区之间、景区内部的推进旅游景区景点之间联系的交通环线。（3）适时增加环海南岛游船游线、三沙邮轮旅游线、环南海邮轮旅游线和船舶运力，打造海南特色水路网络。（4）建设无缝衔接的旅游交通接驳系统。

4.加强旅游景区管理

（1）加强对景区的行业管理，完成景区景点门禁系统安装工作，规范景区景点价格，严格落实门票价格明码标价管理规定。（2）重点加强标识系统、安全救援、无障碍设施、旅游厕所等内部服务配套设施建设。（3）打造一批精致化、品质集聚式功能复合型的景区。争取至 2020 年，全省5A级景区达到 8 个。

5.优化旅游购物环境

（1）放大国家政策优势。充分利用海南境外游客购物离境退税政策，积极争取放宽购物数量限制等更多免税优惠政策，吸引国内外游客来海南旅游购物。（2）改善旅游购物环境。重点加强市场管理，建立旅游购物店信用等级制度，切实保护旅游者消费权益。（3）强化特色旅游商品开发。扩大旅游商品开发种类，促进旅游商品对当地自然与人文资源的充分转化，增强椰子等热带物产、沉香、贝雕贝艺、椰雕等特色工艺品、黎苗等具有海南地方文化符号的特色纪念品生产，延长旅游产业链；开发实用性强、价格合理、质量上乘、工艺新颖、材料环保、设计精巧的旅游商品。（4）规范旅游商品市场。针对珊瑚等再生能力较弱的旅游商品资源，做好阶段性保护规划，维护生态平衡；增加旅游景区景点的旅游商品销售网点，构建在线旅游商品销售网络，完善旅游商品销售渠道。

6.拓展旅游娱乐业范围

（1）打造全时娱乐产业。重点拉动夏季户外娱乐体验吸引，开发“渔排渔火观光”“沙滩月光节”等体验活动，强化淡季旅游吸引。(2)丰富旅游娱乐内容。重点通过政策扶持、资金支持、人员培训等多角度、多层次、多手段支持旅游演艺产业发展，丰富当地旅游娱乐产品。

7.强力推进旅游厕所建设

（1）建立综合协调机制，协调相关部门在旅游厕所规划、用地、立项、审批、用水、用电等方面开辟“绿色通道”。（2）支持社会资金投资和经营旅游厕所，积极探索“以商建厕、以商管厕、以商养厕”的新机制。（3）从厕所目标人群的具体需求出发，从厕所洁净度、厕所软环境、厕所人文关怀等方面出发，建设海南特色的“星级厕所”。（4）充分注意对有限资源的创意化开发再利用、环保材料的使用、生态化再循环处理等，实现厕所的绿色环保与生态可循环，同时通过创意化生态开发，将厕所融入景区，成为景区“新亮点”。

四、明确市场导向，精准、智慧营销

针对重点旅游市场构建资源整合、主题营销、创新营销三位一体的海南省旅游市场营销体系，充分运用互联互通时代的各类新媒体，大力推广线上营销，不断扩大海南旅游业在国内外的知名度和影响力。

境内方面，优先发展华东市场（鲁皖苏沪浙赣闽），重点拓展华北市场（京津冀晋蒙），积极培育华南市场（粤桂）、华中市场（豫鄂湘）。入境方面，以亚太地区市场为主，欧美市场为辅：对重点市场，为优质发展我国港澳台地区、日、韩、俄罗斯市场。对潜力市场，积极拓展新加坡等东南亚、西亚、西欧（德国、瑞士、意大利、法国）及北美（美国和加拿大）。对机会市场，探索培育南美、非洲、澳大利亚、新西兰、中东等市场。具体可采取以下两种策略。

（1）多元主体联动营销策略。政府统筹协调，整合景区、酒店、旅行社、航空公司、旅游商品企业、媒体等多元营销主体，推动“品质服务+网络推广”“创业活动+媒介营销”“主题线路+广告推送”“品牌效应+创意活动”，多元主体联动营销，实现旅游市场全覆盖。

（2）精准营销策略。在国内市场方面，细分市场、细化产品，加大开发、培育二、三线城市和中西部地区的旅游潜力，维持广告媒介营销、旅行社推介营销、旅游推介会营销等传统营销模式形成的目的地曝光率，重点加大在线旅游营销、移动客户端营销、自媒体营销、用户口碑营销和创意事件营销的投入力度。在国际市场方面，将海南旅游整体形象策划和宣传纳入全省外宣工作总体部署，探索建立全省因公出国（境）团组增加旅游宣传推广功能的机制。完善琼港澳一程多站合作促销机制和旅游营销委托代理机制。

五、其他相关举措

（1）对接国际标准，完善公服体系。通过旅游集散中心、旅游道路服务体系、旅游便民服务等五大工程的建设，构建与国际接轨的旅游公共服务供给机制和保障机制，同时着重对智慧旅游构建做出详细的工作部署，全面提升旅游公共服务配套质量和综合服务水平。

（2）健全体制机制，强化组织领导。加强全省统筹协调，落实省旅游产业工作联席会议制度，把旅游联合执法办公室做到实处；推进规划体制改革，加强顶层设计；健全监督管理制度，加强考核工作，真正将旅游发展作为政府的重点工作。

（3）完善政策法规，优化发展环境。针对旅游发展的各个环节，从规划到项目落地到项目运营，完善相关政策法规，对于重点产业予以政策扶持，优化旅游发展环境。

第四章　乡村旅游

乡村旅游是随着人们收入和闲暇时间的增加，对返璞归真的自然乡村生活的需求不断增加的情况下兴起和发展的，同时发展乡村旅游是我国旅游业发展和经济迅速增长的必然结果。乡村旅游的主要吸引物就是乡村特有的文化传统，是旅游发展的基础。随着我国经济的飞速发展，人们对乡村旅游有了很大的需求，在满足这个需求的过程中，旅游开发特别是游客的进入一定会对农村文化产生重大影响，既有积极影响又存在消极影响。厘清这些影响，权衡利弊，正确建设农村文化，保护原始文化资源，对保障乡村旅游的健康可持续发展具有重要意义。

第一节　乡村旅游的概念及内涵

一、乡村旅游的定义与发展演进

乡村旅游的蓬勃发展已经势不可当，国内外关于乡村旅游的定义也都有着许多探索和理解。经济合作与发展组织（OECD，1994）认为，在乡村开展的旅游，田园风味、乡村文化是乡村旅游的中心和卖点。20世纪80年代后，在欧美一些发达国家，乡村旅游已具有相当的规模。他们对此的研究也是比较成熟的，很强调当地农民的参与、自身的体验，注重淳朴民风文化的保护，并重新收集传统的生产工具和传授传统生产方式，教育人们和开发旅游，保持乡村旅游的原汁原味。世界旅游组织在推荐给各国政府官员、地方社区和旅游经营者使用的《地方旅游规划指南》中对乡村旅游有一个初步的界定：旅游者在乡村（通常是偏远地区的传统乡村）及其附近逗留、学习、体验乡村生活模式的活动。该村庄也可以作为旅游者探索附近地区的基地。[1] 国内学者也在乡村旅游研究中不断界定其概念，刘德谦（2006）[2]曾对我国乡村旅游概念的界定作了历史性回顾和总结，并提出，乡村旅游的核心内容应该是乡村风情（乡村的风土人情），其中包括四部分：风土——特有的地理环境；风物——地方特有的景物；风俗——地方风俗；风景——可供欣赏的景象。乡村旅游定义为以由乡村地域及农事相关的风土、风物、风俗、风景组成的乡村风情为吸引物，吸引旅游者前往休息、观光、体验及学习等的旅游活动。 从语义学角度来讲，“乡村”这个词，既代表着人们共同接受的概念表达，包含乡村所蕴含的自然社会要素，也抽象概括着乡村历时空间的感性形象与个人基于自我经验和可能的体验即将获得的接受性形象。乡村作为原初生命诞育、根性文化生发的载体与元素符号，让人类对之始终有一种与生俱来的依赖感和回归感，从而使得人们的原根性诉求：回溯生命之根、文化之根、身份之根，可能在乡村旅游诉求中占主导地位，同时也使乡村旅游在原根性诉求表达方面更优于其他传统类型的旅游产品。[3] 乡村旅游是以乡野农村的风光和活动为吸引物，以都市居民为目标市场，以满足旅游者娱乐、求知和回归自然等需求为目的的一种旅游方式，被业界普遍接受。[4]

结合国内外主要学者的研究，概括起来，可以将乡村旅游视为在乡村地区，以具有乡村特性的自然和人文吸引物为凭借，为满足旅游者需求而从事的一切旅游活动及由此产生的各种关系的总和。此定义相对全面地涵盖乡村旅游的四层内涵：

---

[1] 侯晓敏.国内外乡村旅游研究综述[C]// 江苏省旅游发展30年学术论坛暨江苏省旅游学会2008年年会论文集，2008.

[2] 刘德谦. 关于乡村旅游、农业旅游与民俗旅游的几点辨析[J]. 旅游学刊，2006, 21(3):12.

[3] 陶玉霞.乡村旅游需求机制与诉求异化实证研究[J]. 旅游学刊，2015, 30(7):37.

[4] 李莺莉，王灿.新型城镇化下我国乡村旅游的生态化转型探讨[J]. 农业经济问题，2015, 36(6):29.

（1）乡村旅游产生的地域是乡村地区，包括从近郊到广大的农村乃至偏远的野外。

（2）乡村性是乡村旅游存的灵魂。乡村旅游的吸引物无论是自然的还是人文的，必须具有乡村性。这可以把有些在乡村进行的旅游活动比如主题公园旅游、城市型度假旅游、高科技农业区观光等排除在外。

（3）旅游活动构成要素包括旅游者、旅游吸引物和介于旅游主体与客体之间的旅游中介机构，乡村旅游就不仅局限于旅游吸引物，还包括参与乡村旅游活动的所有组成部分，即乡村旅游者、乡村旅游地（含乡村旅游吸引物）和乡村旅游经营者。

（4）乡村旅游也包括建立在乡村旅游活动基础上的各种关系，主要包括在乡村旅游生产经营和消费过程中的各种经济和社会关系。如乡村旅游产品供给与需求关系、乡村旅游各经营主体之间的利益关系、政府在乡村旅游开发经营中的角色、乡村旅游对社区居民的影响、乡村旅游地传统文化和“乡村”环境保护及可持续发展。

虽然乡村旅游的概念在各个学者中有独特的理解，但基本上都说明乡村旅游应该是发生在农村的一种回归自然和乡村文化的体验型、高品位、高质量的旅游方式。中国学者在2004年贵州举行的乡村旅游国际论坛上，形成一个比较统一的意见：以独具特色的乡村民俗民族文化为灵魂，以此提高乡村旅游的品位和丰富性；以农民为经营主体，充分体现“住农家屋、吃农家饭、干农家活、享农家乐”的民俗特色；乡村旅游的目标市场应主要定位为城市居民，满足都市人享受田园风光、回归淳朴民俗的愿望。

二、乡村旅游的起源

乡村旅游在西方发达国家最早起源于19世纪中期的欧洲，1865年，意大利“农业与旅游协会”的成立标志着乡村旅游的诞生。但是其大规模开展是20世纪80年代以后，特别是在一些发达国家，乡村旅游飞速发展并走上规范发展的轨道，展现出无限的生命力和发展潜力。

乡村旅游有欧洲四国（英国、法国、西班牙、意大利）起源论、法国起源论、英国起源论等不同争论。法国是现代化的农村旅游的真正先驱，开展了乡村住所、农家体验游、农家旅馆等旅游形式。英国、西班牙早期修建乡村社区和“帕来多国营客栈”，举办务农学校、自然学习班等。意大利成立“农业与旅游全国协会”，成为城市居民和农村旅游消费的中介。在欧美发达国家，乡村旅游主要有三种形式：（1）休闲度假型；（2）参与劳作型；（3）科考、修学等其他类型。其主要包括三个方面内容：逐步深入的体验性活动；逐步深入的学习型活动；接受环境教育、开展生态环境补偿方面的活动。在发展中国家，乡村旅游主要表现为农业观光旅游形式。如何从低端的农业观光旅游形式，比如农家乐形式走出来，实现产业转换升级，同时保持旅游体验性与生态环境教育是发展中国乡村旅游未来要着重考虑的问题。

我国乡村旅游则起步较晚，萌芽于20世纪50年代，为了外事接待的需要，而在山东省石家庄村率先开展了乡村旅游活动。但是纵观历史，不难发现我国乡村旅游似乎诞生的更早一些。古代很早就有春游、踏青的习俗，《管子·小问》中说“桓公放春三月观于野”，记录了齐桓公外出到郊野农村游玩的情景。因此，春游活动可以说是乡村旅游的雏形，说明乡村旅游在我国实际上已经有着非常悠久的历史。

三、乡村旅游的发展变化

中国广袤的农村，拥有丰富的乡村旅游资源，乡土气息、民俗风情、民族文化特色以及田园风光，使我国的乡村旅游充满生机和发展潜力，有着无限的吸引力。随着经济的飞速发展，经过多年的历练，乡村旅游经历了一个从无到有、从有到优的发展历程，取得骄人的成绩。在这一过程中，游客的需求渐渐从最初的休闲度假到自然体验，再进一步发展到文化体验，使农村文化的地位日趋重要，而这种自然与文化相结合，构成乡村旅游的基础内容。为了适应这种发展趋势，乡村旅游业已完成由简单到标准化，由个体到规模化，由休闲观光到文化体验的转变历程。

（1）从简单到标准化的转变。乡村旅游最初的发展形式很简单，游客只是来放松心情、休闲度假，而当地农民也只是简单地提供食宿，条件较差，比较简陋，一切都自行提供。而至今，它已经向标准化成功地迈进了一步，乡民的服务意识增强，加上政府的参与、宏观调控，从住宿、餐饮、卫生、交通到娱乐等方面都统一规划、管理，并且基础设施较完善，各方面都达标后才能发放经营证件，为游客提供了一个可靠、方便的旅游条件。

（2）从个体到规模化的转变。经过几十年的发展，乡村旅游逐步从一家一户的各自为政向政府主导下的联合经营过渡，从而向乡村旅游的规模化、产业化迈出新的步伐。根据国家旅游局公布数据显示“十二五”期间全国通过旅游带动10%以上贫困人口脱贫，将在2020年，实现在全国形成15万个乡村旅游特色村，300万家乡村旅游经营户。[1]

（3）从休闲观光到文化体验的转变。由于生产生活方式的转变，游客已经不仅仅满足于休闲观光，而是对乡村文化产生浓厚的兴趣，有强烈的欲望去挖掘和体验文化传统。这也使许多逐步面临消亡的文化遗产得以传承和保护，其价值也得到体现，乡村旅游在城乡之间架起文化传播沟通的桥梁。

第二节　国内外乡村旅游发展现状

一、国外乡村旅游发展概况

国外乡村旅游萌芽于19世纪中叶的欧洲，但真正意义上大众化的乡村旅游则起源于20世纪60年代的西班牙。由于工业化与城市化进程的加快，市场经济的激烈竞争，导致城市居民开始向往和追求乡村宁静的田园生活和美好的自然环境，在市场需求的推动下，西班牙政府将废弃的贵族古堡改造成简单的农舍，并把规模较大的农庄也列为供游客旅游参

[1] 国家旅游局网站www.cnta.gov.cn。

观的范围，接待乐意到乡村观光的旅游者，由此乡村旅游应运而生。但在这一时期，乡村旅游者的人数较少，还没有真正意义上的为旅游者专门服务的乡村旅游设施，致使乡村旅游还处于在初级发展阶段。

20世纪70年代，由于铁路等交通设施的快速发展，使得城市与乡村地区的通达性得到改善，旅游者的可进入性增强，这促使乡村旅游在许多国家广泛地开展起来，并显示出极强的生命力和发展潜力。80年代，全球绿色运动的掀起，推动乡村旅游快速发展，并使之成为欧美发达国家现代旅游者重要选择之一。90年代，乡村旅游已成为生态旅游的一个重要组成部分，在世界旅游组织大力推动和鼓励下，乡村旅游开始由发达国家向发展中国家扩展，成为振兴地方经济的重要手段。乡村旅游在各国的发展虽然在时间、内容和形式上不尽相同，但其发展背景都十分相似，主要来自两方面的原因：（1）由于城市化和现代化快速发展，使人们产生回归自然的心理需求；（2）由于工业化高速发展后，农业和农村地区逐渐被边缘化。

北美乡村旅游发达的国家在乡村旅游治理上合理规划、有效管理、强化社区、注重发展，上级主管部门一般把发展地区乡村旅游的权力下方到当地政府，由当地政府根据本地区的旅游资源特点，并请各方面专家进行周详的规划，开发出能满足旅游者需求的旅游产品。若想使乡村旅游健康、持续发展，消除政策壁垒是关键。政府通过积极地宣传和教育，让当地社区居民了解开发乡村旅游的积极作用，吸引居民主动地、积极地参与到乡村旅游开发中，根据本地的实际情况开发出适销对路的旅游产品，并通过提供服务和改善基础设施条件来支持乡村旅游的发展。

国外乡村旅游目的地所在地区政府采取一系列的措施对乡村旅游的发展进行宏观管理，如通过制定政策来规范市场，通过成立监督机构来监督乡村旅游市场、通过建立对乡村旅游的统计指标来评价其投资情况，通过给予借贷利息减免的优惠政策，为乡村旅游的快速、健康和持续发展提供政策保障。如美国明确农场应具备的软、硬件设施；编制针对乡村旅游的政策和规划；成立“农村旅游发展基金”，对农场主进行资助，等等。

国外乡村旅游从20世纪60年代开始，至今已发展了半个世纪，其乡村旅游的发展已经趋于成熟并积累了成功的经验。通过对国外乡村旅游文献的搜集、分析以及政府或协会官方网站报道的梳理，发现国外发达国家已形成较为丰富的乡村旅游类型体系。其乡村旅游旅游产品涵盖的内容丰富、涉及范围很广，主要有六种形式：（1）农产品生产基地型。该类型产品的核心为农业观光，具体内容主要包括粮食和蔬菜生产基地，葡萄园、草莓园、南瓜园等各类果园，奶粉和干酪农场，加拿大枫糖农庄等。（2）动物农场型。该类型产品的核心为乡村娱乐，具体内容包括奶牛或肉牛农场、羊驼或美洲驼农场、马场、山羊农场及其他牧场、养鱼场、烟熏肉等肉制品农场、蜜蜂养殖场等。（3）花卉园艺型。该类型产品的核心为乡村休闲，具体内容包括温室、切花、苗圃、种子、公共花园、水上花园、香草园、圣诞树等。（4）乡村旅游购物型。该类型产品的核心为旅游购物，具体内容包括农贸展销会、主题节庆活动、传统乡村工艺品展览、土特礼品零售商店、葡萄酒厂参观等。（5）乡村体验型。该类型产品的核心为乡村节庆活动，具体包括农场婚礼、郊野驾车游、科普教育班、农田迷宫、滑雪比赛、民俗歌舞表演、嘉年华等。（6）乡村度假型。该产品的核心为提供餐饮及住宿服务，具体包括民宿牧场、度假农场、露营等。[1]

二、国内乡村旅游发展概况

我国地域辽阔，乡村点分布于各地，且民族众多，“十里不同风，百里不同俗”，这种得天独厚的资源，开展旅游活动，可让游客真正体会到不同的乡村文化。

旅游活动要有乡土特色，可以体验农民春耕夏耘、秋获冬藏的劳作，突出自己的特色乡土味。如浙江富阳新沙岛的乡村旅游既没有现代化建筑，也缺乏珍贵文物，却一直受到中外游客青睐，就是在于它推出

[1] 田洪国. 国内外乡村旅游发展实践研究[J]. 科技资讯，2014(1):242.

农家牛车作为进村的交通工具，将路途时间无形地转化为旅游时间，迅速融入乡村氛围，同时在这里还可以看到中国古代农村的缩影：蓑衣、斗笠、石磨、纺车、风车、过江溜索等，充分展示了其自身的魅力，集观赏性、娱乐性、参与性、知识性于一体，让游客在这样的旅游活动中感到不虚此行。

目前我国的乡村度假者中以家庭、老年夫妇居多，应具有针对性地开展旅游活动，对家庭、老年夫妇度假者，应利用老游戏、家常活动等，抓住儿童、老人的心理，延长旅游时间，增加旅游地对他们的吸引力。丰富旅游活动要从大局到细微之处面面俱到，充分考虑游客心理，从整体气息到娱乐游戏都散发出乡村特色，使游客得到满足才是根本。

三、国内乡村旅游典型案例

当前国内对于乡村旅游工作非常重视，国家旅游局多次发布关于乡村旅游建设的通知，国内的乡村旅游逐渐建成一批具有示范性的旅游点，从国内建设情况来看，国内的乡村旅游发展主要以乡村体验型、生态观光型、休闲度假型、时尚运动型、农业特色型、教育学习型、民俗文化型为主。根据相关资料、网络媒体资源进行整理，其典型的案例分类如表4-1所示。

表4-1　国内各类乡村旅游模式主要案例

乡村旅游模式	特　点	国内主要案例
乡村体验型	农民利用自家庭院、自己生产的农产品及周围的田园风光、自然景点等，以低廉的价格吸引游客前来吃、住、玩、游、娱、购等旅游活动	四川成都龙泉驿红砂村农家乐、湖南益阳花乡农家乐、贵州朗德上寨民俗风情农家乐、广西阳朔特色农家乐
生态观光型	以古村镇宅院建筑和新农业建设格局为旅游吸引物，开发观光旅游	山西王家大院和乔家大院、福建闽南土楼、云南瑞丽傣族自然村、红河哈尼族民俗村、云南丽江、浙江南浔、安徽徽州
教育学习型	利用农业科技观光园、农业科技生态园、农业产品展览馆、农业博览园或博物馆，为游客提供了解历史、学习农业技术、增长农业知识的旅游活动	陕西杨凌全国农业科技观光园、广东明霭雯教育农庄、山东寿光生态农业博览园

续表

乡村旅游模式	特 点	国内主要案例
农业特色型	利用规模化农业产业活动和风貌，发展农业游、果林游、花卉游、渔业游、牧野游等不同特色的农业主题游	山东烟台葡萄园、上海孙桥现代农业观光园、内蒙古锡林郭勒草原、四川泸州张坝桂圆林
民俗文化型	以乡村风土人情、民俗文化为旅游吸引物，充分突出农耕文化、乡村文化和民俗文化特色，开发农耕展示、民间技艺、时令民俗	贵州苗族民族村寨、内蒙古呼伦贝尔金帐汗部落旅游、山东日照任家台民俗村、湖南怀化荆坪古文化村、新疆吐鲁番坎儿井民俗园
休闲度假型	依托自然优美的乡野风景、舒适宜人的清新空气、独特的地热温泉、环保生态绿色空间，结合周围的田园景观和民俗文化，兴建休闲娱乐设施，为游客提供相关服务	广州梅州雁南飞茶田度假村、湖北武汉谦森岛庄园、四川郫县友爱镇农科乡村酒店
时尚运动型	利用乡村优美的自然风景、山水森林，发展登山、观山、森林浴、滑雪、水上娱乐等，让游客亲近大自然，回归大自然	桃花芥水上乐园、临海雪村、辉腾锡勒草原、希拉姆仁草原、葛根塔拉草原、北京乡村高尔夫俱乐部

第三节 海南乡村旅游概况

“乡村旅游”作为海南精准扶贫的重要创新旅游扶贫模式，自实施至今，已取得积极成效。2016年，海南出台《海南省乡村旅游扶贫三年行动实施方案》，全省确定45个旅游扶贫重点村，成功举办第四届海南乡村旅游文化节，打造了一批精品乡村旅游点，改造了20家热带观光果园，各市县纷纷举办热带水果采摘节庆活动，深入挖掘贫困地区乡村旅游发展潜力，全面推动海南省贫困村贫困群众脱贫致富。

海南省政府重视发展乡村旅游，2013年10月，海南省政府下发《关于加快发展乡村旅游的意见》，各部门、各市县结合实际采取了一系列措施全力推进乡村旅游健康发展，取得可喜成绩，逐步形成观光、休闲、餐饮、娱乐、度假、养生和康体等多种乡村旅游业态。根据海南省旅游发展委员会数据，2016年海南乡村旅游共接待游客814.29万人次，乡村旅游总收入22.64亿元，全省乡村旅游从业人数达到2万多人。但是，乡村旅游总体上还处于起步阶段，处在从自发式粗放型经营向特色化精品化发展的转型期。市县发展乡村旅游工作很不平衡，存在较大的差异，部分市县对发展乡村旅游重视程度不够，没有摆上应有的工作位置；有的市县乡村旅游规划建设水平不高，缺乏配套设施，服务档次低；有些乡村旅游设施照搬城镇旅游设施形态，既与周边环境不协调，又破坏了自然生态；还有一些乡村旅游产品，无地方特色、无文化品位、无民俗内涵等。

一、海南乡村旅游发展典范

海南已形成以琼海代表的全域发展型、以定安百里百村为代表的区域发展型、以琼中县什寒村为代表的整村推进型、以保亭县什进村海南布隆赛乡村文化旅游区为代表的区域联动型、以海南槟榔谷黎苗文化旅游区为代表的景区带动型和以农旅结合五指山市雨林茶乡为代表的品牌打造型等旅游扶贫六大模式。

海南乡村旅游文化节这一经典旅游节庆活动品牌，不仅吸引着更多游客，也吸引着更多的旅游投资商。通过乡村旅游文化的举办和大力宣传，海南的乡村旅游资源更容易被发现和挖掘，进而开发出极具市场效益的旅游产品或项目。目前，海南各市县正在加大对贫困地区的旅游招商引资力度，全省建档立卡贫困村已引入旅游开发项目25个。

在保亭县田滚村，“中国保亭甘工鸟文化旅游度假区”项目已落户该村，海南首个五星级休闲房车露营地也将落户该村，两个项目将带动全村建档立卡贫困户全部脱贫。

东方市大田镇月大村引进海南天涯驿站旅游项目开发有限公司投资建设嗒隆风情文化旅游区项目，该项目已顺利完成一期基础设施建设并开园迎客，景区通过招募员工和开设村民自营超市解决月大村近100人的就业问题，同时引进海南汇利黄花梨产业发展有限公司，以南浪村、俄贤村作为辐射点，结合东河黎锦产业小镇建设工程，拟将俄贤岭打造成东方旅游扶贫示范区和5A级旅游景区。

除此之外，海南对拥有丰富旅游资源的旅游扶贫重点村，将帮助其打造成独具特色的乡村旅游点。对于旅游资源一般，但可以提供旅游周边服务的旅游扶贫重点村，海南将指导帮扶建立旅游下游产品供给平台，通过为周边旅游企业提供土特产品、商品、配套服务等增加收益，脱贫致富。对于既没有旅游资源又不能提供旅游周边服务的旅游扶贫重点村，引导贫困户到旅游企业就业，实现脱贫。

二、海南乡村旅游资源开发

1.乡村旅游特色鲜明

海南省是我国唯一热带海洋大省，其旅游资源独一无二，特色鲜明，蕴藏丰富，乡村旅游资源亦如此。海南省乡村风景秀丽，气候宜人，有滨海乡村的蓝天碧海、渔港小船，有山区乡村的热带雨林、果树田园，有平原乡村的田间地貌、园林景色。海南省乡村人文旅游资源也极其丰富，乡土气息浓郁，文明古村和黎村苗寨无不充满海南省乡村浓郁的独特民族风情。旅游产品的特色是吸引游客的一个重要因素，热带海岛乡村旅游特色极为鲜明，作为海南省旅游资源的重要组成部分，海南省乡村旅游是一块有待开发的宝藏。

2.乡村旅游发展与文明生态村建设相互促进

海南省乡村旅游要围绕热带海岛生态做文章。各乡村应根据自身自然景观和民俗文化的特点，因地制宜，发挥优势。要深入挖掘特色民俗文化内涵，打造文化精品，要将自然景观和民俗文化有机结合，融为一体。在建设过程中，既要重视保护好乡村旅游资源的原真性，又要勇于创新，适时开发出符合游客需要的旅游产品。不要轻易搞人造景观，或仿造他地景观。更不能肆意占用土地，大兴建筑，破坏生态，把乡村本色弄得面目全非。

3.乡村旅游示范点设置

依据《海南省乡村旅游点（区）等级的划分与评定》，海南对乡村旅游从乡村游憩、餐饮、住宿、交通、公用设施、管理、效益等方面分析，按接待资源环境条件、接待能力、管理能力和质量等方面将海南省乡村度假旅游点（区）划分为五个等级，从低到高依次为一椰级、二椰级、三椰级、四椰级和五椰级。椰级主背景为一绿色椰树，上缀金色椰子图形为符号，一棵椰子树表示一椰级，两棵椰子树表示二椰级，三棵椰子树表示三椰级，四棵椰子树表示四椰级，五棵椰子树表示五椰级。

海南省共有乡村旅游点516家，分布于除三沙外的18个市县，全国休闲农业与乡村旅游示范县3个、示范点12个，乡村旅游示范点创建单位137家，评定椰级乡村旅游点34家。

三、海南乡村旅游发展存在的问题[1]

（1）基础设施不够完善。海南乡村旅游地大多集中在城市郊区，在基础设施的数量和质量上，并没有投入太多的资金进行基础设施建设，所以基础设施不完善是海南发展乡村旅游存在的一大问题。如今，海南省政府虽然不断增加财政投入于乡村基础设施建设，但是一些乡村例如西部偏远山村交通不便，停车场容量不足、旅游标识系统不明确，导致可进入性较差。以农户个体经营为主的乡村旅游，受条件制约，资金投入有限，农户中的住宿、卫浴、餐饮等条件也相对较差，乡村旅游区域内缺少医疗点和医疗设施，综合服务功能也相对比较短缺。与游客的期望值相差较大，这必将直接影响客源，并制约海南乡村旅游的发展。

（2）开发内容比较单一。目前海南的乡村旅游资源开发过于依靠自然资源，忽略了一些特有的海南本土民俗文化的开发。海南乡村旅游仍然停留在“吃农家饭，住农家院，水果采摘”的水平上。虽然吃住是游客的基本需求，但丰富多彩的旅游内容和活动才是使游客流连忘返的关键。目前，知识性、趣味性、娱乐性、观赏性、参与性的乡村旅游项目还比较少，产品单一，内容不够丰富，并且特色不突出，缺乏创新。传统的乡村观光旅游难以让游客感受和体验乡村旅游地的形象，游客更加注重乡村旅游产品的文化内涵。单调无味的乡村旅游活动，只会导致游客对旅游目的地产生厌恶感，影响产品的吸引力以及游客的重游率。

（3）经营管理不够完善。海南在乡村旅游经营管理中多采用家族式管理，用人制度上存在一定的缺陷和漏洞，缺乏专业的服务及管理人员。在旅游价格制定上没有相对统一的定价标准，由经营者随意定价，

[1] 鲍彩莲. 海南乡村旅游发展现状与对策研究[J]. 边疆经济与文化, 2015(1):5–6.

有些地方定价过高，甚至出现严重的宰客现象。在乡村旅游的收益合理分配、服务质量投诉的处置等方面没有科学的、规范的管理方法，缺乏相应的经营管理的能力，难以形成良好的经营思路。

（4）乡村旅游人才比较缺乏。正是因为海南的乡村旅游开发起步较晚，海南地区从事乡村旅游的管理人员和从业人员比较缺乏，相对应的人才培训机制也不够健全，服务水平跟不上需求。大多数乡村旅游的经营者和服务人员都是本地乡村居民，而其文化水平相对较低，与游客的交流沟通能力也比较差，普通话水平也不高，更无法使用英语交流。加之，这些从业人员没有经过专业的学习和培训，从业意识更是比较淡薄，也不注重本土文化的宣传，等等。这些都一定程度上影响了海南乡村旅游整体的服务质量，难以满足广大游客的需求。

（5）宣传推广力度较小。现有的乡村旅游项目大多数都是坐等游客上门，或者只是简单的发名片、宣传单，以及通过游客间的口耳相传来宣传，宣传力度不到位，方式不灵活，营销意识差，宣传缺乏主动性，宣传的整体效果欠佳以及旅游景区知名度不高等，影响并延缓了海南乡村旅游的发展步伐。

第四节　海南乡村旅游发展对策

一、海南发展乡村旅游发展定位

海南省政府印发的《关于加快发展乡村旅游的意见》，明确乡村旅游发展目标是，到2020年，在海南全省创建3～5个发展产业化、经营特色化、管理规范化、产品品牌化、服务标准化的全国休闲农业与乡村旅游示范县，打造50个特色鲜明的旅游风情小镇、100个风情村，发展100个A级乡村旅游点，争取实现全省接待乡村旅游游客1 015万人次，旅游营业收入30亿元，带动直接就业人数超过8万人，间接就业人数40万人。围绕发展目标，主要举措如下。

1.着力破解乡村旅游发展“瓶颈”问题

（1）科学规划、加快发展乡村旅游产品。政府要因地制宜在组织科学编制本地乡村旅游专项规划和线路的基础上促进乡村旅游经营者、村级组织、农民、渔民和林区职工，依托特色资源，积极开发一批特色鲜明、民俗风情浓郁的乡村旅游产品，促进乡村旅游特色项目落地。

（2）解决乡村旅游用地问题。海南把乡村旅游建设用地纳入城乡建设规划、土地利用总体规划，在土地利用年度计划中优先保障乡村旅游用地需要。政府要科学引导和鼓励农村集体经济组织利用集体土地，或者农民以土地承包经营权与企业合作开发乡村旅游项目。优化程序，主要是在发展乡村旅游涉及建设永久性餐饮、住宿用地的办理农用地转用等审批手续上。

（3）解决乡村旅游基础设施建设落后问题。目前海南不少地方的基础设施不能满足游客需求，要帮助有旅游资源优势和产业基础的乡村，积极吸引社会资金，加快乡村旅游基础设施建设。解决道路、停车场、厕所、垃圾处理等公共设施数量不足，客房、餐厅等食宿设施卫生条件差等突出问题。

（4）解决乡村旅游从业人员培训问题。海南从事乡村旅游的管理和服务人员整体素质不高，特别是经营意识和能力还不是很强，必须加强农民的业务培训，采取多种形式对从事乡村旅游经营人员和服务人员进行服务技能培训。

2.注重提升乡村旅游特色文化品位

乡村旅游发展只有扎根于当地文化土壤，突出特色，乡村旅游才能增强吸引力，才能实现健康可持续发展。目前，海南不少乡村旅游产品雷同，有些产品缺乏创新设计和深度加工，文化品位不高，特色不明显，参与性不强，难以提高游客的满意程度。

海南本身就是有独特的岛屿文化、海洋文化、热带雨林文化、民族文化、侨乡文化、红色文化等，政府部门在推进乡村旅游发展过程中，要注重文化品位，注意挖掘当地的文化内涵，突出民俗风情，展示人文传统，以满足消费者观光、休闲、度假、文化体验、健康和养生的多样化需求。

3.提升经营管理水平

发展乡村旅游的根基在农村，主体是农民，只有体现以农为本、以人为本，保护好当地农民的积极性，才能保证乡村旅游持续健康发展。农民是乡村旅游的主体，也是收益的主体。所以，在发展乡村旅游中，首要的是尊重农民志愿。引导农民自愿参与开发乡村旅游；要确保农民的主体地位。通过农民入股或引导农民组成协会、经济联合体等形式参与乡村旅游开发，积极引进社会资金、社会力量，引进大企业共同参与开发，但开发要与农民相合作，防止农民在合作开发中被边缘化；要确保农民得到实惠；要使农民通过参与乡村旅游，在离土不离乡的情况下实现有效就业，保证农民参与乡村旅游应得的劳动报酬，千方百计增加农民收入，提高农民生活质量；相关机构要加强对农民的教育培训，提高文明素质和从业技能，为他们就地城镇化创造条件。

乡村旅游是一种特殊的旅游形式，点多面广，个体为主。由于海南旅游资源条件不同，地理区位各异，经济发展水平差距大，因此，政府部门必须注重对乡村旅游的分类指导。要积极探索开发旅游新业态，开发建设农业观光型、休闲度假型、文化体验型、休闲运动型、科普教育型、特色餐饮型等乡村旅游综合发展旅游项目；要发挥乡村旅游示范引领作用。坚持高起点、高定位，选准资源条件好、市场需求旺、资金和人才有保障的地方，开展乡村旅游示范点创建，发挥示范引领带动效应。加强乡村旅游标准化管理。适应乡村旅游发展规律和实际要求，严格规范乡村旅游开发、经营和服务，形成规范有序的发展格局。坚持标准化管理，实现服务流程、服务设施、服务质量的标准化，进而保证乡村旅游产品和旅游业态的健康发展。

二、海南省发展乡村旅游的实践意义

（1）发展乡村旅游是优化旅游产业结构、丰富旅游产品的迫切需要。海南农村集聚了70%的旅游资源，乡村旅游发展空间巨大，大力发展乡村旅游，使旅游产业从沿海向陆地纵深发展，从以蓝色为主向蓝绿产品并举发展，从提供单一服务向提供综合旅游精品发展，满足人民群众日益扩大的旅游消费需要，对于丰富海南旅游产品体系，开发旅游新业态，优化旅游产业结构，拓展旅游业发展空间，推动旅游经济转型升级，具有十分重要的意义。

（2）发展乡村旅游，是统筹城乡发展，促进社会主义新农村建设的有效载体。发展乡村旅游可以有效配置农村各种资源，引导生产要素回流农村，带动农村经济、政治、社会、文化、生态综合发展，改善农村发展的环境和村容村貌，进一步完善乡村基础设施和公共服务配套设施，推动加快城乡融合和三次产业联动发展，缩小城乡居民收入差距，打破城乡“二元结构”，吸纳大量农村剩余劳动力就业，促进农村人口就地城镇化，是推进城乡一体化统筹发展和新农村建设的有效载体。

（3）发展乡村旅游是促进农民就业增收的有效途径。发展乡村旅游，把休闲旅游与农业发展结合起来，带动农产品加工业、服务业、交通运输业、建筑业、文化等相关产业的发展，是调整农村产业结构和促进农民就业、增收的一项重要举措。有关部门的测算统计，乡村旅游每增加1个就业机会，就能带动整个产业链增加5个就业机会。一个年接待10万人次的休闲农庄，可实现营业收入1 000万元，直接和间接安置300名农民就业，可带动1 000余户农民家庭增收。

三、乡村旅游发展中“海南举措”

乡村旅游是一个农民拥护、市民需要、游客欢迎、潜力巨大、效益明显的新型产业。政府部门要精心筹划，加强协调，把发展乡村旅游作为海南省旅游产业新的增长点强力推进。根据海南省旅游工作会议相关资料整理如下。

（1）强化政府主导。政府部门要建立和完善乡村旅游领导机构，落实工作责任制，形成省、市、县、乡镇多层推进乡村旅游发展格局。要着力建立统筹协调的管理服务机制，注重乡村旅游行业组织建设，发挥行业组织的服务和自律作用；政府主导乡村旅游规划和产业布局，做好市场监管、宣传促销、人才培养和公众服务，建立乡村旅游标准体系、服务规范和安全标准，保证乡村旅游开发建设有序推进。

（2）抓好工作落实。海南省政府在《关于加快发展乡村旅游的意见》中明确了乡村旅游的发展目标、主要任务和政策措施，是指导海南乡村旅游发展的指导性文件，政府部门要明确责任领导和责任单位，落实乡村旅游发展的各项政策措施，惠及开展和参与乡村旅游的经营者，同时政府要将乡村旅游工作纳入年度目标考核体系，确保乡村旅游实现更好更快发展。

（3）增强支持合力。政府部门重视发展乡村旅游，加强协调，通力合作，形成强大的工作合力，推进海南乡村旅游快速健康发展。发展改革部门要把乡村旅游重点建设项目纳入年度国民经济和社会发展计划统筹安排；旅游部门要抓好乡村旅游规划，制定乡村旅游标准，打造乡村旅游产品和线路，抓好乡村旅游宣传促销和人才培训。统计部门要会同有关部门做好乡村旅游的统计，将其纳入全省旅游统计的范围，准确及时汇总上报；农业部门要把乡村旅游纳入新农村建设布局，抓好生态休闲农业建设，美化农村环境；财税部门要加大对乡村旅游的扶持力度，把相关税费优惠等扶持政策落到实处；交通部门结合农村路网建设，优先解决交通干道、重点旅游区到乡村旅游景区的道路交通、公交线路、交通旅游标识等问题；国土资源部门要加大乡村旅游用地保障；住建和水务部门要加快乡村旅游景区垃圾和污水处理设施的建设，推进旅游村镇街道硬化、绿化和亮化工作，指导旅游村庄房屋改造和标牌、标识规范设置；文化部门要加强对乡村旅游文化资源的挖掘、整理和利用；林业部门要加大森林旅游资源开发利用和保护；环保部门要加大乡村旅游景区及周边的环境保护和治理；公安、卫生、物价、工商、统计等部门按各自职能，积极支持乡村旅游发展。[1]

---

[1] 根据海南省旅游工作会议相关报道整理。

第五节　海南乡村旅游产品设计开发

对于现代乡村旅游，营销是一个薄弱环节。目前，乡村旅游发展主要是靠游客的口口相传、旅行社的线路宣传等方式进行的，有一定的局限性，不利于它的大规模推广，故建立一个完善的营销体系是很有必要的。利用公共关系活动、媒体的宣传和网络的引入来开发乡村旅游的营销、品牌的推广和维护，从而更好地展现自己的风貌。

乡村旅游是结合了农业和旅游业的新型综合产业。在信息时代，网络媒体的建设无疑举足轻重，各乡村可以建立自己的网站，并与政府的旅游网链接，便于统一管理。网站要注重充实性、服务性、新奇性、特色性，为游客提供正确必要的信息，注重互动，从而有效降低交易成本，以个性化吸引游客眼球。

一、生态观光型乡村旅游产品

生态观光型乡村旅游产品是以优美的乡村田园风光、乡村特色民居群落、传统的农业生产过程、民俗博览园等作为旅游吸引物，把生态与民俗风情结合起来，旅游与休闲结合起来，满足游客回归自然、寻找梦想的心理需求，吸引城市居民前来参观和游览的旅游产品。

观光型乡村旅游产品要想具有持续长久的生命力，要充分利用当地独特的旅游资源优势以塑造特色产品。因为每一个乡村都是万花丛中的一点“绿”，如何做到万绿丛中的一点“红”，就必须从特色出发，具体包括以下几种类型。

1.观光农园

（1）观光花园：以观花赏花、园艺习作为主题的观光农园。主要利用一些大型花卉生产基地，为游客提供观光、赏花、买花、园艺习作、插花技艺学校等旅游活动场所。这些花卉生产基地与旅游业天然的偶合关系，是发展乡村观光旅游（赏花节、赏花会、赏花之旅等）的本底性资源，也是塑造田园化乡村环境的重要因素。

（2）观光果园：以水果旅游为主题。主要利用成熟果园，通过观果、品果、摘果等系列活动吸引游客。观光果园一般指开放成熟期果园供游人亲自采摘、品尝、购买及参与加工果实，又能观赏果实累累的丰收美景，并与其他休闲活动相结合的果园经营新形态。

2.观光牧场

观光牧场开发的方向包括：饲养普通家禽、家畜，如牛、马、羊等，开发参与功能，让游客全方位、多层次参与。如让游客参与饲养、剪毛、挤奶、品尝羊肉和羊制品，观赏和拍摄奶牛等。

3.观光渔村

观光渔村主要以参与为主。如规划地周围有大面积的水面和传统渔业，则应恢复传统渔业生产风貌，甚至可以对其进行适当的艺术加工，使其具有旅游吸引力。

4.观光鸟园

西班牙南部小镇安达卢西来（Andalucfa），有着丰富的鸟群，是观赏鸟的天堂，每年都能吸引很多鸟类学者前来观光。一年中最好的观赏季节是春天，因为这时候既可以看到很多冬天的物种，又可以看到即将来临的夏季物种。观光鸟园的内容一般包括观光湿地的建设、观光鸟群迁移以及观赏鸟巢等。

5.乡村公园

海南全省区位条件好，地形多变，山峦起伏，溪流交错，森林茂密，景色秀丽，环境优良，气候舒适。开发森林公园使之成为人们回归自然、休闲、度假、野营、避暑、科学考察和进行森林浴的理想场所。

6.科技观光游

科技观光游是利用现代高科技手段建立小型的农、林、牧生产基地，既可以生产农副产品，又给旅游者提供了游览的场所。

7.水乡农耕田园观光

其以水乡农耕景观为主题，利用河口水网密布的特点，营造荷塘万里，蕉林、蔗林成片，凉亭竹棚、鱼跃禽鸣的水乡农耕景观，让游客置身于水乡秀色、田园绿野中，尽情领略水乡风情。

8.绿色生态游

利用农村特有的自然生态旅游资源，进行适当的规划和包装，开发各式各样的“绿色生态之旅”项目。在波兰，乡村旅游与生态旅游紧密结合。他们在开展的活动内容上与其他国家一样，不过参与接待的农户是生态农业专业户，一切活动均在特定的生态农业旅游区内进行。

二、体验型乡村旅游产品

乡村旅游产品贵在“村”味，重在体验。作为一种新兴的时尚的旅游休闲形式，体验型乡村旅游产品无疑是当前的一种时尚品。

体验型乡村旅游产品，主要是指在特定的乡村环境中，以体验乡村生活和农业生产过程为主要形式的旅游活动，同当地人共同参与农事活动、共同游戏娱乐、参与当地人的生活等，借以体验乡村生活或农业生产的过程与乐趣，并在体验的过程中获得知识、休养身心。对于体验型乡村旅游产品的生产和开发来说，对自然资源及部分基础设施的要求不高，关键在于能够对旅游者产生吸引力，使游客觉得在乡村旅游，能够让自己全然放松，体验和回味美好的乡村生活。

（1）回归自然。在这种旅游活动中，旅游者能够回归自然，学到许多新知识，结交新朋友，暂时离开都市环境，换一种生活方式，使自己的身心得到休息和调整。

（2）人工林场。人工林场具有调节气候、吸碳制氧、消除烟尘、吸收毒气、杀灭细菌、隔音消声、净化污染、美化环境的功效。人工林场可在行、游、吃、住、娱、购旅游六要素上做文章。在林场内设置林间步道、小路等，供游人散步、健行、慢跑、登山。为了让游人感到新鲜，道路要根据地形设计，有升、有降、有直、有曲，要有为老年或恢复健康的游客设计的平缓步行路，也要有为青年游客设计的迂回曲折、坡线较长的登山路。

三、品尝购物型乡村旅游产品

（1）品尝游。乡村有丰富的食品资源，可以将乡村食品资源与美食文化结合，开展以绿色特色食品为主的果品品尝、特色风味小吃品尝、健康保健食品品尝、绿色生态食品品尝、野菜品尝、特种禽畜菜肴品尝、烧烤美食品尝等美食旅游活动。特色食品应该以绿色营养、色香味俱全、原料独特的乡村食品为主。品尝方式可以是农户提供的餐饮服务的内容之一，也可以建立特色小吃一条街或特色小吃品尝区，方便游客到此参观品尝各种各样的特色食品。

（2）购物游。在心情愉悦地进行娱乐活动后，游客总希望带一些旅游纪念品或乡村土特产品回家。洁净新鲜的特色蔬菜、稀有的珍稀禽畜和名贵水产、美丽花卉、别致的盆景、风味独特的土特产、工艺精湛的手工艺品、古朴雅致的古玩字画、设计独特的旅游纪念品都为开展购物型乡村旅游提供了丰富的资源。应该在旅游活动集中区域建立一些乡村旅游商品销售摊点或集市，方便游客购买各类乡村旅游商品。

四、休闲度假型乡村旅游产品

休闲度假型乡村旅游产品，是以滞留性的休闲、度假为主，在水乡、山村或民俗园中小住数日，对游览地的衣、食、住、行做亲身体验，同时对当地的民间艺术、民间技艺、方言等加以了解。民俗产品强调景区的自然环境以及当地居民以及旅游者之间的和谐共处。

现代旅游的特点是人们更多地强调旅游经历与自我参与，因此，休闲度假旅游产品的发展是一种必然趋势。近年来，由于社会经济的发展，人们生活质量的提高，很多大城市的周边农村便出现更多城市休闲人群，农民也很热情接待，这种对休闲度假生活的需求与供给的对接使休闲度假型的乡村旅游产品应运而生。

1.度假娱乐

度假娱乐游是现代都市人为了缓解工作生活压力、利用假日外出进行令精神和身体放松的一种较高层次的旅游形式，度假娱乐需求成为旅游者基本的旅游需求之一。

2.休闲农场

休闲农场是一种供游客观光、度假、游憩、娱乐、采果、农作、垂钓、烧烤、食宿、体验农民生活、了解乡土风情的综合性农业区。近年来，我国台湾地区的许多会议都是在休闲农场召开的。法国为满足不同偏好度假旅游者的需求，开发了不同主题、种类齐全的休闲农场，包括农场客栈、点心农场、农产品农场、骑马农场、教学农场、探索农场、狩猎农场、民宿农场、露营农场等。

3.租赁农场

租赁农场是指农民将土地出租给市民种植粮食、花草、瓜果、蔬菜等的园地。其主要目的是让市民体验农业生产过程，享受耕作乐趣，以休闲体验为主，而不是以生产经营为目标。租用者只能利用节假日到农园作业，平时则由农地提供者代管。租赁农园所生产的农产品一般只供租赁者自己享用或分赠亲朋好友。

4.乡村俱乐部

乡村俱乐部是为了满足人们休闲娱乐而设置的，利用合适的乡村环境，开展野外活动。如在原来知青集中的乡村建立“知青俱乐部”、开展“知青回‘家’游”；利用水库、湖泊、鱼塘、河段建立“垂钓俱乐部”；选择适宜的地方建设“乡村高尔夫球俱乐部”或“乡村高尔夫球练习场俱乐部”等形式多样的乡村俱乐部。还可以安排篮球、网球、羽毛球、游泳池等一般运动设施的乡村俱乐部。我国台湾地区的长寿之乡——新竹县关西镇，是统一企业集团走入乡村俱乐部型态的第一步。内部的设计规划配合当地的山形水势，包括山训场、健康森林浴步道、全家游乐区、人工滑雪场、天文台、立体太空动感电影院等，是一个度假休闲的会员制俱乐部。

5.农家小屋

当游客想回到大自然时，那么在乡村中可以找到很多简单的农家小屋。小屋通常设在类似于自然公园中，如湖、山的旁边，相对比较隐蔽。小屋前的院子可以供游客们在树荫下喝茶、聊天。它们尤其被热爱户外的旅游者，如自驾车、鸟类学家、爬山者以及仅仅是为了享受一下乡村的宁静的旅游者所喜欢。农家小屋为他们提供了聆听微风、鸟鸣以及懒散的羊群们吵吵嚷嚷的声音的好去处。

6.野营地

野营是一种户外游憩活动，是暂时性离开都市或人口密集的地方，利用帐篷、高架帐篷床、睡袋、汽车旅馆、小木屋等在郊外过夜，享受大自然的野趣及生态环境提供的保健功能，欣赏优美的自然风光并参与其他休闲娱乐活动的一种旅游活动项目。如今，越来越多的人开始喜欢野营。凭借着山山水水、起伏不平的乡居、树林等，乡村正是野营地的最好去处。野营为游客提供了直接接触自然的经历，同时也是最便宜、最灵活的一种住宿方式。如果一家人正好想找个户外度假，或是一群朋友希望出去游玩的话，野营旅游无疑提供了舒适和有价值的乡村旅游。

五、时尚运动型乡村旅游

时尚运动型乡村旅游产品是一种全新的独特的乡村旅游产品，它以乡村性为基础，是乡村性与前沿性、时尚性和探索性相结合产生的新兴乡村旅游产品。这种旅游产品的主要销售对象是白领、自由职业者等年轻的创新型人群，包含的项目有溯溪、漂流、自驾车乡村旅游、定向越野、野外拓展等。乡村原始朴素的自然环境为时尚运动型乡村旅游产品提供了最佳的条件，可以说，除了在乡村或城市近郊地区，在其他地方几乎没有这种类型的产品。这也是乡村资源与市场需求对接的最好体现。

1.溯溪游

海南河流溪流众多，而乡村是溯溪游的最佳地点，乡村中的山山水水形成溯溪活动的基本设施。溯溪是由峡谷溪流的下游向上游，克服地形上的各处障碍，溯水之源而登山之巅的一项探险活动。溯溪是一项可以结合登山、攀岩、露营、游泳、绳索操作、野外求生、定位运动、赏鸟等综合性技术的户外活动。在溯溪过程中，溯行者须借助一定的装备，具备一定的技术，克服如急流险滩、深潭飞瀑等许多艰难险阻，充满挑战。

2.自驾车乡村游

海南规划建设有完整的绿道体系，并举办有环岛自行车大赛等国际赛事。与随团旅游的最大区别在于，对自驾车旅行者来说，重要的是过程而不是结果，因为旅游者可以在任何一个打动自己的地方做停留，欣赏自然风光带来的惊喜。行程中不经意的发现，路边的一段溪流，城外的半截石塔，山湾里烂漫的桃花，崖壁上隐约可见的石刻，都能令人兴奋不已，就是乡村自驾游的欢乐所在。随时调整旅行线路，穿越旅行团无法触及的地域，尤其是那些尚未开发和开放的地方，领略最淳朴的民风和未遭破坏的自然风光。

3.漂流游

海南的地理环境有山有水，且有峡谷，有条件开展漂流项目，漂流具有季节性和地点性，一般在夏天的乡村开展。奔出家门的城市人在夏日里纷纷挥去城市的灰蒙，与家人、与亲朋欢聚在一起，在飞越激流中、在欢笑声中洗涤夏天的烦闷，感觉乡村原野的亲水气息。漂流大致分两种：一种是以刺激为主，这些漂流的河段水流湍急，河道曲折，但有惊无险；另一种是轻松自在、以赏景为主的江河漂流，这些漂流的河段水流平缓、偶有急滩，可坐在竹木筏上听潺潺水声，戏玩游动小鱼，远眺一片片青葱稻田，乐趣无穷。

4.定向越野

两岸重峦叠嶂，青翠欲滴，山泉、瀑布、幽潭掩映在原始热带丛林之中，峻险兼备，是开展定向越野运动的理想场地。定向运动是竞技体育项目之一，类似于众所周知的寻找宝藏。大致过程是：在旷野，山丘的丛林或近郊公园等优美的自然环境中，事先隐藏好数个点，参加者手持地图和指南针找出点的所在方向。这种活动有机地将个人休闲、娱乐与团队融炼、协作融为一体。开展定向运动不需要像其他体育项目那样在场地与器材上支付大量经费，娱乐性与实用性兼备，因此日益受到旅游者的重视。

5.野外拓展

野外拓展训练是指在自然地域（山川湖海）、通过探险活动进行的情景体验式心理训练。野外拓展充分利用艰险的自然环境，从情感上、体能上、智慧上和社交上对游客参与者提出挑战，在参与者解决问题和应对挑战的活动过程中，实现“磨炼意志、陶冶情操、完善自我、融炼团队”的培训宗旨。

六、健身疗养型乡村旅游

随着旅游者越来越关注旅游产品的医疗保健功能，国内外许多乡村旅游目的地有针对性地强化了其产品的医疗保健功能，开发诸如温泉、体检、按摩、理疗等与健康相关的乡村度假项目。这不仅能够满足游客的健康需求，而且能为其带来不菲的利润回报。例如古巴的医疗旅游、日本的温泉旅游、法国的森林旅游、西班牙的海滨旅游等都以旅游服务项目的医疗保健功能而闻名。乡村旅游产品主要包括森林浴、日光浴、划船捕鱼、骑马、散步、远足等，使游客通过乡村旅游达到锻炼身体、宁气安神、消除疲劳，使身体素质和精神状态得到不同程度的改善、提高。

海南独特的自然环境与气候条件，非常适宜发展健康疗养项目，在本书有关医疗旅游与温泉旅游部分有详细描述，其中涉及的乡村旅游项目有以下两项。

（1）温泉旅游。这种旅游活动不再是简单地在温泉中泡着，而是由当地导游带领，沿着小溪走过纯自然的道路，来到有医疗效果的温泉发源地，在那里有设备简单但齐全的温泉旅游设施，游客可以在那里享受纯自然的温泉浴，然后品尝美味的山果。当然，游客自己最好穿着舒适的鞋子，带着防虫剂、泳装及相机。

（2）远足游。散步能给人们带来体力和身心健康。乡村是呼吸新鲜空气、欣赏自然景观的好地方。当前很少有乡村专门设计步行旅游，其实除了国家和自然公园外，步行道旅游也是相当幽静的旅游经历。但是开发这种旅游产品首先要考虑的就是游客的安全性。海南的旅游管理部门和投资商要共同开发设计一些有意义的步行线路，在线路的沿途，能够欣赏到当地的自然特色风光、遗址遗迹；线路有明确的标示牌，标明与其他点的距离，以及步行建议和适合野炊的地点等。

七、民俗文化型乡村旅游产品

民俗文化型乡村旅游产品是以农村的风土人情、民俗文化为凭借和吸引物，充分突出农耕文化、乡土文化和民俗文化特色来开发的旅游产品。这是全面提升乡村旅游产品文化品位的一个有力手段。把农村居民的衣食住行、婚丧嫁娶、生计风俗、时令风俗、游乐民俗、信仰民俗等，无论是物质的、有形的具体实物，还是观念的、无形的抽象形式，都作为开发民俗文化旅游产品的资源依托。匈牙利是将乡村旅游与文化旅游紧密结合的一个典范，它开发的乡村民俗文化旅游产品使游人在领略匈牙利田园风光的同时，也能在乡村野店、山歌牧笛、乡间野味中感受到丰富多彩的民俗风情，欣赏充满情趣的文化艺术，以及体味几千年历史淀积下来的民族文化。西班牙开发的满足游客多种文化需求的文化旅游线路很多就是乡村旅游产品的重要组成部分，如城堡游、葡萄酒之旅、美食之旅等。

（1）民俗文化村。乡村某些地方具有特定的民俗风情、文学艺术、园林建筑、文物古迹，如衣着、饮食、节庆、礼仪、婚恋、喜好、歌舞、工艺、寺庙、教堂、陵墓、园林等，这些都是重要的旅游资源，对城镇居民有着强烈的吸引力。带着游客们到当地的民俗村逛街，参观最能体现当地民俗文化的市场、教堂，让游客们有机会欣赏到当地的艺术和手工艺品，品尝到真正口味的小吃、水果等。例如广西阳朔遇龙河、西街，兴安乐满地、秦城水街等景区景点人流不息，大街小巷和乡村田野随处可见游客身影。人们利用春节长假走进农家，感受农家生活，悠然自在地吃农家菜、泡温泉，体验淳朴、自然的田园风情。

（2）村落民居。这是以村落民居建筑，如古民居、古宅为凭借开发的旅游产品。我国民族众多，民居住宅造型风格多样，如汉族的“秦砖汉瓦”、斗拱挑檐的建筑形式，满族的“口袋房，曼子炕”，白族的“走马转角楼”，傈族“百脚落地”的草屋等都极具观赏价值和建筑研究价值。又如江南六大古镇中周庄保留着大量的元明清建筑，南浔保留着完整的江南大户人家的深宅大院，乌镇更是以原汁原味“小桥、流水、人家”的江南水阁房吸引了众多的旅游者。再如地处黄山风景区的西递、宏村古民居村落，风光秀美，历史文化内涵深厚，建筑工艺精湛，是保留最完好的明清徽派建筑群，至今保存完好的明清民居有120多座，房屋基本上保持原貌，未被破坏，具有很高的旅游价值。

（3）乡村博物馆。乡村博物馆是一种集中体现乡村文化历史的旅游产品，它涉及传统乡村生活的所有领域，从实物形态、方言到工作和生活习俗等每一个细节。乡村博物馆起源于欧洲，在国外发展得较为全面。例如德国“1950年前我们的村庄”主题博物馆、加拿大国家农业博物馆、英国乡村生活博物馆等，无一不展示了当地乡村的民俗、历史和文化特色。

八、节庆型乡村旅游产品

节庆型乡村旅游是以传统的乡村民俗节日、民俗活动、民俗文化及特殊物产为主题，以举办大型节庆活动为形式而进行的一种乡村旅游开发模式。乡村节庆活动作为旅游景区或乡村旅游点的补充性内容，关键要处理好文化性与参与性、趣味性、娱乐性的结合，使节庆活动具有广泛的大众参与空间。一般来说，节庆型乡村旅游产品有传统的民俗型节庆活动和创新型节庆活动两种。民俗型节庆活动，是结合当地的特色，发展一些具有当地特色的民俗节庆；创新型节庆活动是指在传统节庆活动相对匮乏的乡村，以乡村自然资源和乡村文化为基础，创造性地开发能够突出当地资源特色的节庆活动。在海南乡村资源相对匮乏的情况下，如何开发乡村旅游是一个摆在眼前的难题。整合周边近郊地区的乡村资源，创造一些乡村旅游活动就显得尤为重要。

第五章　温泉旅游

第一节　温泉旅游的理论演进

一、温泉旅游的概念

温泉的概念在不同的国家定义有一些细微的差别，但一般是从温泉的温度、成分和成因三个方面来进行定义。根据国家旅游局2011年颁布实施的《温泉企业服务质量等级划分与评定》规定：温泉是从地下水自然涌出或人工钻井取得且水温大于等于25℃，并含有对人体有益的微量元素的矿水。德国1911年通过的《纳乌哈伊慕决议》规定温泉的温度是20℃，这一温度是德国的年平均气温。英国、法国、意大利等欧洲国家大多规定温泉的温度应该在20℃以上，美国则规定21.1℃以上的地下矿泉为温泉。日本1948年制定的《温泉法》从温度和成分两个角度对温泉进行了定义，其规定温泉的泉眼出水水温要在25℃以上或含有其所规定的19种矿物质的低温泉水才能称为温泉。[1]

温泉旅游的定义在学术界尚未达成统一共识。日本学者山村顺次认为，随着时代的变化温泉地也会变，但无论什么时候，访问温泉地的游客都期待着通过泡温泉解除身心的压力，摆脱紧张，享受舒适的时间。冯威等（2003）[2]从温泉旅游的发展历史出发，认为温泉旅游是一种传

---

[1] 三木夏子. 日本温泉旅游发展对辽宁的启示[D]. 沈阳:辽宁大学, 2015.

[2] 冯威, 张丹丹, 王波. 温泉旅游地的发展态势分析——构筑休闲型的温泉度假空间[J]. 云南财贸学院学报, 2003(5):20-22.

统的度假旅游形式，发展历史比较悠久，在发展的不同阶段具有不同的特点；毕斗斗（2003）[❶]提出，温泉旅游是适应人们休闲和保健文化需求的一种旅游形式；王艳平（2006）[❷]认为，温泉旅游是旅游活动的一种，它是利用温泉开展的一项离开常驻地的余暇活动，是伴随着社会进步而呈现的一种社会现象。根据国家旅游局在2015年颁布实施的《温泉旅游服务质量规范》标准中对温泉旅游的定义：以温泉及环境空间为载体，以沐浴、泡汤和健康理疗为主要方式，以体验温泉、感悟温泉文化为主题，达到休闲、疗养及度假目的的旅游活动。

二、温泉旅游的发展

1.国外温泉旅游发展历程

温泉旅游最早出现在罗马帝国时期的罗马，当时的人们已经开始重视温泉的治疗作用，并开发出设施简陋的温泉旅游度假区。这一理念经过希腊人、土耳其人和罗马人传播到了北非南岸、希腊、德国南部、瑞士及英国等地区。1932年，欧洲大陆第一家温泉旅游度假区（Spa）在比利时南部的列日镇建立。随后，列日镇逐渐发展成著名的温泉旅游胜地，并成功改名为斯巴，“斯巴”这一词也因此逐渐成为温泉旅游度假区的代名词。

欧洲文艺复兴后，欧洲各国经济增长和都市余暇生活复兴，温泉开发空前兴盛，温泉旅游在欧洲得到快速发展。尽管温泉旅游成为当时人们一种新的、时髦的生活方式，但此时的温泉旅游开发模式仍以医疗作用为导向，并不能满足富有的上流社会人群的多样化需求。这些人希望温泉旅游度假地能够提供更舒适的住宿环境、更完善的娱乐设施和更便捷的服务设施，以此来彰显他们高贵的身份地位，因此，温泉旅游度假地开始兴建各种高档的住宿设施、娱乐设施和服务设施来满足顾客的需求。

❶ 毕斗斗. 温泉与广东省温泉旅游产业发展研究[J]. 广州大学学报(社会科学版), 2003(10):87-92, 102.

❷ 王艳平. 温泉旅游真实性研究[J]. 旅游学刊，2006, 21（1）：59-63.

20世纪，随着经济的发展和社会财富的增加，人们的可支配收入不断提升和闲暇时间增加，普通大众也开始热衷于去集多种功能于一体的温泉旅游度假区旅游，温泉旅游度假群体开始由上层阶级向中下层阶级的转变。此时的温泉旅游度假区多选择在自然环境优美的地区兴建，配备各种现代化的设备设施，以提供更舒适的住宿条件和服务，且温泉旅游的形式和内容也更加多样化。

人们对旅游的需求越来越旺盛，与此同时也对旅游产品提出更高要求。人们不仅要求旅游目的地的环境优美和产品的多样化，还进一步要求旅游产品要具有较高的文化品位。旅游者消费观念的改变和对休闲度假旅游的喜爱为当今旅游的发展方式奠定了基础。

2.国内温泉旅游发展历程

在温泉的利用上，我国有着上千年的历史，并发展出西安华清池、骊山温泉、南京汤山等久负盛名的温泉胜地。中华人民共和国成立后，温泉医疗事业得到进一步发展，政府机构和企事业单位在温泉地方建立温泉疗养院，主要是用于对干部、劳动模范等的奖励。这一阶段人们对温泉的需求只是单纯的疗养，且这种以公费接待为主的疗养院功能较为单一，难以直接开展温泉旅游活动。因此，温泉旅游这一新业态出现，还是在改革开放以后。[1]

随着社会市场经济体制的建立，公费医疗患者的数量大幅度减少，温泉疗养院以公费接待为主的经营模式受到极大的冲击。人们的物质生活水平不断提升，增加了其对休闲、娱乐和保健等旅游需求。我国温泉旅游发展开始进入第二阶段，温泉疗养院开始对外经营，并不断完善其功能，以满足游客的需求，促使温泉疗养地向休闲度假旅游目的地转变，集观光、度假、休闲、娱乐、保健、会议等多功能于一体的温泉旅游度假区不断涌现。

---

[1] 骆高远，陆林. 我国温泉旅游的回顾与展望[J]. 特区经济，2008(3):162-165.

近年来，人们生活水平进一步提高，对健康的关注度与日俱增，科学的休闲养生概念得到广泛传播和普及。休闲养生被认为是一种时尚的生活方式而受到人们追捧，这无疑增加了人们对健康的关注并加大对健康的投资。因此，温泉旅游发展开始进入第三阶段，健康投资成为温泉旅游的重要价值所在，成为该阶段温泉旅游的一个重要消费理念。该阶段最大的特点是与 SPA 紧密结合，提供高档次、专业化的服务项目，以“精致型、小型化、私密”的方式经营，在继续深入开发温泉保健功能的同时逐渐突出温泉旅游的休闲功能。市场布局的拓展和细分市场的经营，同质化现象将得到逐步瓦解，呈现出更加多元化的格局。市场竞争加剧、同行业兼并等现象也逐渐增加。这一阶段温泉旅游发展的最高目标仍然是康体养生，虽然没有明显的特征，但更加注重温泉文化建设。在康益性、休闲性、文化性、服务性等功能上也有所加强，在产品形式和开发模式方面更加多样化、精细化。

目前，我国温泉旅游发展总体来说还是处于第二阶段，不同的区域所处的发展阶段也有所不同，个别区域已经朝向或接近第三发展阶段。

3.温泉旅游的发展趋势

随着经济的持续发展，人们的旅游观念和消费行为已经发生巨大的改变，并朝向休闲度假的更深层次发展。温泉旅游由于自身集旅游、休闲、健身于一体的特点，成为休闲度假市场的最热门的旅游方式。温泉休闲度假已经由个别性休闲产业转化为休闲产业链及康复疗养产业链交织的结构形态，并以双产业链为核心，形成多元休闲产业聚集的大型区域旅游结构和旅游休闲产业聚集区。

在消费市场的多样化需求下，温泉度假区以单一的温泉开发为特点的传统开发模式难以满足消费者的需求。温泉综合体能够发挥联动周边景区景点等外部资源的作用，同时将温泉、度假、酒店等多种业态融合到一起，满足消费市场对休闲娱乐、保健疗养和商务会议等综合性的消费需求，同时解决了功能单一的温泉度假区所面临的淡季现象。

随着温泉开发市场的进一步扩张，温泉产品日益趋同，市场竞争日益激烈，要求温泉度假区必须对市场进行细分，以深度开发和创新开发提供独特的设施和服务来建立起竞争优势，发展成为具有特色的精品温泉度假区，这对那些温泉资源数量较少或者丰富度不足的地区以及存在其他因素限制，而难以发展成为温泉度假综合体的温泉度假区尤为重要。这些温泉度假区在开发过程中要重视细分市场的消费行为特点和目标客户群体的特征，针对性地调整设施配备和个性化服务来满足这部分群体的需求。

第二节　国内外温泉旅游典型案例

一、温泉旅游小镇

1．瑞士洛伊克巴德

洛伊克巴德（Leukerbad）是瑞士最大的温泉疗养地，位于塔米纳山脚。小镇的总人口1 633人，面积为67平方公里，室内外温泉浴池22家，是阿尔卑斯山最大的高山浴场中心。温泉小镇的泉水温度约为51度，能够提供130多种不同的理疗方式。历史上如莫泊桑、歌德和大仲马等名人的到访，让这个小镇声名远扬。

小镇在规划上划分了多个功能区，北部为登山探险和滑雪区，南部为文体运动活动区，西部为休闲度假区，东部为居民居住区及小镇的服务区，中部为温泉中心区。温泉中心区建有布尔格巴德温泉中心（Burgerbad）和阿尔卑斯温泉中心（Alpentherme）。

小镇重视生态保护和利用，尽可能地保持该地区的原生态，拥有大片的森林、清新的空气、壮观的阿尔卑斯山以及美丽的山上湖泊。多样化和多层次的疗养服务，其中以健康养生为主，能提供250多种疗养休闲方式，让游客享受丰富的温泉体验。为了满足顾客对不同层次和个性化服务的需求，设计了公共露天浴来欣赏阿尔卑斯山的壮观美景和私密温泉来满足顾客的对私人空间的需求和提供个性化的尊贵服务。丰富的户外活动，北部的功能区借助攀岩、登山步道和山地缆车等多种山地探险方式来满足顾客的户外活动需求和增加小镇的吸引力，延长游客的逗留时间。不同类型的度假居住配套，小镇上分布着十多种不同档次和风格的酒店，此外，还提供位于丛林之中的木屋，以便游客体验原汁原味的瑞士小镇风格。

2．日本箱根

箱根是日本神奈川西南部的箱根山一带的统称，属于富士箱根伊豆国立公园。箱根町总面积为29.86平方公里，2016年人口为11 969人。箱根以拥有“芦之湖”和著名温泉成为世界知名的观光和休闲胜地。箱根温泉是离东京最近的大型温泉乡，自然环境良好，交通便利，还有悠久的历史及优良的文化传统，有东京度假后花园的美誉，是日本人气最旺的温泉目的地。箱根温泉地处火山口地带，会涌出含有多种矿物质的泉水，因其功效和成分的不同，有“箱根十三汤”或“箱根十七汤”之称。此外，该地区的温泉涌出量大，日涌出量达2.5万吨，在世界上著名温泉区之中属于较高者。温泉的归属主体多元化，不仅有从属酒店的，也有单独开发的，甚至有属于“民宿”的，吸引了大批游客的到访。

箱根町以箱根山为中心，呈现中间高四周低的格局，主要开发利用其中较为平坦的地区，大致划分为温泉及居民区、高尔夫运动区、大涌谷景区、湖区“芦之湖”区域四个功能区。

箱根拥有便捷且有特色的公共交通。箱根町距东京约90公里，游客不仅可以选择自驾车的方式快速往返东京，还可以选择乘坐新干线转公交车在1个小时内抵达。最便捷且具有特色的是小田急公司推出的“自由乘车券”，该券可以从东京新宿出发往返箱根和在箱根町无限次乘坐公司下属的各种交通工具，包括横跨大涌谷的高空缆车和畅游“芦之湖”的海盗船。充分保护和利用丰富的历史遗迹，箱根现存大量保存较好的老房子以及历史悠久的箱根神社和箱根关所，并延续历史文化的特色节庆活动如湖水之神事、大文字烧和大名行列等。保护并发展自然景观，旅游公司利用箱根地区优越的自然景观开发出特色的观光旅程如4月的樱花之旅、5月的杜鹃花之旅、6～7月的紫阳花之旅、9～10月的芒草之旅、

11～12月的枫红之旅等，芦之湖的游船则被开发成极具特色的“海盗船”。箱根在拥有泡汤、历史遗迹和自然景观之外，还积极建设文化设施尤其是美术馆。目前已经建成雕刻之森美术馆、玻璃之森美术馆、宝丽美术馆、拉力克美术馆等多个美术馆。

3．美国萨拉托加

萨拉托加斯普林镇（Saratoga Spring）是美国纽约州萨拉托加县的一个小镇，位于萨拉托加湖的西北方向，临近萨拉托加县机场。小镇距离纽约和波士顿分别约290公里和320公里。小镇总面积约为75平方公里，人口为26 586人。该镇的温泉历史悠久，是全美最著名的温泉度假地之一，以至奥兰多迪士尼对度假区中一家温泉主题度假村以萨拉托加命名。根据现有记载，最早到该地进行温泉疗养的记录可以追溯到1767年，一名叫威廉·约翰逊的英国爵士和一名在法印战争中受伤的战士在当地人的引导下到高岩的温泉（high rock spring，即现在的萨拉托加斯普林镇）疗伤。1962年，萨拉托加斯普林镇为了保护温泉资源不被过度开发并控制瓶装水的开采，建立州立的萨拉托加温泉公园。这个公园1987年被评为国家的历史地标并得到进一步保护。现在的萨拉托加斯普林市的温泉遍布全镇，且很多温泉被用作公共温泉向市民和游客免费提供温矿泉水。

萨拉托加斯普林镇自然风景较好，除酒店、酒吧主要分布在中心城区外，这里有与游客相关的三个主要功能区，分别为州立温泉公园、高尔夫球场和赛马场。其中州立温泉公园集中了温泉、博物馆、演艺中心和酒店等文化旅游设施，并有较系统的保护和开发规划，类似于一个综合性的度假村。

萨拉托加斯普林小镇历史悠久，文化发达，虽然被称为“温泉城”，但让该小镇闻名全美的是赛马场，该镇拥有全美最早有组织且持续性举行体育赛事的萨拉托加赛马场。小镇的经济并不依赖温泉，除了工厂区为当地人提供大量的就业岗位，文化旅游设施呈现多元化发展，如赛马业、博彩业、文化演艺产业等。在萨拉托加斯普林小镇，赛马场是和温泉一样重要甚至更重要的项目，该镇的城市格言更是为“健康、历史、马”（health history horse），每年的赛马季吸引大量游客造访，博彩业则是伴随赛马场发展兴盛起来的另一重要产业。文化演艺产业作为19世纪60年代城市复兴的重要成果，当时建设了一个半开敞的大剧场——萨拉托加演艺中心（Saratoga Performing Arts Center，SPAC），是全美最大的演出场所之一，是纽约爱乐乐团和纽约芭蕾舞团的夏季常驻地。SPAC是美国少有的古典音乐基地和流行音乐基地，每年夏天的演出季节都有数十位世界级古典音乐大师在此演出，也几乎承办过所有世界级流行乐队和摇滚乐队的演唱会。小镇上还有众多的博物馆，如1986年建设的国家舞蹈博物馆是全美唯一的一家专注于舞蹈和舞蹈者的博物馆和1950年建设的以赛马名人堂为主的国家赛马博物馆。萨拉托加斯普林的夜生活也比较出名，酒吧和咖啡馆众多，而以主要展示乡村音乐、传统音乐和创造型创造歌手的不插电音乐会而著名的“丽娜咖啡馆”（Caffe Lena）是美国持续经营时间最长的。

4．北京小汤山镇

小汤山镇位于北京城郊正北方向，昌平卫星城东南，首都机场西北。镇中心处于前门、故宫中轴线的北延长线上，与故宫的直线距离约27公里。小汤山镇是京都古镇，距今已有1 500多年的历史，以京城稀有的地热温泉和成熟的旅游会展业而享誉国内外。

小汤山镇镇域总面积70.1平方公里，常住人口4.5万人。目前镇内绝大部分面积以农村农业为主，建成区面积较小。小镇交通便利，两条省道交于镇中心，北京六环线贯穿全镇。小汤山镇主要划分为温泉会展、观光农业、航空博物馆三大功能区。温泉会展区在镇的中心地带，是目前发展最成熟的功能区，位于老北京中轴线上，有“龙脉”之称。拥有著名的九华山庄、龙脉温泉度假区和富来宫温泉度假区等度假区。观光农业区以有机农场观光体验、水产养殖、农业科普教育、农家乐为主，已经有小汤山现代农业科技示范园、中垦鸵鸟养殖中心、生态农庄、红枫湖水上娱乐等项目或设施。航空博展区有为国家4A级景区的国家航空博物馆，也是亚洲最大的航空博物馆。

小汤山镇依托北京近郊的优越地理位置和小汤山温泉“皇家行宫”“北泉第一”的悠久泡汤文化，积极发展温泉会议及温泉娱乐，开发了以九华山庄“温泉会展”和龙脉温泉“温泉娱乐”为代表的温泉酒店集聚区。

九华山庄是一家以温泉会展和体检保健为特色的度假区，内建有100多个不同规格的会议室，能满足从数十人的聚会到数千人的大会需求。度假区建有1.6万平方米的九华体检中心，为全国最大的健康体检中心之一。此外，度假区还拥有丰富的娱乐项目，能够满足顾客的娱乐需求。龙脉温泉以温泉娱乐为特色，建设了亚洲最大的室内温泉娱乐宫，可同时容纳2 000人，设有多种游乐项目，如互动水屋、温泉漂流等。

小镇积极发展以围绕农业观光活动开展的旅游项目，如发展农业观光、销售有机农渔产品、推广“农家乐”体验等。这些项目与温泉泡汤体验形成互补的健康旅游路线，有力地推广了小镇的健康品牌。

5．广州从化温泉镇

从化市温泉镇位于从化市东北部，距离广州市区约75公里、广州新白云机场35公里、京珠高速从化出口10公里，镇内105国道贯穿全境，交通便利。

温泉镇内的从化温泉旅游度假区是从化温泉的发祥地，也是岭南温泉的代表。从化有“中国温泉之乡”的美誉，从化温泉一度被称为“岭南第一泉”。

当地温泉泉源丰富，拥有十多处泉眼，日流量最高可达3 000立方米。温泉沿流溪河分布，傍山临水，自然景观非常优美。泉质为稀有的含氡“小苏打泉”，水质晶莹，无色无味。

温泉镇镇域面积28平方公里，[1] 人口约5 000人。全镇以流溪河为中

[1] 2004年，从化市行政区划改革，温泉镇合并附近其他乡镇，镇域面积达到210平方公里。考虑到温泉核心区域仍在旧温泉镇，本书沿用旧温泉数据。

心，河西为“天湖”自然风景区，河东为温泉小镇，分布着高中低档酒店40多家，南侧则有18洞高尔夫球场。

温泉镇注重自然山水风光与温泉休闲文化相结合，着力开发自然山水风景。河西的天湖风景区风光秀丽，开发出众多的景点，如“从化八景”之一的“百丈飞瀑”等。从化借助当地盛产热带水果优势和“荔枝之乡”的美誉，举办了荔枝节和杨梅节的活动，吸引众多游客慕名而来。同时也开发了农家乐等活动，在温泉的淡季吸引了不少游客。温泉镇通过着手旧城更新和发力整体开发来进一步争夺市场，由于周边地区近年来续开发出新的温泉，使得温泉镇的相关休闲设施都落后于周边的竞争者。

二、温泉度假区和温泉中心

1.日本长岛温泉度假区

日本长岛温泉度假区是日本东海地区最大的娱乐设施，位于三重县桑名市南侧，距离爱知县的名古屋大约30公里。度假区建在一条狭长的三角地带上为筑堤形成的平坦地块上，三面环海。度假区内设施丰富，不仅有主题公园、水公园、温泉酒店，还有日本最大的奥特莱斯购物中心。此外，周边环境良好，10公里范围内还有高尔夫球场和被称为“名花之里”的四季花田。

长岛温泉度假区占地约63公顷，主要可分为停车场、主题公园、水公园、奥特莱斯商业中心和温泉酒店五个功能区。停车场占地面积略超一半，约为33公顷，拥有超过1万个的停车位；主题公园占地面积为15公顷，有45个大中小游乐设施，其中世界最长过山车位于停车场区。水公园占地约为7公顷，有10个游泳池，18种滑道，还有一个室内儿童区。奥特莱斯商业中心为日本规模最大的，占地面积为3.5公顷，装饰风格为华丽奢靡的欧式风格。温泉酒店区有三家不同风格的温泉酒店和一家集中的露天温泉岛，可提供约350间客房。

长岛温泉度假区拥有便利的交通，虽然其地处远郊，甚至周边都是农田，但其进出交通便利，度假区停车场入口与高速公路出口直接连通。两个小时的交通圈覆盖名古屋市、大阪、神户和东京等客源地。度假区拥有丰富的游乐设施，拥有世界上最长的过山车“钢龙2000”，全长达到2 457米。主题公园按项目分别计价，方便各年龄段游客自选项目组合游玩。三井不动产经营的“爵士之梦”奥特莱斯购物中心经过三期的扩建，为日本最大的折扣商城，230家店铺的诸多一线品牌长期保持三折左右的折扣率，吸引大量游客前往。温泉酒店的温泉水质优良，且日出水量达到1万吨，室内外温泉池设计也别具特色。

2.匈牙利布达佩斯塞切尼温泉中心

匈牙利是欧洲温泉资源最丰富的国家，拥有世界第二多数量的温泉，已经开发1 300多处温泉。匈牙利旅游局网站的中文页面在介绍温泉和养生时这样写道：“在地图上我们可以看到，匈牙利是一个没有海洋的国家。匈牙利人和越来越多的外国人却知道我们的秘密，匈牙利其实是有海，这个海隐藏在地下！”[1]

赛切尼温泉中心位于世界上拥有温泉最多的首都布达佩斯著名的“英雄广场”背后，是面积近1平方公里的城市公园的一部分。温泉中心建成于1913年，拥有上百年的历史，是布达佩斯最著名的温泉中心和欧洲最大的组合温泉浴场。其建筑为新巴洛克（Neo-Baroque）风格，气势恢宏，装饰典雅，俨然皇家浴场的气势。赛切尼温泉日出水量约6000吨，出水口温度为77℃。浴场分室内和室外区，室内区有众多包厢式的私人泉池，多个男女分浴的半私密泉池和男女混浴的公共泉池，室外区是三个大型的公共泉池。

赛切尼温泉中心占地面积约3万平方米，建筑主体两层，建筑面积约为1.5万平方米。室外三个大池，中间为500米八道标准游泳池，两侧半圆池各约500平方米，另有室内15个大小泉池，20～200平方米不等，水温约27～38℃，最高为48℃。有数十间小房间提供按摩理疗服务。还有一

[1] 载http://cn.gotohungary.com。

个多功能厅可提供会议或婚礼服务。

赛切尼温泉中心重视温泉疗养，这与其历史密不可分。欧洲是温泉SPA文化的发源地，历史上罗马帝国和土耳其帝国都极其重视温泉的洗浴文化，匈牙利曾经受到这两个帝国的统治。因此，匈牙利的温泉SPA文化积淀极其深厚，加上其独有的温泉资源禀赋，一直是欧洲重要的温泉胜地。由于欧洲多个国家在社会保险上认可温泉疗养的功效，凭医生处方，温泉疗养的费用可纳入医保范畴。赛切尼温泉重视这一医疗需求，游客凭处方在该中心长期做温泉疗养可以享受较大幅度的优惠。在温泉中心增加一些温泉互动活动，例如，为泡温泉的老人提供国际象棋，让老人可以一边下棋（看棋）一边泡温泉。充分利用周边的众多项目，吸引外地游客。赛切尼温泉位于布达佩斯城市公园的核心位置，周边有地铁站和众多景点，是很多外地游客或外国游客必到之处，但其仍然重视这些大众游客，提供的价格也比较平民化。

3.日本东京大江户温泉物语

大江户温泉物语是日本东京著名的温泉主题公园，位于东京台场地区，出地铁站步行5分钟可达，交通便利。该温泉以“不出东京享受自然温泉”和“再现江户时代风情”为主要特色。温泉建于2003年，建成开放后就成为热门景点，甚至吸引很多外地游客慕名到访。

大江户温泉物语占地面积约为4公顷，独占一个矩形街区，主体建筑占据西南侧约1.8公顷的用地，总建筑面积约为1万平方米，局部有两层，建筑内外装饰均模仿日本江户幕府时期风格。户外可提供约250个停车位，还有三个标准网球场。该温泉主要划分为入口、售票处及更衣区、主题街区、露天园区和大浴场区等五个功能区，其中主题街区是该温泉的主要特色区域。主题街区模拟江户时代的风情，整体布局呈T字形，占地约4 000平方米，有16家大小餐饮及多种商业店铺。露天区主要为游客提供沐足和休憩使用，大浴场区有两个各500平方米的男女分浴的大汤屋。

大江户温泉物语以主题化的温泉体验为诉求，打造了特色鲜明的主题街区，融餐饮、游乐、购物于一体。此外，顾客穿着各种和式浴衣走在主题街区，更增加了主题的真实感。多样化的住宿和完善的配套服务，既提供不同面积和风格的酒店房间，也提供“黑船”这类简易的住宿。较高的住宿性价比和京都天然的温泉洗浴吸引了大量的外地游客。细致的服务也是该温泉的一大特色，如在大浴场分设女露天汤区特别设置了格栅顶棚，既有露天乐趣，还能在高楼林立的环境下保护隐私；针对部分日本人养宠物，特别设置了专门为宠物服务的汤池，还提供笼舍临时寄养；为方便顾客泡温泉，提供一个临时手环用于场内的消费记账。

4.珠海海泉湾度假区

海泉湾度假区是香港中旅集团打造的以温泉产品为核心的综合利用目的地，位于珠海市金湾区平沙镇，距珠海市区约40公里，除度假区专线车外没有其他公共交通。以旅游度假项目为主的一期项目已于2006年开业运营。以高尔夫球场和高端度假公寓为主的二期规划尚未动工。

度假区规划总用地面积5.1平方公里，首期约1平方公里以旅游项目为主，包括海洋温泉中心、五星级酒店、渔人码头、大剧场、“神秘岛”主题乐园、大型星级健康体检中心、运动俱乐部和拓展训练营等八大板块。度假区以海洋温泉中心为核心，温泉中心占地约4.7公顷、建筑面积约2万平方米。大致分为展现欧陆风格的室内区、南亚风情的室外区和中式园林区等三个区，汇聚几乎全世界的温泉风格类型。五星级酒店使用港中旅自有品牌“维景酒店”，由天王星会议酒店、海王星度假酒店、温泉别墅等组成。为了满足不同游客的不同价位需求，度假区也设有海泉湾客栈。渔人码头是围绕度假区内湖和主河道而设的餐厅购物场所，有音乐喷泉、水幕电影和嘉年华巡游等项目。“神秘岛”主题乐园占地面积约15公顷，有加勒比海滩、五大主题区、12项游乐项目和全天十多场精彩演出。海泉湾剧场位于渔人码头附近，是现代化的多功能室内剧场，除平时用于“大海的记忆”专场表演外，还可举办企业产品发布会和大型庆典活动。

珠海海泉湾以独具特色的海洋温泉为主要吸引点，让顾客泡在温泉池里也可以同时欣赏无边海景。温泉中心内不仅有气势恢宏、风格多样的室内区和南洋风情的室外区，还有各色花样泉池与景观相应的中式园林区、温泉与水公园结合的滑道戏水、奇诡秀丽的溶洞温泉等别具一格的室外环境。度假区致力于打造家庭休闲旅游目的地和区域会议奖励旅游中心，以酒店和温泉业务为核心。

5.天津华侨城水上公园温泉区

天津华侨城位于东丽区北端，东丽湖温泉度假旅游区之内，占地面积约为6 000亩，总投资规模达80多亿元。该温泉区是一个以文化创意、生态环保、休闲娱乐、旅游度假等元素为核心，辅以主题商业开发、主题文化产业开发的大型综合文化旅游主题城区项目，规划目标是建成文化内涵丰富、风格特色鲜明、配套设施先进、生态环境优美的世界级都市旅游休闲度假目的地。

天津华侨城水公园温泉区是以加勒比海岸温泉小镇为主题，室内外结合的精品温泉。温泉区分为室内和室外两大部分，室外区由中心服务区、理疗区和加勒比海泡池组成，室内区则由休息区、生态泡池区、石板浴区和室内功能泡池组成。

天津华侨城温泉作为天津华侨城主题文化旅游区中天津欢乐谷水公园的一部分，依托大型文化旅游景区和国际会议中心的优势，充分利用东丽湖的优质温泉资源，将最原生、最健康的温泉疗养模式植入欢乐谷水公园。

温泉注重创造出一个以理疗和SPA为核心吸引力的温泉度假空间和集生态、舒适、恬静和慢节奏为一体的温泉生活方式。在规划设计中汲取了热带海洋风光的灵感，根据居高临下的地势优势，塑造出一种加勒比海崖上的小村庄形象。空间布局上则选取村落中经典的巷道空间，还原出一种似曾相识却又独具异域情调的村落印象。

第三节　海南温泉旅游发展现状

一、海南温泉旅游资源概况

海南正好位于环太平洋地震带上，这一地带地质运动十分活跃，地下潜藏能量充沛，多形成火山、地热、温泉等地质状态。[1]海南岛也曾有过火山爆发的记载，至今仍能在雷琼海口火山群世界地质公园找到火山爆发的遗迹。因此，海南岛拥有丰富的优质矿泉水资源和得天独厚的温泉旅游资源。

（1）温泉资源丰富且品质较高。据海南省国土环境资源厅矿产开发管理处的初步统计，海南地热资源有120多处，现已开发经营的有80多家。[2]平均每1 000平方公里就有3处温泉，密度之高居全国之首。海南岛的矿泉主要分布在东部及南部沿海地带，西部沿海及内陆相对较少。海南岛的热矿水田则主要分布在琼北第三纪断陷盆地中，或者雷琼自流水盆地的南部。

（2）以中低温为主，开发条件好。在海南的温泉中，绝大部分温泉的泉水温度都是在40～78℃的适中温度，小部分温泉的泉水温度最高的达92℃以上，最低的只有32℃。海南温泉从低温热矿泉到高温热矿泉都有，能够充分满足各种不同需要的人群和为他们提供适合需求的泉水。

（3）富含多种矿物质，具有保健功效。海南的温泉多属于氟硅型热矿水，还含有如溴、碘、锶、氡和硫化氢等微量元素和化合物。在已探明的温泉化学成分中，已经发现水化学类型为重碳酸氢钠型、重碳酸氢钠钙镁型、氯化钠钙型、重碳酸氢钠氯化钠型、重碳酸氢钠钙及氯化钠型等多种类型矿物质。据医学实践表明，碳酸泉是一种医疗价值很高的温泉，对心血管疾病有显著疗效，对肥胖病、各种代谢障碍疾病有良好

---

[1] 海南日报，http://www.hinews.cn/news/system/2014/12/17/017195925.shtml。

[2] 海南日报，http://www.gov.cn/xinwen/2015-10/13/content_2945875.htm。

疗效。

（4）温泉景观丰富。海南的温泉大多周边有着丰富的旅游资源，可以通过对其所处的区位及依附的景观来进行多样化的组合，有利于开发出各种独具特色的温泉旅游产品，提升温泉度假区的吸引力。温泉景观包括温泉所在地及其附近的自然、人文景观，是温泉旅游资源的重要组成部分，是温泉开发的基石和支撑，也是温泉旅游增值的重要源泉。❶

近年来，海南旅游呈现迅猛增长的趋势，2016年全省接待国内外游客总人数6 023.59万人次，比上年增长12.9%；其中接待旅游过夜人数4 977.28万人次，增长10.8%。旅游总收入672.10亿元，增长17.4%。游客接待量和旅游收入的增长为温泉度假旅游提供了较大的市场介入机会，推动了温泉旅游的发展。2014年海南温泉企业一共接待游客780多万人次，销售收入近6.5亿元，其产业链产值为30多亿元。海南的温泉布局逐渐发展成为“一坛两点三镇四区”，其中一坛为博鳌国际温泉论坛；两点为海口观澜湖温泉、喜来登温泉；三镇为保亭温泉镇、万宁兴隆温泉镇、琼海官塘温泉镇；四区为三亚珠江南田温泉度假区、三亚半岭温泉旅游度假区、万宁太阳乐园温泉旅游度假区和三亚凤凰观海温泉旅游度假区。

二、海南典型温泉旅游景区概况

（1）七仙岭温泉度假区。七仙岭温泉国家森林公园是海南岛内仅有的几片保存较为完好的热带雨林之一，最高山峰海拔约为1 126米，森林公园内古树参天、藤萝交织，距离保亭县城7公里，1998年经国务院和国家林业局联合批准为国家级森林公园。境内气温适宜，环境幽静，拥有独具特色的奇峰（七仙岭由七座峭立的花岗岩组成，突兀于山峰之上，远看挺拔隽雅；又名七指岭，以七个状似手指的山峰而得名，七峰险峻、天然绝壁）、田园风光、民俗风情，最出名的便是温泉。岭内现有自

❶　李明玲．海南温泉旅游的SWOT分析及发展策略[J]．中国经贸杂志，2013(20):19-21.

喷泉眼7处，日出水量3 800多吨，温泉温度最高可达95℃，含有多种微量元素，温泉水属硅酸重碳酸钠型水，具有较高的医疗保健、美容等功效，目前是海南岛探明的出水量最大、温度最高的温泉。

（2）蓝洋温泉。蓝洋温泉国家森林公园位于海南省儋州市蓝洋镇峡谷处，距海口市135公里，经营面积5 660公顷，交通便捷。森林公园四周由莲花岭等数十座形貌奇特的山峦环抱，峰岭起伏，层峦叠嶂，沟谷纵横。裸露的岩石无不奇形异状、千姿百态，引人遐想。公园由热带百果园、蕉排岭、莲花岭、观音岩、狩猎场和王帝殿等6个景区组成、内有景点60余处。早在明朝万历年间就有文字记载，以“一石之隔，冷热分明”的冷热泉驰名于世，奇在一潭之中、一米之隔，有黑白两石，白石涌出热水，黑石流出冷水，冷热分明，历经数百年不变不枯。蓝洋温泉被命名为氡泉或医疗热矿水，现有大小泉眼10多处，日流量8 000吨，温泉水温41～93℃，水质优良且含氡、偏硅酸以及还含有多种有益人体健康的微量元素，达到医疗热矿水标准，是国家认定的优质保健温泉，也是目前海南省已探明水量最大，水质最佳，水温最高的温泉。

（3）兴隆温泉。兴隆温泉地处海南兴隆华侨旅游区的华侨农场境内。该温泉共有十几个泉眼，水温长年保持在60℃左右，水中含有丰富的矿物质，蒸腾的水气带有淡淡的清香。沐浴其中，对皮肤病、关节炎和神经衰弱症等有治疗作用。且兴隆华侨农场位于海南岛东南部万宁市境内美丽的太阳河畔，地处丘陵，地势由东向西增高，海拔21～532米。年平均温度为24.5℃，极端最高温度为39℃，极端最低温度为3.4℃。年平均降雨量为2 201.4毫米，属热带海洋季风性气候。这里群山环抱，热作葱茏，环境幽美，景色宜人，一年四季都是春，自然条件优越。

第四节　海南温泉旅游发展存在的问题

1.宣传营销不足，品牌意识不强

“酒香不怕巷子深”的时代已经过去，针对产品做好营销推广必不可少。海南有着得天独厚的森林海洋旅游资源，但是温泉资源很少被人熟知，一方面是因为产品建设不具有突出性，但更多的是宣传推广不到位，宣传方式单一，没有树立起自己的温泉品牌形象，在众多旅游产品中突显力度不够，导致温泉旅游发展缓慢，知名度低，游客稀少。海南省内几个发展较好的温泉胜地，如七仙岭温泉、蓝洋温泉等也仅仅是在海南岛上较为出名，但岛上的游客资源有限，要想保持长足的发展，必须将自己的温泉品牌推广出去，吸引更多外来游客，才能有源源不断的活力。一个好的品牌形象是企业的核心竞争力，是企业形象的代表，是企业文化内涵的浓缩表现，我国的温泉旅游已经进入品牌竞争的时代，海南的温泉旅游要借助时代发展的契机，营造自己的温泉旅游氛围，树立温泉旅游品牌，加强宣传推广，利用好信息化网络平台，打造出自己的温泉旅游品牌。

2.文化建设匮乏，产品内涵不足

文化是旅游产品的底蕴、内涵，温泉旅游是旅游者对温泉旅游目的地的沐浴文化的一种体验，开发温泉旅游就是塑造温泉沐浴文化，如果开发者只着眼于温泉本身，其地域文化却远远没有被挖掘，造成温泉项目跟风、克隆、同质化严重，不能区分在此处泡温泉与在别处泡温泉的区别，这样的温泉旅游环境，无法吸引人气。海南的温泉旅游正是处于这种尴尬的境地，盲目地开发利用，却没有注入文化的灵魂，没有与当地的人文风情结合在一起，导致其温泉旅游不具有特色化、独特性。例如儋州的蓝洋温泉，历史文化悠久，早在明朝时期就有文字记载，当地有着古朴的民间艺术、地方曲艺和特色小吃。在蓝洋温泉却难以寻觅到当地的美味小吃，也没有展示本土文化的平台，去体验过的游客未能感受到温泉沐浴的文化情感，故也不会留下深刻的印象。

3.粗放开发，低水平利用

海南地热资源资源丰富，很多商家、企业开发经营温泉旅游，利用温泉地热资源开展接待服务，但是没有形成有效的温泉旅游管理体系，经营者各自为战，行业力量分散，低水平重复建设，缺乏整体合理规划，造成地热资源浪费；并且大多数温泉景区基础设施不完善，缺乏应有的配套设施，景区服务水平不高，管理不到位，造成游客的体验感、满意度降低。即使是一些高端的温泉度假区也没有做到精细化开发，未能从游客角度出发，准确定位，满足游客的生理、心理需求。海南温泉旅游发展多年以来，温泉旅游产品还是大池子小池子，开发形式单一，没有开发出更多深层次的互动体验，十分无趣，还造成周边环境资源的浪费。粗放开发、资源浪费、资源不合理利用等都在很大程度上抑制了海南温泉旅游业的发展。

4.缺乏创新，雷同现象严重

旅游经济是一种特色经济，独特个性是旅游目的地的灵魂，是旅游发展必不可少的因素。创新则是这个时代发展所必须具备的能力，在旅游行业中更是如此。温泉旅游企业要想具有源源不断的生命力就需要及时开发出自己的特色产品，形成自己的竞争优势，满足市场的多样化需求。海南温泉旅游市场需求及消费水平差异较大，具有多层次、多样化的特征。多数温泉地热资源在开发和发展的过程中不但思维雷同，且建筑风格、基础配备、设置的项目也是大同小异，缺乏创新，没有新颖性，极大地降低了温泉旅游的丰富性、多样性，减少了对游客的吸引力。开发模式上延续一贯的陈旧套路，没有推陈出新，不能满足日益细化的市场需求。此外，海南地处热带边缘，长夏无冬，阳光充足，四季温度较高，如何吸引游客在这样的环境气候中去享受温泉，是一个非常值得探究的问题，这就更需要企业发挥创造力，不能走一般的发展模式，而是要探究出适合海南温泉旅游的发展模式。

第五节　海南温泉旅游产业发展对策

一、采用“温泉+”模式，丰富产品层次

温泉旅游与周围环境、项目、产品等具有很好的联动性，结合发展可以使旅游产品组合多样化，丰富旅游者的体验感。通过调查研究发现，海南的温泉旅游可以发展以下“温泉+”模式。

1.特色温泉+景区

所谓“特色温泉+景区”模式，就是以创造独具特色的温泉泡浴景区来赢得市场的模式。这是温泉度假村开发的最基本模式，这类温泉度假村规模不一定很大，但在一定程度上是在创造现代温泉文化、缔造温泉行业标准、引领中国温泉行业的整体发展。其关键是运用文化来包装主题或凸显自然山水特色并形成体验型温泉泡浴景区，主要包括两种类型。

（1）面向大众的精品温泉景区。以中国温泉行业的“领头羊”——御温泉和超级后起之秀——天沐温泉为代表。不论是御温泉耳熟能详的“御泉道”“太医五体”“N福汤六次方”，还是天沐温泉的“真山水温泉”“太极八汤”“美人四润汤”“九步六法沐汤仪式”，以及他们所共同提倡的“夏季泡温泉”，实际上都是在开创和丰富现代温泉文化。正因为致力于创造温泉文化，挖掘温泉养生的内涵，构建温泉生活方式，御温泉和天沐温泉成为行业的标杆，不仅获得项目开发的成功，而且成功铸就企业品牌，形成管理团队和经营模式，使其有资本输出品牌，实行全国性的战略扩张。前文提及的海南七仙岭温泉、蓝洋温泉等都具有自己的特色，企业要突出重点，发挥自身优势，打造属于自己的精品温泉游。

（2）面向小众的高端SPA景区。其以昆明的柏联SPA为代表。柏联SPA利用昆明阳宗海旅游度假区作为高端休闲度假产品集聚区的区域优势，以个性化的高端产品为重点，强调人均高消费而不是大规模游客量，最终使其被评为“亚洲第一温泉SPA”，获得开发经营的极大成功。随着中国高端休闲消费人群的增加，每年来海南度假的高端游客越来越多，海南主打小众的高端温泉SPA非常具有优势，发挥区域优势，充分利

用自身吸引力，集中精力创建出一个高端SPA。

2.温泉+会议休闲

海南作为休闲度假胜地，越来越受到会展业的青睐，会展旅游人数日渐增多，规模也越来越大。海南的温泉旅游应借鉴北京九华山庄的发展模式，要敏锐地观察到海南地区非常有潜力的会议市场，充分利用温泉的康体疗养价值与休闲整合效应，把商务会议作为最重要的一项服务来对待。九华山庄通过建设完善的商务及会议设施，配套专职会议接待部，满足会议客人全方位需求的客房、餐饮、娱乐、运动、保健、体检和购物服务，有“温泉会都”称誉。这种温泉会都模式，通过大型会议会展与温泉的结合，并围绕会都来进行各项配套建设与经营服务，会议会展成为主角，温泉成为配角，但最终实现的是温泉资源综合开发价值的巨大突破，是一种典型的创新模式。海南的温泉发展完全可以借鉴这种模式，因为海南日益兴旺的会展业，每年前来的会议人数在逐渐增加，具有巨大潜力的会议市场足以支撑这种温泉会都模式。

3.温泉+运动游乐

温泉与运动游乐的结合，也是温泉度假村最常见的开发模式之一。其核心是在温泉泡浴的基础上，通过发展满足旅游者体验性、参与性需求的运动游乐项目，有力提升温泉度假村的整体吸引力，延长游客停留时间甚至改善温泉度假村的淡季经营问题，提高人均消费水平，从而实现整体开发经营的突破。海南凭借自身先天优势，可以大力发展以下三个组合类型。

（1）温泉+水游乐。把夏季最受家庭市场欢迎的水游乐项目引进温泉度假村，弥补夏季这一淡季产品开发不足，对于提升温泉度假村的整体经营，具有非常突出的效果。海南水资源充足，天气炎热，非常适合发展水上游乐项目，且夏季时间长使得项目运营的周期时间变长，可以创造更多营利。

（2）温泉+高尔夫。通过高端温泉水疗SPA与高尔夫运动充分结合，形成面向高端市场的高端休闲经典组合产品——温泉高尔夫，是顶级度假村开发的经典模式，主要面向高端游客群体。

（3）温泉+综合游乐。其以珠海海泉湾为代表。把相对静态的温泉泡浴与多种动感游乐项目结合起来，动静结合，养生休闲与游乐体验搭配，能够极大地增强温泉度假村的整体吸引力并提高综合收益。海泉湾度假区以罕有的海洋温泉为核心，由五星级酒店、神秘岛主题乐园、渔人码头、梦幻剧场、体验中心、加勒比海岸、运动俱乐部、拓展训练营、高尔夫项目、休闲垂钓区以及自驾车营地等项目组成。此种模式把温泉与多元化的游乐项目充分结合，从而产生极大的市场吸引力。

4.温泉+旅游地产

由于温泉在健康养生与旅游休闲上的巨大价值，为房地产特别是旅游地产的开发创造了非常突出的优势，往往能够以“养生休闲”特色在地产市场上形成巨大的竞争力，从而取得非常可观的投资回报。海南本身依靠旅游地产发展，将旅游地产再细分成温泉旅游地产，借鉴如珠江帝景温泉度假村、重庆海兰云天温泉度假村等发展的温泉度假社区模式，将海南温泉与旅游地产广泛结合，甚至形成一大批大型温泉度假区、温泉小镇等项目，带动大型区域的整体开发，进一步促进海南温泉旅游与地产开发共同发展。

二、建立管理信息系统，保护温泉资源

温泉资源是一种自然资源，走可持续发展之路是必需的，同时海南省对温泉资源的管理还处于粗放管理阶段，资源浪费率高，所以要借助科学技术来对海南的温泉资源做系统的监督管理，将海南省温泉的基础资料进行整理、统计、分析，建立健全温泉管理信息系统。系统的基本内容应包括：温泉所在地、温泉形态、水质类型、地质性质、泉温、开发程度、利用率、出水量等，并且每隔一段时间更新温泉的信息资料，利用温泉管理信息系统监测温泉资源状态变化，做好合理安排，也为海南省的温泉开发规划提供信息技术上的支持。因为温泉旅游的核心就是温泉，所以温泉资源的质量、温泉旅游资源的循环利用、温泉旅游地的

环境容量及其相关影响都决定着温泉旅游地能否可持续发展，因此加强对温泉资源的管理，对其进行合理保护，是必要的措施。

此外，为了统一管理海南温泉旅游的经营企业，可以由政府或海南温泉旅游协会牵头，创建一个信息共享平台，方便行业内信息及时更新、交流、共享，提高海南温泉旅游整体的竞争力。同时，一个高质量的生态环境是温泉旅游产品开发的必备条件，也是重要的旅游吸引物。此外，温泉资源的质量与周围环境的好坏有着密切的关系，在开发温泉旅游资源的同时，应对温泉旅游区的周边自然环境、文化氛围进行保护，形成人与自然和谐共处、共同发展的美好画面。

三、加强人才培养，提高服务管理水平

海南的温泉旅游行业发展急需培养一批温泉旅游产品研发、旅游营销策划、温泉服务管理等综合性人才。在温泉旅游型人才培养方面，海南可以向珠海的御温泉学习借鉴。珠海御温泉为满足对温泉旅游人才的需求，采取校企合作、联合办学的方式，建立温泉旅游职高班、专科班、本科班等一系列培训体系，为企业与行业的发展构筑人才培训基地，这种办学方式培养出来的人才既有扎实的理论基础，又具备成熟的实践能力，迎合了企业人才需求的口味。

海南温泉旅游景区完全可以与海南高校如海南大学旅游学院等实行校企合作。学校为其提供学术支持、员工培训、人才培养，温泉景区为学校提供实习基地、为学生提供就业机会，最后获得高质量的温泉旅游类管理人才，实现双方互利共赢。此外，温泉旅游企业还应定时组织员工进行培训，及时了解行业的最新信息，学习获得新的技能知识，提高自身服务水平及管理能力。要想建立一流的温泉景区，就需要培养一流的员工，建立完善的人才培养体系，营造和谐友爱的工作环境。

四、强化市场营销，实施差异化品牌战略

现在全国的温泉景区越来越多，规模也越来越大，每个景区的特色却是雷同化、相似化，品牌知名度和美誉度都较小。海南省的温泉旅

游业要想在较短时间内塑造品牌形象，在全国众多的温泉旅游中脱颖而出，获得游客的认知，必须走差异化品牌战略，避免同质化现象，打造与众不同的温泉产品。从世界著名的温泉品牌如德国巴登、法国依云小镇、日本箱根温泉等来看，每一个成功品牌都有自身的独特差异性，并利用这个差异来打动游客，让游客青睐并且迷恋。所以，海南温泉旅游应结合自身优势及市场需求多元化进行品牌定位，走差异化经营之路。如保亭七仙岭温泉的优势在于自然景观极为优越，依傍美丽的七仙岭景区，岭下就有多处喷泉眼，此外还有飞溅的瀑布、明净的山湖、飘香的果园、葱郁的森林，因此，七仙岭温泉景区的品牌形象可以定位于生态养生度假区。

品牌定位完成后要针对目标市场进行营销推广，目前的推广方式多种多样，除了线下进行互动、发传单的形式外，更主要的是线上营销。运用网络大数据分析旅游者的年龄、性别、偏好和消费需求等信息，选择广告、微电影和直播等形式在自媒体、视频和社交等平台上对目标客户群体进行精准营销；与知名旅游电商平台合作，发挥平台优势，在短时间内迅速激发市场需求；建立完善自身官网和微信公众号，融入旅游电商服务，开展旅游信息发布、产品在线预订等服务，完成后台数据收集，建立起景区自身旅游数据库；设计互动环节，朋友圈集赞、微博转发等方法，加强与旅游者联系的同时还将品牌产品推广出去。

五、建立完善规章制度，规范产业发展

珠海御温泉主导制定的国内首个温泉旅游服务地方标准《温泉旅游服务规范》正式颁布实施，开启了全国各省市编撰地方标准的热潮。标准化的规章制度对企业来说可以解决因员工素质参差不齐、员工流动大、企业管理不规范等带来的困扰，对于行业来说，标准化以卓越企业为标杆，可提高行业的整体水平。地方标准的颁布可以促成全行业的规范，并将进一步加强全国温泉企业的联合。

海南温泉旅游的发展需要制定适应本省的行业管理规章制度以及相应的法律法规，规范海南温泉开发建设标准，严格市场准入。2015年10

月，海南省温泉旅游协会正式成立，并对海南温泉的发展战略提出“7个要”，其中明确指出：要创办海南温泉协会会刊，作为温泉企业相互学习，交流宣传的平台，立足海南，面向全国，大力宣传推介海南国际旅游岛温泉的产品、特色与服务；要开展温泉企业评星活动，在全省温泉企业中组织学习《温泉企业服务质量等级划分与评定》；要定期举办博鳌国际温泉论坛，让海南国际旅游岛温泉有展示的机会和推广的平台。创办会刊、开展评星、举办论坛等项目都是为了规范海南温泉行业的发展，促进行业间消息的传播交流，鼓励温泉企业更好更快地发展。温泉旅游协会对海南温泉行业发展的要求已经提出，接下来就是加快落实法律法规、行业标准，统一协调行业发展，形成海南温泉旅游一体化、标准化，占据市场优势，最终将海南的温泉旅游推广出去，面向全国，走向世界。

第六章　森林旅游

第一节　森林旅游的理论探索

森林旅游是旅游业和林业产业融合的产物，是一种旅游的创新业态，它率先产生并兴起于欧美发达国家（美国、新西兰、德国等），直至20世纪八九十年代才逐渐在我国得到发展。

目前，学术界对森林旅游概念尚未统一。美国学者格雷戈里（1985）❶首先提出了广受认可的森林旅游概念，认为森林旅游是指任何形式的到林区（地）从事旅游活动，这些活动不管是直接利用森林还是间接以森林为背景都可称为森林旅游。在我国，蒋敏元、马建章等学者对森林旅游进行了早期的理论研究，奠定我国森林旅游的研究基础。蒋敏元等（1991）❷认为广义的森林旅游是指在林区内发生的不论活动主要目的如何的任何形式的野游活动，而狭义的森林旅游或称森林游乐，是指在一个森林环境中自愿地从事以享受为主要目的的一种闲暇时间的活动。马建章（1998）❸认为森林旅游是指在林区内发生的不管其

❶ G. 鲁滨逊 · 格雷戈里. 森林资源经济学[M]. 许伍权等译. 北京：中国林业出版社，1985.

❷ 蒋敏元，李继军，李龙成. 森林资源经济学[M]. 哈尔滨：东北林业大学出版社，1991.

❸ 马建章. 森林旅游学[M]. 哈尔滨：东北林业大学出版社，1998.

活动目的为何的任何形式的野游。刘世勤等（2010）[1] 认为森林旅游是以森林生态系统的景观和森林区域生态因子为背景的旅游活动，是在不采伐、不损毁森林的情况下，充分发挥森林生态功能的一种活动方式。兰思仁等（2014）[2] 认为森林旅游是人们以森林、湿地、荒漠和野生动植物资源及其外部物质环境为依托，所开展的游览观光、休闲度假、健身养生、文化教育等旅游活动。

除了对森林旅游概念的研究以外，我国学者还从森林旅游的主体、客体和介体等出发对森林旅游者、森林旅游资源、森林旅游环境、森林旅游地（森林公园、自然保护区等）进行了重点研究，取得一定的研究成果。以森林旅游地开发模式研究为例，李祝舜等（2010）[3] 提出城市综合公园型、社区住宅型、景区景点型、休闲度假型、乡村旅游型和自驾观光型六种森林旅游开发模式。张红（2014）[4] 对地方政府将森林公园划归（或租赁给）旅游局经营管理模式、租赁给企业经营管理模式和资源入股合作旅游开发经营管理模式进行探索分析。邵飞等（2015）[5]提出“政府出资源，林业抓监管，企业管投资，基金保发展”的发展模式。

---

[1] 刘世勤，刘友来．森林旅游产业的特性、功能与发展趋势[J]．中国林业经济，2010(4):4-7.

[2] 兰思仁，戴永务，沈必胜．中国森林公园和森林旅游的三十年[J]．林业经济问题，2014，34(2):97-106.

[3] 李祝舜，叶新才．“国民休闲计划”下的森林旅游开发模式研究——以泉州市为例[J]．林业经济问题，2010，30(1):65-69.

[4] 张红．江西省森林公园旅游经营管理模式发展研究[J]．中国林业经济，2014(2):70-72.

[5] 邵飞，付德刚，赵云朝，等．山东省国有林场发展森林旅游模式的调研报告[J]．林业经济，2015(3):111-114.

第二节　海南森林旅游发展现状

一、我国的森林旅游发展

1982年，我国建立第一个国家森林公园——湖南张家界国家森林公园，我国的森林旅游由此在全国范围内兴起。截至2016年年底，全国共建立各级森林公园3 392处，规划总面积1 886.67万公顷。其中，国家级森林公园827处、国家级森林旅游区1处，面积1 320.09万公顷；省级森林公园1 457处，县（市）级森林公园1 107处。

“十二五”时期，我国森林旅游业继续保持快速发展的良好态势，森林旅游游客量达到40亿人次，年增长率超过15%，林业产业总产值由2010年的2.28万亿元增长到2015年的5.94万亿元，林业第一、二、三产业结构由2010年的39：52：9调整为2015年的34：50：16，森林相关服务业取得重大发展。2014年，中国森林旅游游客量达9.1亿人次，游客数量首次突破国内旅游总人数的25%；森林旅游创造社会综合产值达6 500亿元，森林旅游收入首次突破国内旅游收入的20%。2015年，我国的森林旅游市场迅速崛起，全国森林旅游游客量达到10.5亿人次，游客数量占国内旅游总人数的26%；森林旅游创造的社会综合收入达7 800亿元。林业旅游与休闲总人数更是高达23亿人次，实现直接的旅游收入6 700亿元。2016年，我国主要的3 288处森林公园（含白山市国家森林旅游区）共接待游客9.17亿人次（其中海外游客1 497.69万人次），占国内旅游总人数的20.8%，旅游收入781.61亿元，分别比2015年度增长15.3%和10.8%，创造的社会综合产值超8 200亿元。

二、海南森林旅游发展优势

森林旅游以其良好的综合效益和可持续发展的特性，已成为国内旅游业新的经济增长点。海南作为全国的旅游大省和热带森林资源富省，具有发展森林旅游的客观条件和独特优势。

首先，海南森林资源得天独厚。海南岛是全国最大的热带林区，拥有独特的热带山地雨林和季雨林生态系统，植被类型复杂，野生动植物资源丰富，且种类繁多，是我国热带植物的大观园和生物物种的基因库。2016年海南全省森林面积为480.36平方公里，比2015年增加0.75平方公里；森林覆盖率达到62.1%，比2015年增加0.1个百分点；活立木总蓄积量1.53亿立方米，比2015年增加200万立方米。[1]

其次，海南森林气候舒适。海南热带雨林气候舒适，生态良好，环境幽雅，空气清新，负氧离子丰富，是天然大氧吧，是优良的生态场所。尤其是林区夏季气候宜人，是海南夏季旅游的重点，能够有效弥补海南夏季旅游的不足。

再次，海南具有发展森林旅游的旅游基础。海南作为我国唯一的热带海岛和国际旅游岛，四季常青，气候宜人，已经成为全国各地游客旅游观光、休闲度假、避寒过冬的首选之地，也是我国重要的入境旅游目的地，具有广阔的旅游市场。同时海南的“吃、住、行、游、购、娱”等旅游基本要素初步配套，旅游产业体系基本成型。

最后，海南森林旅游发展具有独特的政策支持。2009年《国务院关于推进海南国际旅游岛建设发展的若干意见》将海南国际旅游岛建设上升为国家战略，确定海南为我国旅游业改革创新的试验区，提出“加强林区基础设施建设，加快发展森林生态旅游”；2011年，海南与国家林业局签署战略合作协议，成为全国唯一的省级森林旅游示范区试点，海南森林旅游发展获得更多优惠政策。

三、海南森林旅游发展现状

（一）海南森林旅游发展概况

海南森林旅游发展要追溯到1992年尖峰岭国家森林公园成立，此后海南以森林公园、湿地公园、自然保护区为主要依托，初步形成热带雨林游、野生动物游、珍稀特有物种游、热带花卉园林游、湿地红树林游

[1] 海南省生态环境保护厅.2016年海南环境公报[R]. 海口：2017.

等特色森林旅游线路，大大丰富了海南旅游产品内容，优化了海南的旅游结构，促进了旅游产业的转型升级，形成海南旅游业独特的吸引力和市场竞争力，为海南旅游业发展增添了新的活力。同时海南森林旅游的发展推动了海南林业的产业结构调整，培育了林业新的经济增长点，壮大了林区经济发展，提升以林养林的能力，促进了海南林业的高效和可持续发展，为推进海南生态省建设作出了贡献。

截至2016年年底，海南全省拥有森林公园28个，森林公园总面积168 453.87公顷。其中国家级森林公园9个：尖峰岭国家森林公园、蓝洋温泉国家森林公园、吊罗山国家森林公园、火山口国家森林公园、七仙岭温泉国家森林公园、黎母山国家森林公园、新盈海上国家森林公园、霸王岭国家森林公园、兴隆侨乡国家森林公园，公园面积119 101.93公顷；省级森林公园17个，公园面积47 659.27 公顷； 市县级2个，公园面积1 692.67公顷。同时海南省拥有“森林生态”类型的国家级自然保护区4个、省级自然保护区12个、市县级自然保护区3个，管理面积187 932.25公顷。

森林公园是发展海南森林旅游最重要的载体。在森林公园收入情况方面，2016年度海南全省实现收入总额36 925.90万元，其中门票收入23 780.50万元、食宿收入9 981.00 万元、游乐收入132万元、其他收入3 032.40万元。在旅游接待人数方面，2016年度海南全省森林公园共接待旅游总人数234.19 万人次，其中海外旅游者5.15 万人次。在旅游从业人员方面，2016年海南全省各森林公园职工共计2 332 人，旅游导游122人。同时社会森林旅游从业人员2 527人。在旅游基础设施方面，2016年海南全省森林旅游拥有车船总数150台/艘、游步道总数306.30公里、床位总数1 638张、餐位总数4 480 个。在年度资金投入方面，2016年海南全省累计投入14 244.17万元用于森林公园建设，其中国家投入469.07万元、自行筹资13 175.10万元、吸引投资600万元。在年度生态建设方面，2016年海南全省累计投资620万元用于森林公园的生态建设，其中植树造林729.33公顷、改造林115.00公顷。[1]同时在海南众多的森林旅游目的地中，涌现出一批新兴的森林旅游景区，森林旅游发展速度和水平远超过其他森林公园、自然保护区等。其中尤以三亚亚龙湾热带天堂森林公园、呀诺达雨林文化旅游区和南湾猴岛的森林旅游发展最为突出。2010年《非诚勿扰2》的热映以及随之而来的整体营销，使得亚龙湾热带天堂森林公园和其鸟巢度假村声名鹊起，迅速成为海南旅游的必去之地。亚龙湾热带天堂森林公园也成为以低档次的森林资源进行高档次旅游产品开发的成功案例。同样以民营企业为主体的呀诺达雨林文化旅游区，在政府引导下与当地农场合作，农场以土地入股，民营企业作为景区开发主体，通过林地保护网络，充分挖掘民族文化，赋予森林旅游更深层次的内涵，形成海南森林旅游新的成功发展模式。南湾猴岛作为森林覆盖率极高的海岛，通过对景区所有权与经营权的分离，充分发挥企业的资本优势和市场优势，对景区进行有序开发和建设，实现小面积旅游开发和大面积森林保护，是资源开发与保护关系处理的经典案例，也使得南湾猴岛成为我国著名的森林生态旅游景区。反观海南其他森林旅游开发启动时间更早的尖峰岭、五指山等，森林旅游发展缓慢，问题重重，限制了海南森林旅游的整体发展，使得海南森林旅游的发展道路曲折而艰辛。

（二）海南森林旅游发展历程

以下以2010～2016年海南森林公园的旅游发展（见图6-1）为例，说明2009年年底国际旅游岛战略确立以来海南森林旅游的发展历程以及所反映的发展情况。

---

[1] 国家林业局. 2016年度森林公园建设经营情况统计表[R]. 北京：2017.

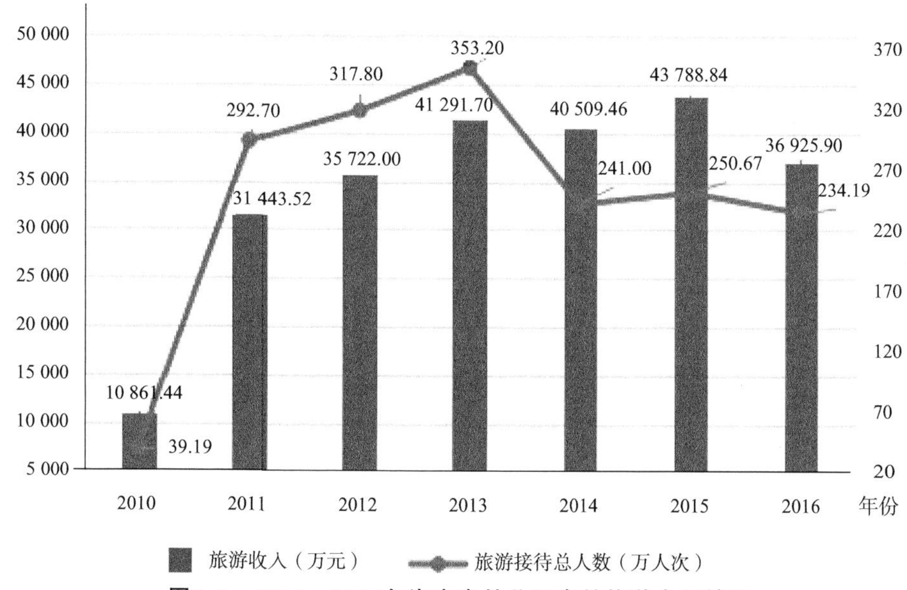

图6-1　2010～2016年海南森林公园森林旅游发展情况

资料来源：国家林业局历年森林公园建设经营情况统计表。

1.森林旅游收入与旅游人数

对2010～2016年海南省森林公园森林旅游发展情况进行统计分析，发现在旅游收入方面，海南森林公园森林旅游收入总体从2010年的10 861.44万元增长至2016年的36 925.90万元，在收入规模上实现较大增长，增长比例约为240%。值得注意的是，2015年达到43 788.84万元的收入顶点之后，2016年旅游收入较2015年减少6 862.94万元，收入下滑比例达到15.7%，海南森林旅游可持续发展显现出不稳定因素。在旅游接待总人数方面，总体来说，实现从2010年的39.19万人次到2016年的234.19万人次的突破，增长比例超过497%。从内部发展来说，海南森林旅游接待人数虽然在2011年实现高速增长，旅游总人数增长超过7倍，但是在发展至2013年353.20万的旅游接待总人数顶点之后，旅游接待总人数连续三年总体呈现下滑趋势，尤其是2014年旅游接待人数较2013年减少超过110万人次。总体而言，海南森林旅游总体发展趋势良好，同时也存在较大的发展不稳定性。

在旅游收入方面，海南的森林旅游收入占全国旅游收入的比重总体从2010年的3.68‰增长到2016年的3.75‰，增长幅度为0.07‰，虽然实现增长，但是增长幅度十分低。其中在2010～2011年，海南的森林旅游发展十分迅猛，2011年海南的旅游收入比重达到8.35‰的新高，但是之后收入比重连续5年持续减少，说明海南森林旅游发展虽然有在进步，但是发展速度远远跟不上全国的总体发展步伐，前景不容乐观。而在旅游总人数方面，总体呈现和旅游收入相同的发展趋势，先增后减。总体来看，从2010年的占比0.99‰增长到2016年的2.55‰，海南森林旅游总人数获得较大的突破，但是在全国的占比仍然很低，森林旅游市场份额极少。海南森林旅游的总人数占比最高点同样出现在2011年，达到6.25‰，不同的是它下滑最严重的是在2014年，2012年下滑幅度较小，2013年甚至出现小幅回升（见图6-2）。同时综合两个数据可以看到，这7年间海南森林旅游总人数在全国比重的增长和总收入的全国比重增长并不匹配，1.56‰的人数比重增长仅带来0.07‰的收入比重增长，一定程度上说明海南森林旅游的消费潜力并没有被完全开发，森林旅游发展质量较低。

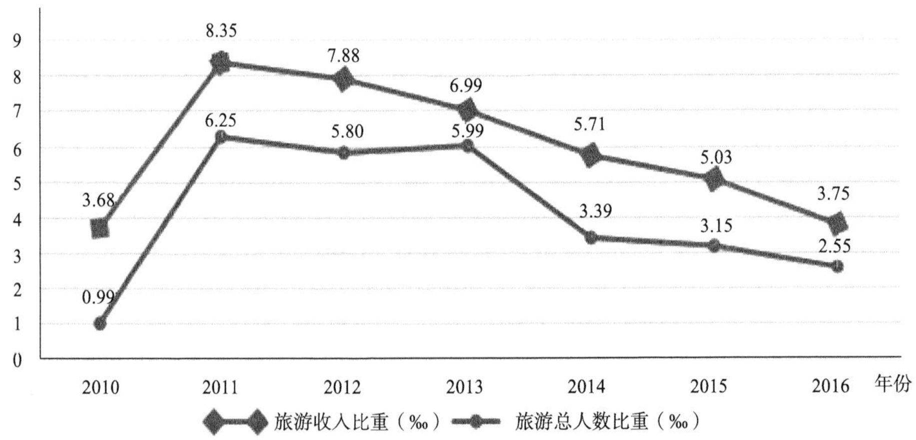

图6-2　2010～2016年海南森林公园旅游发展在全国的比重

资料来源：国家林业局历年森林公园建设经营情况统计表。

2.旅游从业人员

在职工总数方面，海南森林公园职工总数从2010年的972人发展至2016年的2 332人（见图6-3），增长1 360人，增长比例达到140%，公园职工总数的大幅度增加将有利于促进海南森林公园的整体建设，推动海南森林旅游的发展。同时在经历2011年的职工总数暴涨和2011～2013年连续三年职工人数保持高位之后，2014年开始职工人数有所下降，在一定程度上反映了海南森林旅游在近7年的时间里经历了井喷式发展期和趋于理性的稳定发展期的发展历程。同时也说明海南森林公园在开发管理过程中的理性思考，根据实际需求，合理调整职工数量，既保证充足的人力资源供应，又避免人力资源浪费和人员冗余带来的消极影响。在导游人数方面，海南森林公园所拥有的导游从2010年的42人发展到2016年的122人，增长速度较快，增长比例较大，但是总体上专业旅游导游人数偏少，同时它和职工总数同样经历了先上升后下降的过程，变动趋势较为一致。在社会旅游从业人员方面，海南森林旅游的社会从业人员从2010年的1 019人发展至2016年的2 527人，在总体上实现较大的增长，但是有所不同的是，它经历了先下降再上升的过程，变化趋势趋于相反，尤其明显的是2011年，在公园的职工人数和导游人数都实现数倍增长的时候，森林旅游的社会从业人员减少近一半，其中原因值得进一步探讨和研究。

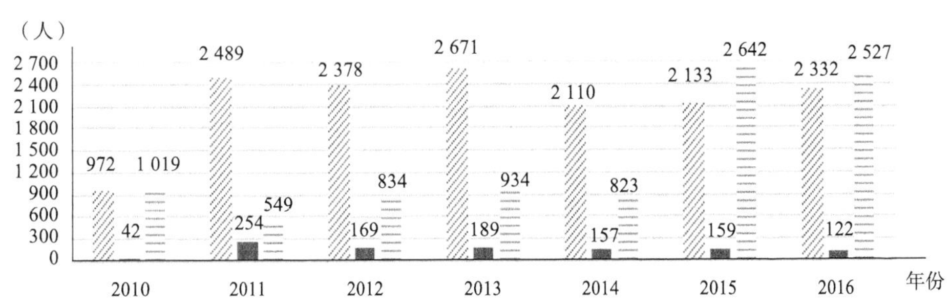

图6-3　2010～2016年海南森林公园和社会旅游从业人员

资料来源：国家林业局历年森林公园建设经营情况统计表。

从森林公园的内部人员来看，海南森林公园的平均职工总数同样经历了高速增长和逐年下降的过程，从2010年的88.36人增长至2011年的207.42人，之后逐年下滑到2015年仅为76.18人，2016年小幅回升为83.29人（见图6-4）。但是在2010～2016年度，海南森林公园职工总数均高于全国平均水平，总体上说公园建设管理的人力资源是充足的。而在公园内部的旅游导游方面，海南森林公园导游数量2010年仅为3.82人，低于全国平均水平的5.04人，2011年实现突破性发展，导游人数快速增长到23.09人，远高于全国的5.85人。之后导游数量连年减少使得2016年海南森林公园导游仅为4.36人，低于全国水平的4.89人（见图6-5）。但是2011～2015年海南导游数量仍均高于全国水平，在导游数量方面没有明显的不足。

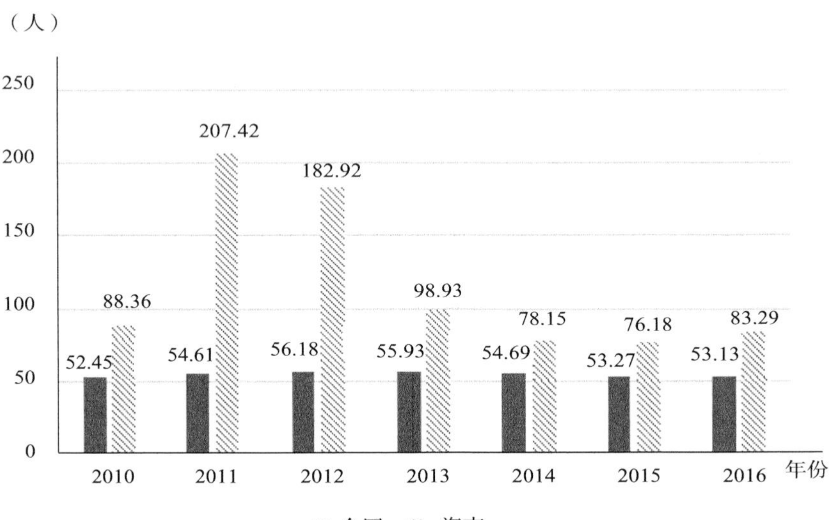

图6-4　2010～2016年海南与全国森林公园平均职工总数的对比

资料来源：国家林业局历年森林公园建设经营情况统计表。

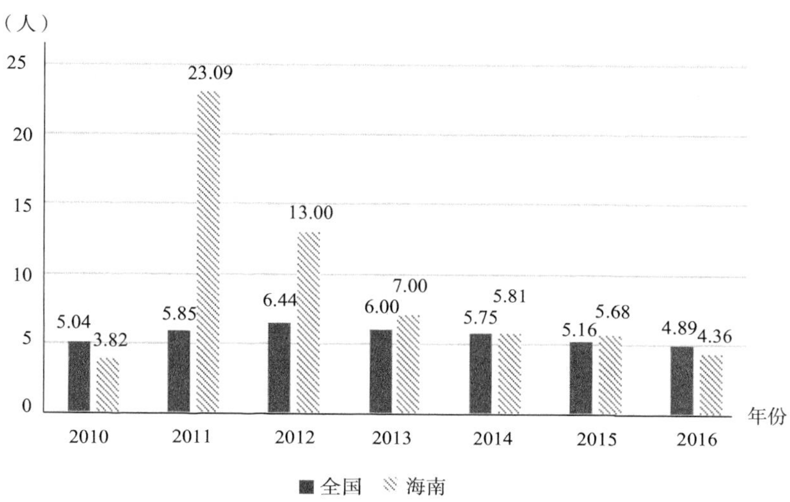

图6-5：2010～2016年海南与全国森林公园平均导游人数的对比

资料来源：国家林业局历年森林公园建设经营情况统计表。

森林旅游的社会从业人员同样是反映当地森林旅游发展状况的指标之一。海南每个森林公园的平均旅游从业人员在2010～2016年分别为92.64人、45.75人、64.15人、34.59人、30.48人、94.36人和90.25人（见图6-6），先减少再增加再减少再增加，波动起伏较大，且与海南森林旅游接待人数、旅游收入的变动情况较为不一致，存在一定的市场滞后性。同时值得指出的是，这7年海南的森林旅游社会从业人员均远低于全国水平，旅游服务提供能力有限。

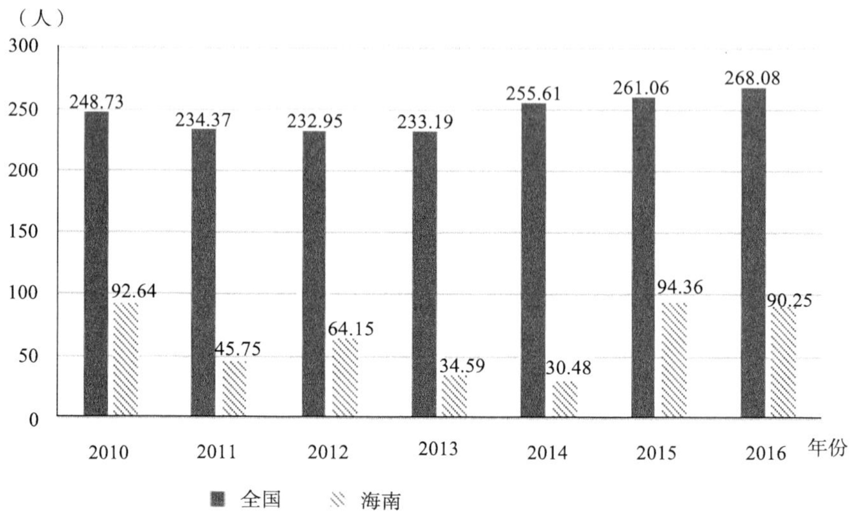

图6-6　2010～2016年海南与全国森林公园平均社会旅游从业人员的对比

资料来源：国家林业局历年森林公园建设经营情况统计表。

3.旅游基础设施建设

森林旅游的发展必然需要相应的旅游基础设施设备的支撑。2010～2016年，海南的森林公园旅游基础设施建设情况喜忧参半。在床位总数方面，海南森林公园的床位数量从2010年的2 752张下滑至2016年的1 638张，减少1 114张床位，公园内的旅游接待能力大大降低。在餐位总数方面，海南森林公园的餐位数量从2010年的4 950个下降到2016年的4 480个，其中2010～2013年呈现增长趋势，增长速度较快，2013年达到9 940个的最高点，之后经历了较大的衰减，2015年仅剩3 146个餐位。餐位的减少也在一定程度上影响到海南森林旅游的接待能力。但是海南的森林公园车船数量和游道总数在总体上有了较大程度的增加，车船数量从2010年的24台/艘增长到2016年的150台/艘，游道数量从2010年的182.30公里增加到2016年的306.30公里，两者的数量增加大大便利了游客的森林旅游活动开展，进一步提升了游客的森林旅游体验（见图6-7）。

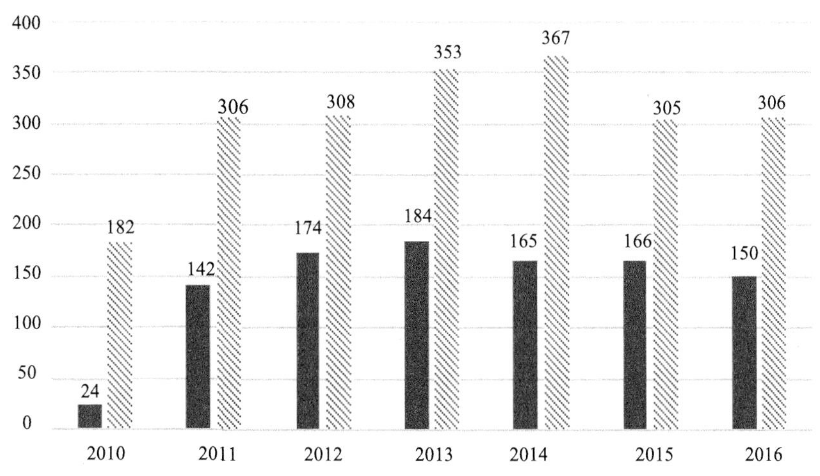

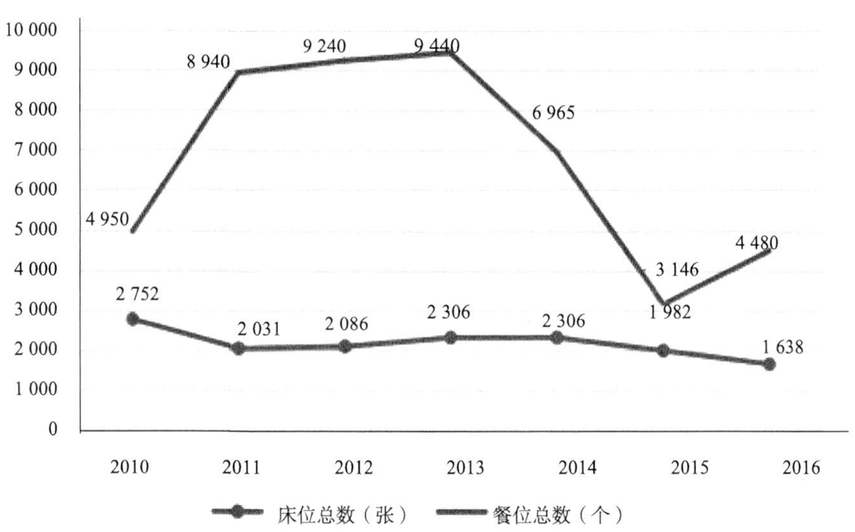

图6-7 2010～2016年海南森林公园旅游基础设施状况

资料来源：国家林业局历年森林公园建设经营情况统计表。

从全国的森林公园基础设施建设情况来看，2010～2016年只有2010年海南森林公园的平均床位接近全国平均水平，而其他几年，尽管海南的森林公园数量获得较大的增长，但是床位数量增长较少，甚至总体减少，使得海南森林公园的平均床位远低于全国平均水平。而在餐位方面，海南森林公园的平均餐位在2010～2012年获得较快增长，远高于全国水平，而在2013年虽然海南的餐位数量有所增加，但是由于公园数量的迅速增加，使得平均餐位数量急剧减少，远低于全国平均水平。平均餐位数量的持续减少直到2016年才有所扭转，获得小幅增长（见图6-8）。在平均车船数方面，2010年海南的平均车船数量远低于全国水平，但是2011～2012年增长迅速，追赶上并赶超全国水平，但是从2013年情况又开始恶化，公园数量增加速度远快于车船数量的增加，使得

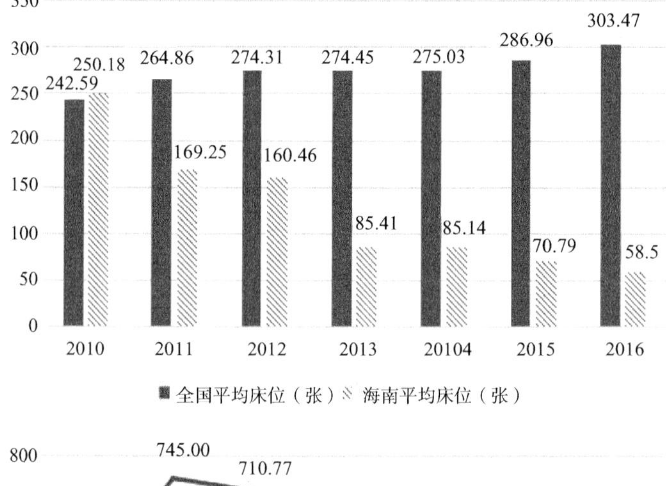

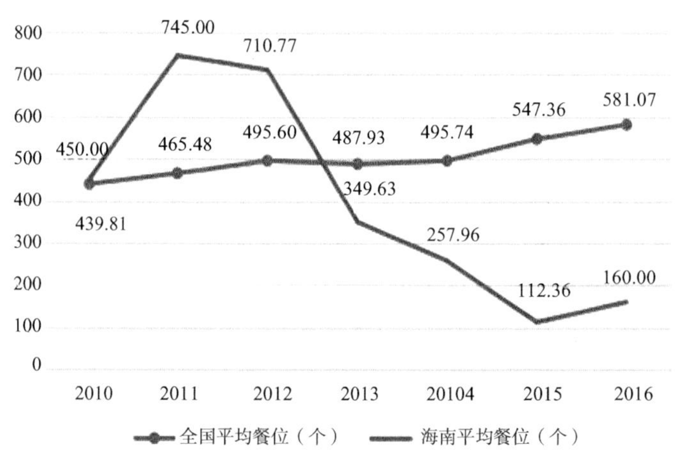

图6-8　2010～2016年海南与全国森林公园的平均旅游基础设施对比2-1

资料来源：国家林业局历年森林公园建设经营情况统计表。

2013～2016年海南的平均车船拥有数仅为全国水平的一半左右。在平均游道方面，发展建设情况整体与车船情况相似，2010年虽然低于全国平均水平，但是依靠2011年的迅速增加，海南的平均游道数量在2011～2012年都高于全国水平。而2013年也成为关键转折点，海南平均游道数量大大减少，并且颓势连续保持，在之后的几年都远落后于全国（见图6-9）。

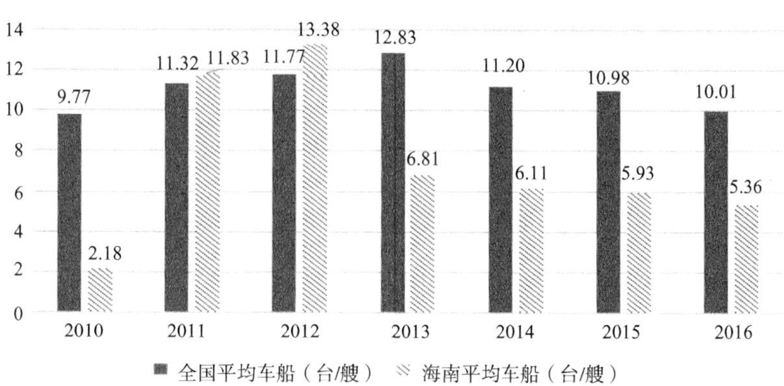

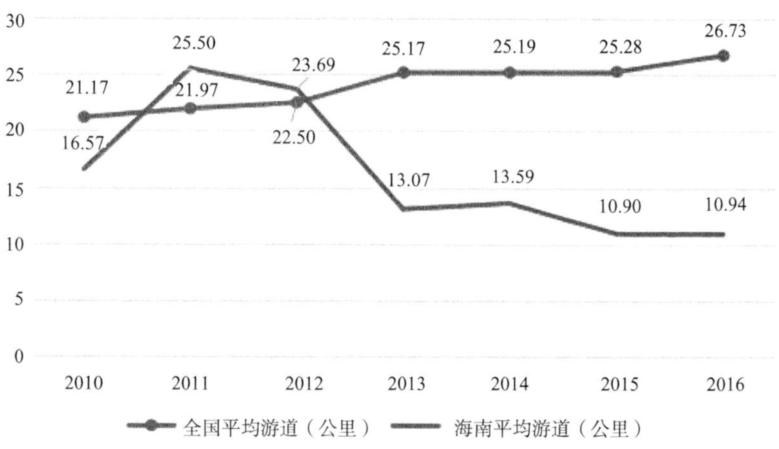

图6-9　2010～2016年海南与全国森林公园的平均旅游基础设施对比2-2

资料来源：国家林业局历年森林公园建设经营情况统计表。

4.旅游资金投入

森林旅游的开展同样需要强有力的资金支持。在资金投入方面，海南森林公园年度投入从2010年的19 313万元下降到2016年的14 244.17万元，其中2010～2013年呈现较为明显的增长趋势，2013年度资金投入达到35 461万元，但是在2014年资金投入断崖式减少，仅为6 673.52万元，仅分别为2010年和2013年投入水平的1/3和1/5。2015年虽然实现一定的增长，但是2016年又有下滑趋势，呈现出不稳定的投资走向，对海南森林旅游的发展较为不利。

从年度投入比较来看，海南的森林公园年度资金投入在2010～2012年远远超过全国平均水平，但是从2013年开始，海南的森林公园投入有了较大幅度的减少，尤其是2014年仅为全国水平的约1/6，虽然2015年后投资情况有所改善，但都维持在百万元级别，远低于全国的千万元投资水平。年度资金投入直接影响公园的森林旅游的发展，尤其是目前较为紧张的资金状况尤为不利于海南森林旅游的进一步发展。

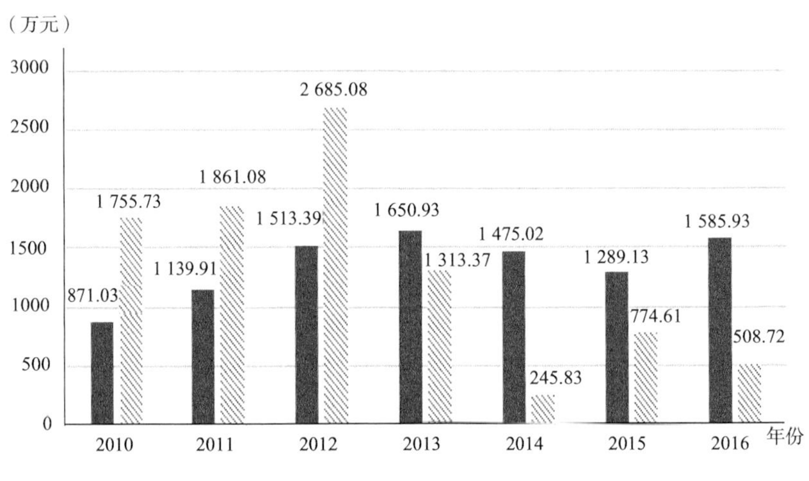

图6-10　2010～2016年海南与全国森林公园平均年度投入的对比

资料来源：国家林业局历年森林公园建设经营情况统计表。

总结2010～2016年海南森林旅游的发展，可以得到以下结论：（1）海南森林旅游在前一段时期内取得值得肯定的发展成果，森林旅游收入和森林旅游接待人数双双实现数倍的增长，旅游收入和旅游人数在全国的比重也获得提升。（2）海南森林旅游发展质量不高，旅游收入的增长比例远低于旅游总人数的增长比例，并且旅游收入在全国的比重提升也慢于旅游人数比重的提升。（3）海南森林旅游发展的人员队伍得到壮大，公园的职工总数、导游数量和社会旅游从业人员数量都得到不同程度的增加。（4）旅游发展建设的人员配置存在问题，虽然平均职工总数大于全国水平，但是园区导游人数和社会旅游从业人员数量分别处于稍落后和远落后于全国水平的发展状态。（5）海南森林旅游发展的旅游基础设施建设状况不容乐观。从总量上看，虽然海南森林公园的车船拥有和游道数量都在增加，但是同时床位数和餐位数都在减少，并且目前而言，它们落后于全国平均水平，差距较大。（6）海南森林旅游发展的资金投入总体较少且较不稳定。海南森林公园的年度资金投入整体上趋于减少，且变动剧烈，无论是资金的增加还是减少，变动幅度都很大，并且海南森林公园获得的平均资金投入整体上下降较多，逐渐落后于全国水平，差距也有扩大趋势。

第三节　海南森林旅游发展存在的问题

一、规划缺失，机制落后

2011年7月海南正式通过《关于加快海南热带森林旅游发展的决定》，这是我国第一个省级层面的关于发展森林旅游的重大决定，该决定明确了海南省今后森林旅游发展的基本原则、目标、主要任务等内容，但是对于今后海南森林旅游的发展缺乏明确的规划和具体的实施指导意见。随后公布的《海南省热带森林旅游发展总体规划》，提出海南森林旅游“优先保护，试点精品开发”的发展新路径，但是该规划中对决定提出的阶段性目标体现较少，规划较为笼统，在规划实施过程中许多设想也并未获得有效落实，执行力度有限，建议根据不同的阶段目标制定相应的具体化规划。当前海南省的森林旅游发展现状明显与原有决定、规划时的发展设想不符，亟须与时俱进、具有高度可行性的新规划的出台，统筹安排各地的森林旅游发展。

在管理机制方面，海南森林旅游发展目前缺乏权威统一的管理机构。海南省的各森林旅游区在制订规划时，存在林区有规划、当地政府有规划、旅游部门和国土环保部门也有规划的现象，管理机构冗杂重叠，相互之间难以协调一致，有的甚至各自为政、各行其道、相互扯皮，严重影响旅游项目的开发建设进程和水平。

在经营机制方面，海南省现有的森林公园等森林旅游实体大多数由以往的森林工业企业转化而来，所属职工从采伐工变成为护林人。然而在传统林业管理机制下，林区管理仍然较为注重调查森林蓄积量、森林面积等林分情况，对森林环境资源（含光、热、水、气、土、人文等）不够重视，忽略了林区植物资源、动物资源、微生物资源等有机组合在一起形成的整体景观资源。很多单位仍然没有清晰地认识到森林旅游的强大经济效益，单纯把森林旅游作为林场禁伐之后的替代产业，这种思想使得园区的经营管理机制固化，大大限制了海南森林旅游的创新发展。此外，目前海南的许多森林旅游地属于国家所有，所有权与经营权没有获得有效分离，政府行政影响较大，旅游发展措施保守，旅游产品开发落后于市场需求的发展，使得森林旅游发展滞后、经济效益较为低下。

二、资金不足，设施匮乏

海南森林旅游发展的资金来源主要为国家/当地政府拨款、自行筹集和招商引资。2016年海南森林公园共投入资金14 244.17万元，其中国投469.07万元、自筹13 175.1万元和引资600万元，分别占比3.3%、92.5%和4.2%。而以湖南省为例，2016年共投入369 636.1827万元，其中国投93 801.5527万元、自筹124 407.49万元和引资151 427.14万元，占比分别为25.4%、33.6%和41.0%。两者相比可以发现，海南在森林旅游的资金投入总量上严重不足，不到森林旅游大省湖南省年投入的4%。从全国来看，近三年海南森林公园的平均投入也远低于同期全国平均水平。同时海南森林旅游在资金来源上存在结构性问题，资金来源单一，对自身的资金依赖性过高，加大了经营管理的资金风险，一旦自身资金链出现问题将有可能导致项目开发运营的全面停摆；没有充分发挥利用国投和引资两个重要的资金来源渠道，吸引投资的能力十分欠缺。

正是资金投入的不足，使得支撑海南森林旅游发展的旅游基础设施和配套设施十分不完善。海南的森林旅游资源主要分布在海南岛的中西部山区，道路、水电、通信等基础设施建设滞后，可进入性差，尤其是道路建设。众所周知，海南目前已经建成环岛高铁，有效带动沿线市县的旅游经济发展，但是这并没有涉及中部山区，山区目前的交通仍然主要依靠公路。即使像尖峰岭国家森林公园附近有动车站，但是动车站距离公园较远，当地公共交通也不发达，更没有专门的旅游往返大巴，使得游客出行十分不便。同时在旅游景区内旅游栈道、防火通道、旅游停车场以及其他旅游设施数量稀少且大多破旧，缺乏必要的维护，也没有相应的旅游服务中心，能够提供的旅游服务少且质量不高。而在旅游酒店和旅游餐厅方面，许多旅游区并不能提供旅游床位和餐位，少数能够提供的也都数量有限、条件较差。目前主要依靠旅游区周边的乡镇提供旅游接待服务，但是同样面临规模小、条件差、安全保障低、经营不正规等诸多问题。这些都对吸引游客产生不利影响，更是大大限制了团队旅游的接待，错过了良好的旅游发展机会。仅依靠小范围的自驾车游、背包客自由行，接待少量探险与猎奇观光游客，在短期内不可能真正形成海南森林旅游的热度。也是由于这些原因，除了尖峰岭、霸王岭、吊罗山、黎母山、七仙岭和蓝洋温泉等几个国家级森林公园外，海南还有许多森林公园并未真正对外开放，限制了森林旅游的发展。

三、人才短缺，宣传滞后

专业旅游人才缺乏一直以来都是困扰海南旅游市场提高旅游发展质量的重要因素之一，对于海南森林旅游发展而言，人才匮乏问题更加突出。一方面，海南森林旅游区的工作人员大多数由林业工人转化而来，职工文化层次较低、旅游专业知识不足，且林区、林场对外交往少，信息闭塞，对国内外森林旅游市场需求变动的了解较少。同时由于资金缺乏、重视程度不够等原因，旅游区的员工培训机会较少、培训质量较低，现有员工的专业素养提升较慢。另一方面，海南旅游发展过程中呈现出滨海旅游一家独大、其他旅游形式被边缘化的局面，使得森林旅游业自身对人才的吸引力较弱，传统旅游人才主动转化为森林旅游人才的较少。海南森林旅游当前发展层次较低、资金实力有限，所能够为人才提供的条件和机会也有限，使得其在高素质的专业化人才引进方面显得有些力不从心。此外，海南整体旅游市场的人才匮乏更是加剧了森林旅游发展的人才困境。合格的经营管理人才、导游人员的缺乏，将使得海南森林旅游发展难以提高经济效益，缺乏可持续发展后劲。

与此同时，海南森林旅游在发展过程中也存在宣传推广意识不强、宣传推广组织层次较低、宣传推广滞后的问题。目前海南只有少数森林旅游景区通过举办登山比赛、雨林探险等活动，利用报纸、网络、微信、微博平台等媒体进行海南森林旅游的宣传，整体较少参加省内外各类旅游产品推介会、旅游展览会等活动，很多拥有优质森林旅游资源的旅游区仍处于“养在深闺无人识”的尴尬处境。在海南的森林旅游景区中，以有力的宣传推广带动旅游迅速发展的当属亚龙湾热带天堂森林公园，它曾经吸引《非诚勿扰2》剧组取景拍摄、参与“永远的邀请——省长会网友乐享海南游”等多项活动，向全社会展示了景区的风情风貌，提升了景区的知名度和吸引力。像蓝洋温泉、吊罗山、黎母山、新盈海上国家森林公园等森林资源品质更高的地方反而在岛外的知名度更低，鲜为人知。森林旅游宣传推广的滞后加上海南滨海旅游的遮蔽效应都使得海南森林旅游产品的知名度普遍不高，森林旅游难以取得大的作为。

四、同质化严重，品牌建设落后

目前，海南丰富的森林旅游资源还没有得到足够的规模性开发利用，开发过程中也出现了一定的同质化现象，海南森林旅游在游客心目中的影响力与其丰富的资源并不完全匹配。据一项调查表明，88%的游客认为海南最具吸引力的是滨海、民俗、会议等旅游产品，仅有12%的游客认为神秘的森林是海南最具有吸引力的。在产品同质化方面，目前海南的各大热带森林景区在旅游产品开发方面普遍开发程度较低，缺乏特色和深度，旅游产品主题单一，一流森林资源未能形成一流的旅游产品。景区仍然以简单的自然观光形式为主，个别景区辅以运动探险等旅游形式，但是科普探索、创意文化、度假养生类的森林旅游项目极为缺乏。尤其是在体验经济时代，具有差异化且有良好体验性的森林旅游产品，才能够使游客感到新奇和满意，使得景区能在激烈的竞争中得以与其他景区区分开来，促进森林旅游的发展。

虽然近年海南省按照“大企业进入、大项目推动、高水平开发”的思路，以“民营为主”“国有民投”等为创新发展机制，利用有限的资源，逐渐发展形成呀诺达热带雨林文化旅游区、亚龙湾热带森林天堂公园、甘什岭槟榔谷等知名森林旅游景区，在海南森林旅游市场上形成一定的品牌效应。但是这些只是个别的成功案例，海南中西部山区的大多数森林景区的森林旅游发展仍然挣扎在艰难的生存边缘，发展层次低，旅游知名度低，品牌化建设基本空有口号，现实中能够得到落实的措施较少，进行的品牌化建设也受到品牌宣传平台、宣传力度等的限制，效果较为微弱。同时，目前海南森林旅游的整体品牌化建设也较为落后，提到森林旅游人们更多地想到的还是湖南、广东等传统森林旅游优势省，海南亟须进行整体品牌化建设，提升森林旅游的知名度，吸引更多的人来海南进行森林旅游活动，从大森林旅游市场中分一杯羹，从而扩大海南森林旅游的整体市场空间，为各个森林旅游地带来更多的发展机会。

五、依附程度高，区域发展失衡

海南的旅游市场历来都以滨海旅游为主流，游客来海南旅游更多地还是为了享受阳光、沙滩、大海等热带海滨旅游元素，其他的旅游形式多是以顺带或者旅行社产品打包方式进行，因而海南其他的旅游业态发展都离不开滨海旅游的支持，对滨海旅游市场有着较为明显的市场依附，海南森林旅游的发展亦是如此。

虽然海南的森林旅游资源呈现“东部少，中西部多”的布局，但是当前的森林旅游发展是“东部发达，中西部发展落后”，这主要是受海南整体旅游市场“东线旺、中西线冷”的旅游发展特点影响。以三亚为例，三亚是海南最具有知名度的旅游目的地，但是其自身在森林旅游资源方面在全省范围内并不占优势，森林旅游资源既数量稀少又品质较低，然而三亚的森林旅游发展走在了全省前列，形成以亚龙湾热带天堂森林公园、呀诺达雨林文化旅游区、槟榔谷黎苗文化旅游区为代表的一批森林旅游景区，另辟蹊径，走出了海南森林旅游发展的新模式，这主要是得益于三亚宽广的滨海旅游市场，以地理接近性优势在森林旅游发展过程中成功实现与海滨旅游的互补和互动。虽然这一依附趋势在未来很长一段时期内还将持续，但是如果能够充分发挥占据海南旅游资源市场半壁江山的森林旅游资源，稳步推进森林旅游开发的展开，加强资源整合，逐步形成产业链条，加强产业竞争力，相信森林旅游将会成长为海南旅游两大支柱之一，逐步减少对滨海旅游市场的依附。

也正是海南森林旅游对滨海旅游市场的依附现象，使得森林旅游市场呈现出与旅游市场相近的“南重、北轻、东旺、西衰、中平”的区域发展不平衡现象，这样的状况显然是与森林资源分布状况不相协调的，也不利于海南森林旅游资源的有效利用和森林旅游的整体发展。

六、产业融合程度低，文化内涵不足

除了开发层次较低外，造成海南森林旅游旅游形式单一的原因还有产业间融合程度低。旅游业先天具有开放性、综合性和关联性等特点，产业边界模糊，具有与其他产业融合的先天优势。从产业融合角度来说，森林旅游本身就是林业与旅游业相结合的产物，是一种较新的旅游业态。但是单纯的林业和旅游业的结合能够提供的旅游产品十分有限，加上海南热带森林生态的特别脆弱性，使得其承载力有限，不能充分满足游客越来越多样化的需求，这就要求海南热带森林旅游在发展过程中必须积极与其他产业融合。然而纵观海南全省森林旅游发展，目前森林旅游业与其他产业的融合程度非常低，没有与区域内外的农业、文化业、滨海旅游业等形成有机互动，造成资源浪费，也使得森林旅游产品单一，缺乏旅游吸引力。

此外，海南的森林旅游区主要分布在偏远山区和农村，少数分布在城郊周边，这些地方的民族文化和农业属性都较为突出。尤其是海南优势森林资源所在的中西部山区，是海南黎族、苗族人民的主要居住地，当地仍然保持着传统的农业劳作生活，保留着淳朴的民风和独特的少数民族文化民俗。其中黎族作为海南特有的少数民族，有着黎族服饰、文字、民歌、黎药四大黎族特色，神秘而神奇。可以说，海南森林旅游区在拥有丰富的森林资源的同时还具有丰富的少数民族文化资源。然而，目前海南森林旅游与当地的民族文化结合较少，对民族文化内涵的挖掘不够重视，很少有森林旅游文化产品，基本上只有槟榔谷黎苗文化旅游区在这方面做出了一定表率。它在旅游区内设置了非遗村、甘什黎村、雨林苗寨、田野黎家、兰花小木屋、黎苗风味美食街等几大文化体验区，还有《槟榔·古韵》大型实景演出，充分展示了海南黎苗族人民的生活方式，传递了独特的文化魅力。但是其主要文化景观还是后天人为营造或者迁移过来的，存在基于商业考虑的不自然性。未来海南森林旅游与民族文化的结合潜力巨大，同时自然与人文融合发展的产业发展道路仍然任重道远。

七、法规不健全，开发保护不当

目前，海南已经颁布《海南省森林保护管理条例》《海南经济特区森林旅游资源保护和开发规定》，从大环境上规定了森林旅游保护和开发的方向，保护了森林生态环境和森林旅游资源，规范了森林旅游市场秩序，促进了森林旅游可持续发展，同时成为海南省森林旅游法制化建设的重要转折，为海南省森林旅游规范化开发建设提供了重要的法律依据。但是海南整个森林旅游市场发展仍然不够规范，与森林旅游发展密切相关的《海南省森林公园管理办法》《海南省森林旅游环境管理规范》《海南省森林旅游服务质量标准》等省级层面的配套法律法规都没有出台，林权改革、林地使用方面的政策也没有得到完全落实。同时海南明确提出“允许单位和个人以独资、合资、合作等方式参与森林旅游项目的开发和经营”，但是相应的有关森林旅游开发个人和企业森林旅游开发的规定较少并且不具体，旅游开发过程中的行为约束和指导严重不足，使得海南森林旅游开发的盲目性、功利性、激进性增多，严重影响海南森林旅游的健康可持续发展。

海南森林旅游在开发和保护过程中始终提倡坚持遵循保护优先、在保护中发展、在发展中保护的方针，坚持严格保护、科学规划、合理利用、协调发展等原则，争取实现生态效益、环境效益、经济效益和社会效益的相统一。但是在海南森林旅游现实开发和保护中，存在过度保护而对开发因噎废食和因过度开发而忽视保护的截然相反的两种现象。以五指山为例，五指山是海南岛的最高峰，原始热带雨林森林面积达10多万公顷，是全球仅存的几块热带原始雨林之一，热带森林资源丰富。为了保护生态环境，五指山森林旅游开展虽早却一直未形成森林旅游深度开发的局面，森林旅游项目开发进展缓慢，森林旅游资源优势也没有转变为经济优势，造成一定程度的资源浪费。五指山的生态意义固然重要，但是合理地进行旅游开发未尝不可，需要的是处理好保护与开发、经济效益与生态效益的关系。同时目前海南的一些国家森林公园或林区还存在操作不规范、发展目标不明确、缺乏监管等问题，在建设中常带有盲目性和随意性，保护与开发的矛盾较为突出，以较大的环境牺牲获取了较小的经济效益。

第四节　海南森林旅游产业发展对策

一、加快规划审批，创新经管机制

为加快海南森林旅游发展，海南省应高度重视旅游规划，坚持规划先行，统筹考虑，科学谋划，加快推进森林旅游规划编制工作，引领旅游产业发展。在旅游规划编制过程中，应坚持把海南作为一个整体森林生态系统进行规划建设，认真对全国森林旅游发展趋势进行研究，借鉴可行的成功经验，制定出具有系统性、全局性和前瞻性的海南省整体森林旅游发展规划，为海南森林旅游的发展进行科学指导。同时海南应逐步建立健全森林旅游规划体系，统筹推进相应的《海南森林旅游道路交通网络规划》《海南森林旅游重点风景区网络规划》《海南森林旅游商业设施网点规划》《海南森林旅游公共服务规划》《海南森林旅游风情小镇布局规划》等一系列专题规划。在此基础上，还需要以高标准编制海南各大林区和国家森林公园的旅游区域规划，明确各森林旅游区的具体旅游发展目标和定位，完成各森林旅游区重点项目的总体规划，将旅游项目的可操作性和落地性、近期目标与远期设想充分结合，这也是目前海南森林旅游规划体系中最薄弱的一环，需要今后着重加强。同时在规划过程中鼓励各旅游区充分发挥主观能动性，积极参与到旅游规划中来，在有条件的情况下可自行进行旅游规划，再由有关部门进行必要的审核审批。

在经营管理上，鼓励海南具备条件的森林旅游区域，结合相关政策许可，探索推行所有权、管理权、经营权“三权分离”的森林旅游景区发展机制。政府部门应积极进行角色转变，从旅游发展的主导者转换为引导者，重点关注景区的发展规划、资源环境保护、市场执法、监督管理等内容，并可考虑在重点森林旅游区内设置旅游管委会，集合大多数的政府部门职能，对景区实行统一管理。在日常经营方面，要建立更加灵活的市场机制，突破政府思维与市场需求、 企业利益及地方战略之间的壁垒，全面推行旅游景区企业化经营，建立现代企业制度，采取资产重组、股份制改造、租赁承包经营、特许经营、引资嫁接、合资经营等方式进行企业化改制，将具体的景区运营、项目开发运营、市场营销、产品开发打造、内部人员管理等交给现代化的专业企业来实施，形成职责清晰、管理有序、执行有效、市场导向的旅游景区经营管理模式，为旅游开发和景区保护提供切实有效的制度保证。

二、拓宽投资渠道，优化资金结构

要有效解决限制海南森林旅游发展的资金短缺问题，必须要优化旅游景区的资金来源结构，拓宽投融资渠道。目前海南森林景区旅游发展资金还是以自筹为主，比例达90%以上，远远高于合理的正常水平，而且目前海南森林旅游景区普遍实力较弱，整体资金较为紧张，过于依赖内部资金投资不仅不利于森林旅游的发展，也不利于景区其他工作的开展。未来，海南森林旅游景区需要努力争取更多的政府财政支持和补贴，包括旅游发展资金和生态保护资金，可以呼吁政府建立专门的海南森林旅游业发展专项资金，通过专款专用的方式对海南森林旅游发展的各个方面进行资金支持，这样也可以更好地辅助海南森林旅游总体发展规划的实现。当然政府的财政支持总是有限的，也不是发展的长久之计，不能彻底解决海南森林旅游业发展的资金问题，最重要最根本的还是要拓宽资金渠道，吸引社会资金的投入。

鉴于海南森林旅游当前保护性和开发性的双方面需求，建议今后海南森林旅游发展可采取PPP（Public-Private-Partnership）模式，即政府和社会资本合作模式，鼓励民间资本依法投资经营和管理景区，主要由民营资本负责设计、建设、运营和维护，通过运营营利和政府部门资金补助方式获得投资回报。政府在此过程中扮演监督角色，与民营企业形成一种利益共享、风险共担的伙伴关系，相互促进。这样，一方面可以缓解政府建设资金不足，创新融资理念、拓宽原有融资渠道，充分发挥社会资本的灵活性和市场资源配置作用，也能更好地处理森林旅游供求关系；另一方面有利于明确森林旅游景区开发主体间的权利责任关系，实现政府简政放权，改善机构冗杂、职责不清的现状，充分发挥景区主观能动性和市场协调作用，实现旅游人才效用最大化。引入PPP模式既是海南森林旅游发展拓宽资金来源的有效方式，也是创新改革海南森林旅游经营管理方式的科学探索。

三、完善设施建设，提升服务水平

在形成多渠道的资金来源和较为合理的资金结构之后，海南森林旅游景区就需要在森林旅游发展方面加大资金投入力度，完善旅游设施建设，包括旅游基础设施和旅游配套设施，以提高海南森林旅游服务水平，更好地满足游客需求。

旅游基础设施水平是旅游产业发展的依托，良好的旅游设施是对旅游产业发展的有力支撑。海南森林旅游景区首先应该积极和当地政府沟通交流，呼吁政府加大交通基础设施建设，完善提升旅游公路体系，增强通行能力，提升行车条件。同时努力整合现有的铁路、高速公路和城乡交通网络，把较为偏僻的森林旅游景区与各城区、景区有机地联系在一起，畅通旅游景区的外部交通，便利游客的出行，增强旅游景区的可进入性。旅游交通基础设施的改善需要较长的建设周期，目前建议海南各森林旅游景区率先实现全面的旅游专线车辆的稳定运营，做到定点、定时、定量，初步缓解交通不便对森林旅游发展带来的不利影响。其次，稳定的电力供应、充足的水资源、基本的信息通信网络也是森林旅游发展的基础要求。海南中西部的大多数森林区都还不完全具备这样的条件，森林旅游重点发展区域在保护环境基础上应尽力进行相应的管道铺设和小型水利工程的开展。除此以外，森林旅游景区作为旅游活动的主要开展场所，景区内的旅游基础设施也十分重要，应抓紧新建改建旅游停车场、旅游生态厕所、景区游客服务中心，建立起统一的旅游标识标牌系统，有选择性地进行观光道、吊桥、浮桥、栈道等项目建设。同时结合目前海南自驾游、房车旅游的火爆情形，部分森林旅游景区可考虑在适宜区域开发建设自驾游/房车营地，提供基本的生活保障，进行集中管理。力争通过3～5年的努力，海南森林旅游景区的旅游交通基本畅通，旅游标识系统基本完善，旅游厕所生态基本达标，景区停车场基本满足需要。

在旅游配套服务设施方面，森林生态的脆弱性和重要性决定了森林旅游区只能提供小规模的基础旅游配套服务，大量的旅游配套服务还是应该交给周边的城镇进行提供，尤其是“吃、住、购、娱”四方面。“吃”，建议鼓励当地居民开办生态农家乐、旅游餐厅等，以当地食材制作的特色菜为主，推出价格公道的旅游套餐，在此过程中，要尤为注意游客的食品安全管理，避免发生群体性食品问题。“住”，建议在现有的农家民宿基础上，积极整合资源，与当地森林旅游特色相结合，对民宿进行有针对性的改造和服务规范化的培训，并纳入当地有关部门管理范畴，进行统一管理。同时建议重点森林旅游区新建1～2个三、四星级酒店，提供标准化的旅游服务，满足游客的基本需求；探索“森林客栈”等森林旅游特色住宿形式，满足游客的独特性需求。“购”，建议组建专门的森林旅游纪念品和特色农产品销售门店或网点，对价格、质量进行监督管理，同时减少非法售卖国家保护物种等行为的发生，保护森林生态和资源。“娱”，森林旅游游客多数出于深度接近大自然的旅游目的，对于娱乐的需求相对较低，对于娱乐的方式要求也相对自然健康，建议当地组织建设一些诸如河滨公园、文体公园等休闲娱乐场所，配备篮球广场、广场舞广场、步行绿道等，满足游客以及当地居民的健身休闲娱乐需求。

四、创新人才培养，加快科技应用

海南森林旅游的低水平发展和面临的激烈竞争，都要求其必须在发展过程中创新人才培养和引进机制，丰富智力资源，为森林旅游的发展提供根本性的智力支持。在人才培养方面，海南森林旅游景区应该构建一个可持续的人才培养生态系统。一方面，要加强现有员工的培训学习，提升他们的旅游专业素养和旅游服务技能，同时建立健全激励机制，鼓励员工积极参加旅游导游等旅游职称考试，对不同级别的人员进行表彰和阶梯化的奖励，以充分激发他们的旅游建设热情和潜能。另一方面，“开源”是解决人才短缺问题的关键，让源头活水潺潺而来。海南森林旅游景区应向其他成功的旅游企业学习，建立起产学研联合人才培养机制，与省内外学校和科研机构合作，以定向培养方式形成稳定的人才输送渠道。在定向培养过程中，森林旅游企业需要根据当前需求和未来发展需要，与学校、科研机构共同确定旅游人才培养目标和培养方案，同时在学校主导下，加强企业主训，共同建立实习实训平台，在提高人才的专业知识水平前提下，着重提高其实践技术能力。同时随着森林旅游业的发展，对旅游人才提出越来越高的要求，需要在培养旅游专业能力的同时，培养他们的思辨能力、协调能力、沟通能力等通用知识及技能，以及一定深度和广度的林业知识。在人才引进方面，一则海南森林旅游景区应加大对岛外森林旅游专业人才的引进力度，提供具有吸引力的一系列人才引进计划，包括落户、购房、家人安置等方面的有力保障，人才的引入将为当地旅游发展提供创新性思维；二则海南森林旅游景区应该积极采取措施，转变社会对森林旅游发展的认知，鼓励和吸引岛内现有的旅游从业人员进行身份转换，让他们积极投身于海南森林旅游发展建设，成为专业的森林旅游从业人员。

森林旅游业实施创新驱动发展战略，除了需要人才支撑也离不开现代高新科技的应用。第一，旅游业作为信息密集型和信息依托型产业，与信息技术有着天然的耦合性。海南森林旅游景区应该在网络营销系统、电子预订系统、电子导游系统、电子支付等方面加强信息技术、物联网技术应用，加快旅游信息化建设，及时获得旅游市场信息的同时也能够迅速向外界传达自身的旅游信息，提高旅游企业的服务水平和整体竞争力。第二，海南森林旅游发展应积极运用以“3S”技术为代表的空间技术，对当地的森林生态环境和灾情进行监测、预警，减轻森林旅游可能给森林带来的负面影响。海南森林旅游在发展过程中还应更多地应用环保技术，比如固体废弃物无害化处理、绿色清洁能源技术、环境实时监控技术等，最大化地减少环境污染，改善生态环境质量，保护自然资源。第三，鉴于许多森林旅游核心区生态极度脆弱，旅游承载力十分有限，建议海南森林旅游区在旅游开发过程中可适当运用VR、MR和3D建模技术等高新技术，建立虚拟体验科技馆、5D电影院等，多形式全方位地向游客展示平时向往而难以接触的森林景观，提升游客的森林旅游体验和森林旅游满意度。

五、坚持品牌战略，加强宣传推广

我国旅游发展已经从旅游资源质量竞争、旅游产品价格竞争发展到旅游服务和旅游品牌的竞争阶段，尤其是良好品牌形象的建立和传播，对旅游市场开拓起着重要的作用。海南森林旅游景区应坚持品牌化战略，利用企业形象识别系统（CIS系统），分别从理念、行为和视觉识别出发进行明确的企业形象建立。在理念识别上，森林旅游景区需要对自身在过去的经营发展过程中所形成的企业价值准则和文化理念进行总结和提炼，取其精华去其糟粕，并且对其升华形成新的企业价值观和企业文化，明确自身的经营宗旨、经营方针、市场定位。在行为识别上，森林旅游企业需要着重在理念指导下对员工的行为规范进行培训，使得员工在精神上对理念有统一的认知和认可，并能够在现实中将理念转化为自身行为，通过行动来向游客传达理念，获得品牌形象的认可。在视觉传达上，森林旅游景区需要对景区标识和产品包装以及景区整体视觉形象进行统一的设计，将理念具象化为独特的企业形象，向大众直接地表现和传递企业品牌理念。在此过程中，海南森林旅游景区需要尤其注意的是，既要突出森林旅游区别于其他旅游形式的特色，又要在森林旅游景区内部形成区分力，形成自身独一无二的旅游理念和品牌特色，真正形成旅游核心竞争力。

品牌化战略的核心是品牌形象传播，离不开持续地宣传与推广。在互联网时代，建议森林旅游景区在采取报刊、广播、电视等传统媒体传播以外，更多地利用互联网渠道。景区可尝试探索与知名旅游电商平台的合作，运用网络数据分析森林旅游者的年龄、性别、偏好和消费需求等信息，有针对性地进行森林旅游广告、视频、微电影等宣传制作，并根据特定目标客户群体的消费习惯和信息接收方式，在各大自媒体、视频和社交平台宣传品牌形象，进行精准锁定，精确营销。与此同时，仍旧需要与旅游电商平台展开紧密合作，发挥其平台优势，在短时间内迅速传播品牌形象，直接激发市场旅游需求。此外，森林旅游也应该建立起自身的品牌宣传渠道，完善或建立景区网站官网和微信公众号，开展景区信息的更新传递，在潜移默化中加深消费者对景区旅游品牌的认知，同时景区应该充分利用自身网络平台，融入旅游电商服务，开展旅游信息发布、产品在线预订等服务，建立起景区自身旅游数据库。

六、促进产业融合，丰富产品体系

旅游产业融合是伴随着旅游业和社会不断发展而出现的一种必然现象，尤其是“旅游+”提出以来，我国旅游业的产业融合现象越来越明显。产业融合已经成为我国旅游业发展的重要趋势和旅游产业转型升级的动力，在此大环境下，海南省森林旅游发展需要积极顺应产业融合趋势，与当地的优势/特色产业进行融合，形成新的旅游业态和旅游产品，满足游客多样化的需求。第一，海南森林旅游业应积极与农业相融合。海南省的森林旅游区主要分布在中西部山区，农业经济仍在当地社会中占据重要地位，有着丰富的热带农业旅游资源，森林旅游可与热带农业融合在当地发展观光农业、体验农业等旅游形式。比如在森林旅游景区周边建立休闲农庄和农产品产业园，整合已有的热带农业观光项目，提供当地热带水果植物（如茶叶）的种植体验、观赏采摘、加工品尝等服务，丰富当地以森林旅游为主的旅游产品体系，也推动当地农业由粗放的规模增长向集约化的质量提升转变，减少农业发展对森林生态的破坏。第二，海南森林旅游业应积极与文化产业进行融合。文化差异性是吸引旅游者前往某地旅游的重要因素，海南森林旅游业应深入挖掘当地黎苗民族文化内涵，在景区内外发展黎苗族风情园、文化博物馆、民歌大舞台和黎锦黎药制作坊等旅游项目，重点打造独具黎苗风情的特色餐饮、文化纪念品和文化表演等，使得黎苗文化深深植根于海南森林旅游，增强森林旅游的文化内涵，满足旅游者的深层次精神文化需求。

除此以外，海南森林旅游也应从自身出发，借助森林旅游资源和特色开发更多的旅游产品。如热带森林具有一定的神秘色彩，可考虑开展森林探险、森林野营、森林寻宝等森林探秘旅游活动；热带森林具有独特的自然风光，可考虑开展森林徒步、森林动植物观光、森林摄影等森林休闲旅游活动；热带森林具有一定的保健功能，可考虑开展森林深呼吸、森林浴、森林瑜伽等森林度假养生活动；森林具有较高的科学价值，可考虑开展森林科普游、学生素质拓展游、森林科学冬/夏令营等森林研学旅游活动。这些旅游活动的开展将大大丰富海南森林旅游的产品类型，为森林旅游发展注入新的生机和活力，提高海南森林旅游业综合竞争力和可持续发展能力。

七、加强法制建设，鼓励社区参与

森林旅游业要实现健康发展，离不开高水平的立法和健全的法律体系，更离不开精准、高效执法。海南森林旅游业发展，首先，需要健全森林旅游法律体系，加快森林旅游立法。推动海南省尽快出台《海南省森林公园管理办法》《海南省森林旅游环境管理规范》《海南省森林旅游服务质量标准》和《海南省社会单位、个人参与森林旅游项目开发和经营的管理办法》等法律法规，对海南省森林旅游发展进行规范化和标准化管理提供法律依据，减少森林旅游盲目发展、无序开发、破坏环境和服务质量参差不齐的发展乱象。其次，海南森林旅游发展需要加强执法力度，对森林旅游发展过程中的违规建设、破坏污染环境、伤害生物多样性、不诚信经营等问题进行专项整治，坚持生态保护和诚信经营底线，严格执法，杜绝违法违规行为的发生。

旅游社区参与是指社区作为旅游发展的主体之一，参与旅游发展规划、旅游发展决策、旅游经济活动、旅游资源环境保护和旅游知识教育培训等涉及旅游发展重大事宜的决策和执行体系。社区参与是旅游可持续发展的一个重要内容和评判标准，因此，鼓励当地居民积极参与旅游建设对海南森林旅游发展具有重要意义。海南森林旅游景区应在政府的支持和监管下，与当地居民建立起有效的合作机制，通过资金扶持和战略合作方式积极鼓励居民参与社区旅游发展，尤其是森林旅游服务的提供和森林资源环境的保护。第一，森林旅游服务的提供需要鼓励当地居民自主创业，参与森林旅游小镇的建设。可以从“吃、住、行、游、购、娱、商、养、学、闲、情、奇”旅游十二要素出发，指导居民发展特色餐饮、酒店住宿、旅游接送、旅游导游、旅游特产、娱乐休闲等旅游服务业，弥补森林旅游区接待能力的不足，为森林旅游游客提供较为完善的旅游配套服务，同时带动当地经济发展方式转变、经济效益提高，加快当地居民脱贫致富的步伐。第二，鼓励当地社区居民参与森林资源环境的保护。一方面，当地居民参与到森林旅游服务的提供，将从森林旅游发展中获得切实的经济利益，加深对森林旅游的认可，意识到森林生态环境的重要性，从一定程度上推动他们参与到森林环境和资源的保护当中去。另一方面，还需要加强对当地居民森林和旅游双方面知识的教育培训，既增强其森林保护意识和保护能力，又提升旅游服务技能，一举两得。

八、建立有效机制，实现蓝绿互动

在未来较长的发展时期内，滨海旅游还将占据海南旅游市场的大多数份额，对海南整体旅游市场发展发挥举足轻重的影响力，海南其他旅游业态尤其是旅游新业态的发展也必将受到其影响。对于海南森林旅游业而言，滨海旅游“一家独大”对其具有双重影响。一方面，滨海旅游占据海南旅游主流市场，对森林旅游产生一定的遮蔽效应，降低了森林旅游的社会关注，挤压了森林旅游的市场发展空间，限制了森林旅游的未来发展潜力。另一方面，滨海旅游对海南森林旅游发展起着积极的带动作用，尤其是滨海旅游的突出发展每年都为海南带来大量的国内外游客，在参与滨海旅游过程中使得更多的人有机会了解接触并参与到海南森林旅游中来。因此，现阶段海南森林旅游对滨海旅游的依附仍然是利大于弊的，积极作用占据主导，因而建立起有效的“蓝绿互动”合作机制对海南森林旅游发展显得尤为重要。

（1）海南需要加快推进“大三亚旅游经济圈”的打造。2013年由三亚牵头，与陵水、保亭、乐东三个市县共同组成区域旅游业合作发展机构，以“平等协商、区域联动、资源共享、互利共赢”为原则，努力打造国内优秀的区域经济合作示范区。过去几年，几个市县在强化旅游产品的互融方面做出了许多努力，开发了许多旅游合作新线路，初步构建了沟通协调机制，有了一定的产业协同基础。海南森林旅游发展应牢牢抓住机遇，在《大三亚旅游经济圈发展规划（2016～2030）》和《大三亚旅游经济圈区域经济合作示范区实施方案》的指导下，对内深化联通架构，增加市县之间的旅游交流，同时积极整合绿色和蓝色两种旅游资源，加强与三亚等地滨海旅游的互动，对外进行组合推介，真正形成山海互动、蓝绿相连的旅游格局。

（2）海南应在全省范围内建立森林旅游景区与其他滨海旅游景区的正式合作机制。统筹整合蓝绿旅游资源，从地缘接近性、文化相似性、资源互补性、产品完整性出发，为森林旅游景区与滨海旅游景区进行匹配结对，签署景区间的战略合作协议，确立景区间的合作机制，明确双方的责任义务，充分利用资源，扬长避短，优势互补，共同开发出具有吸引力的新型蓝绿融合的旅游产品，共同培养出创新型的旅游复合人才，建立起客源互享、客源分流的友好合作关系，实现跨区域旅游开发，率先帮扶一批海南森林旅游景区发展，同时为滨海旅游景区增添新的发展活力。

第七章　体育旅游

第一节　体育旅游发展与回顾

一、体育旅游内涵及外延

随着经济的迅速发展，居民的生活水平的显著提高，我国居民的消费水平和消费结构也有了不同层次的提高和转变。旅游也日益成为一种普遍的消遣方式，而从中衍生出的以体育旅游为代表的体验式消费模式日益受到广大消费者追捧。体育旅游作为旅游的重要组成部分，是人类社会生活中的一种新兴的旅游活动。

就体育旅游的概念而言，有广义与狭义之分。从广义上讲，体育旅游是指旅游者在旅游中所从事的各种娱乐身心、锻炼身体、竞技竞赛、刺激冒险、康复保健、体育观赏及体育文化交流活动等与旅游地、旅游企业、体育企业及社会之间关系的总和；从狭义上讲，则是为了满足和适应旅游者的各种专项体育需求，以体育资源和一定的体育设施为条件，以旅游商品的形式，为旅游者在旅行游览过程中提供融健身、娱乐、休闲、交际等于一体的服务，使旅游者的身心得到和谐发展，从而达到促进社会物质文明和精神文明发展、丰富社会文化生活目的的一种社会活动。本书所研究的是广义概念上的体育旅游。无论是广义的体育旅游还是狭义的体育旅游，就其社会本质而言，都是一种社会经济活动和社会文化活动，同时也是体育产业化、商品化的重要内容。体育旅游是以体育资源和一定的体育设施为条件，以旅游商品的形式，能为旅游者在旅游游览的过程中提供健身、娱乐、休闲、交际等各种服务于一体的经

营性项目群，它能使人与自然、社会和谐统一，这就是体育旅游的本质内涵。❶

体育旅游之所以能成为旅游消费的新风尚，有以下两方面的原因。第一，随着经济社会的发展，人们旅游消费的观念正在发生转变。过去，大部分人追求的是单纯的旅游观光。现在，休闲观光融入体育健身的理念，户外活动与旅游紧密结合。人们在彻底地放松自己的同时还能锻炼身体，这正是体育旅游的魅力所在。第二，市场已经发现体育旅游的商机并加以重视，新开发的体育旅游项目越来越多，包括徒步、骑行、潜水、滑雪、水上运动、垂钓、高尔夫、帆船游艇、高空等项目，其中，徒步、骑行等户外项目，都日益受到消费者的追捧。许多旅游企业纷纷瞄准潜在的市场并逐步布局“旅游+体育”，把各种运动赛事引入旅游领域，发掘细分市场。

以往的学术研究中，根据消费者需求差异性，如健身、刺激等需求，汪德根对体育旅游市场进行了划分（见表7-1）。❷

表7-1　体育旅游细分表

体育旅游细分市场	细分市场产品
休闲体育旅游	钓鱼、登山、冲浪、骑马、高尔夫球、跳舞、游泳等
健身体育旅游	保龄球、网球、健美、溜冰、台球、潜水、羽毛球等
体育观光旅游	观看奥运会旅游、观看亚运会旅游、观看世界杯旅游、观看NBA旅游、观看其他大型球赛旅游、观看其他大型运动会旅游等
刺激体育旅游	探险旅游、海底旅游、沙漠旅游、狩猎旅游、激流旅游、攀岩旅游、高山探险、森林探险、秘境旅游等
竞技体育旅游	帆船、滑雪、射箭、滑翔伞等
其他	参加各种大型体育赛事旅游、武术旅游、徒步旅游、热气球邀请赛旅游、冰雕雪橇旅游、沙漠汽车拉力赛旅游、骑骆驼旅游等

❶ 杨培玉. 中国体育旅游开发研究[D]. 济南：山东师范大学，2003.

❷ 张志. 体育旅游开发研究[D].重庆：重庆师范大学，2005.

体育旅游市场细分的标准，不仅要以旅游需求差异性为基础，考虑旅游动机，同时必须兼顾体育旅游产品本身的可操作性即技术含量，而且要考虑旅游者自身的条件，如身体条件等。依据这一标准将其进一步划分为大众性体育旅游、专业性体育旅游、刺激性体育旅游、民族性体育旅游。

（一）体育旅游特征

体育旅游除具有一般旅游产品的特征外，还具有自身的一些特点，主要表现在以下几个方面。

1.健身与旅游的结合

出于工业化的发展给城市带来严重的污染，城市化的迅速发展使许多人生活在与大自然相对隔离的都市里。生活环境的日趋恶化，经济的发展带来生活节奏的加快和压力的增强，激烈的生存竞争在带来物质文明的同时也让人身心疲惫。通过健身、娱乐、休闲等方式调节身心已成为人们的普遍共识。同时，体育活动具有娱乐性、健身性、属聚性、挑战性和多样性等特点，这是体育活动的魅力所在，其本身就具有巨大的市场。它与人文景观和自然景观相结合，构成一种特殊的旅游方式，体育旅游活动不仅满足愉悦身心的需要，还有促进参与者身心健康、缓解和消除身心疲劳、增强体质，防范“文明病”等功能，体育与旅游相互渗透，交相辉映、相得益彰。如在参加健美操的过程中可以锻炼身体、增强体质、增进健康；溜冰、射箭等可以愉悦身心、消除疲劳；观赏高水平的体育赛事可以得到精神享受，放松心情。

2. 观光性与参与性的区分

从游客与旅游吸引物的互动程度来看，现代旅游可分为观光性旅游与参与性旅游两大类。生态旅游、文化旅游、休闲旅游、度假旅游、商务会务旅游等，很难区分观光与参与这两种属性，游客往往是既观光又参与。而体育旅游的旅游主体，在观光和参与上区分明显。如足球迷不等于喜欢踢或会踢足球，世界性的体育赛事往往是大宗体育旅游产品，但观光客并不参与体育竞赛，参与竞赛的运动员也无暇完整地观光。因此，吸引体育游客的旅游资源在观光与参与两种属性上区分明显。

3. 专项性与综合性的整合

体育旅游有很强的专门性，从根本上说是一种专项旅游，游客对体育旅游的选择个性化倾向明显。但是，体育旅游之所以区别于日常体育活动，就在于其异地性。异地性有两重意义：一是异地总体景观上的差异，二是体育活动的场地和形式上的差异。这两种差异都可构成体育旅游的附加吸引力。因此，体育旅游的客体虽以体育活动为主，但也叠加了异地与体育活动相关的旅游景观与活动，从而使旅游资源具有复合性。如球场是球类体育活动资源，而海滨沙滩球场则是球类体育旅游资源。

4. 生态性与人文性的统一

虽然体育活动在室内或室外都可进行，但是对于体育旅游，尤其是参与性体育旅游，室外吸引力更大。野外的生态环境质量对体育旅游的影响很大。在优质生态环境中，例如在森林天然氧吧中，进行有氧运动，其愉悦感当然比在一般场地要强得多。体育活动又是一种文化活动，具有强烈的人文性，各地不同的人文环境，体育旅游的内容和形式也不同。现代体育，尤其是大众性体育，越来越重视体育文化，体育文化的旅游吸引力与日俱增。因此，在对体育旅游资源进行质量评价时，应重视生态因素和人文因素。

5. 满足旅游消费的个性需求

当今的社会充满个性化的追求，因此，个性服务也是一股潮流。求知、求新、求异、追求刺激及挑战性等充满个性心理的人大有人在。而与常规旅游不同的体育旅游无论在心态上还是行动上都具有主动性、参与性和多样性等特点，更能符合与满足人们的消费需求。同时新鲜、新奇的体育旅游将传统旅游的被动和受约束降至最低点，提供更多的个性服务，更加符合旅游消费个性化的需求，尤其是那些有一定旅游阅历者和广大青少年群体，对个性化服务有较高的要求。如许多爱好者喜爱参加攀岩、蹦极、漂流、滑雪、探险等活动就是为了能够满足自身挑战自我、获得刺激的需求。

6. 可重复性

传统的观光旅游产品是以观赏自然风光、城市风光、名胜古迹等方式体验旅游，这种旅游方式不具备重复性是不争事实，而参加体育旅游的消费者更加注重的是体会体育旅游的过程，在重复的过程中不断追求新的目标，体验到更大的乐趣。此外，参加体育旅游项目的同时，更可以通过体育旅游增强不同地域、国家的体育与旅游文化的传播与交流。

综上所述，体育旅游动机的形成决定于人们的旅游需求和体育旅游的特点两方面因素。

（二）体育旅游的功能效应

（1）体育旅游具有健身功能。相对传统观光旅游，体育旅游是一种更高层次的旅游，通过强调亲自参与某项健身、冒险或观战的体育活动，不仅能增强体质、健美强身，还能陶冶情操。因此，经常性地举办体育旅游项目，可以起到强身健体的功能。

（2）体育旅游具有经济功能。体育旅游能增加国家创汇 、改善投资环境 、提供就业机会 、促进对外合作与交流。以“足球工业”为主体的意大利，体育旅游的年产值在20世纪80年代末已达80亿美元，跻身意大利国民经济十大部门行列；英国通过发展体育旅游业所得到的年产值近90亿英镑，超过汽车制造业和烟草工业的产值。[1] 这些都足以说明体育旅游在经济市场运行中有着不可低估的价值和作用。此外，体育旅游业的发展不仅会极大地促进本行业经济的迅猛发展，而且会拉动其他相关产业的发展，进而产生巨大的经济效益。

（3）体育旅游促进文化交流。不同的国家和民族因其自身的自然环境、社会环境的不同而逐渐形成不同的民族文化以及风俗传统，而体育旅游则是一种特殊的交流方式，正是凭借民族传统文化所具有的吸引力，来增进不同国家、不同民族间的文化交流，对民族文化的弘扬、

[1] 朱竞梅.开发体育旅游项目问题探索[J].体育与科学，2002（3）.

传播及发展都起到巨大的作用。比如中国的武术、气功、龙舟竞渡、摔跤、围棋、舞龙、风筝等民族传统体育文化正是通过体育旅游这一载体传播出去的。在这方面，以体育旅游为特征的奥运会可谓促进和推动全球范围内各民族文化相互交流与融合的典范。当代体育旅游不仅是联系和融会世界各民族优秀体育文化精神的纽带，沟通各国人民相互交往、相互了解和学习的桥梁，而且是国际社会缓解和消除地区矛盾、民族对抗和冲突最有效、最可行的重要手段。

（4）体育旅游推进资源保护。

新中国成立以来，我国政府曾多次拨出巨款维护和重修即将倒塌的民族体育古迹，如重修著名的“少林寺”“武当山”“白云观”等，并资助55个少数民族的近200个传统体育项目恢复活动，使其得以流传并大放光彩。中国体育旅游开发研究活动的外部条件实质上是指体育旅游资源，尤其是自然资源，是吸引人们参加体育旅游活动的重要前提，也是区别于一般大众体育活动及其功能的标志。如绿色体育旅游自然资源中的大山名川、江河湖海、草原、森林、海滨沙滩、天然温泉、风雨冰雪，以及蔚蓝的天空、清新的空气、灿烂的阳光、适当的温度等，这些优美的自然环境都有助于身体机理的调节，有益于人们的身心健康。人们在这种环境中进行体育活动所产生的健身强体、消除紧张烦躁情绪、振奋精神、锻炼意志、培养高尚情操等作用是现代城市生活环境下的体育活动所难以比拟的。因此，体育旅游作为增进和提高身心健康、愉悦身心、陶冶情操、满足精神需求的重要手段而具有独特的价值。

（三）海南体育旅游特点

结合海南自身的许多特点以及相关的文献资料，总结出海南体育旅游具有如下特征。

（1）生态环境良好。海南省是我国冬温最高的地区，纬度较低，太阳投射角大，全岛辐射热量大，全年气温高，各地年平均温度在23～25℃，气候宜人，一年四季适合旅游，森林覆盖率和城市绿化面积较高，具有良好的生态环境，适游期长。

（2）旅游资源丰富。海南的体育旅游资源聚集度较高，在3.4万平方公里的范围内集合了三大类，169种小类的各种成因类型的体育旅游资源。海南省以其独特的热带气候特征、原生态环境、地质地貌、黎族风情，衍生出众多的热带体育旅游产品。仅海南岛全境就有2个主类、4个亚类、约287项富含体育因子的热带体育旅游资源。海南省是我国少数民族的聚集地，省内有多达37个民族，其中汉族、黎族、苗族、回族是世居民族，其余33个民族是1950年后在海南的开发建设中不断迁入并分散于全省各地的。

（3）起步晚，发展迅速。海南省旅游业的发展是在1988年建省以后才得到迅速发展，农业一直是海南经济发展的基础，而以旅游业为龙头的现代服务业，将是海南长远发展的支柱产业。后奥运时代的到来，给全国各地的旅游业注入了新的生命力，各地开始关注体育旅游的发展。海南省体育旅游业的发展逐渐受到各方关注，进一步促进了体育旅游业的快速发展。❶

二、国内外学术研究进展

1.国外学术研究概况

在国外，体育旅游发展较早，并且积累了许多成功的经验。近年来，体育旅游逐渐成为一种时尚，特别在欧美、日本开展比较普遍，尤其重视开发体育旅游产品，人们在旅游的同时参与一些体育活动既达到健身的目的又放松了身心，因此体育旅游赢得广阔的市场空间，取得巨大的经济、社会效益。体育旅游的发展带动了学术界对体育旅游的研究。早在1921年，《体育社会学》就对体育旅游进行了初步探讨，但涉及的内容极少。

总体来讲，国外体育旅游研究主题主要集中在体育旅游基础理论、体育旅游经济、体育旅游与生态环境、体育旅游与交通和体育旅游政策

❶　于洪润.海南体育旅游目的地市场开发策略研究[D].海口：海南师范大学，2014.

等几个方面。在研究方法上，大多通过发掘体育旅游问题、理解体育旅游现象、分析体育旅游者行为与观点等来进行研究，并且定性研究较多。萨缪尔等（Samuel & Alastair，2005）[1]采用配对T检验对世界杯足球赛引起的日本、中国和美国到韩国的游客对韩国形象认知的改变进行分析，研究结果发现，来自三国的游客在世界杯赛后对韩国的形象认知要高于赛前，因此认为国际性重要事件的举办能够在较短的时间内改变体育旅游目的地的形象。随着社会经济的发展，尤其是旅游业的发展，体育旅游业伴随着越来越多的契机，已有的国外体育旅游的研究涉及体育旅游的概念、体育旅游的经济效益、体育旅游对生态环境的影响、体育旅游与交通的关系等各个方面，但是多数研究者更多地着眼于对竞赛型体育旅游进行研究，对生态体育旅游的研究较少，而运用系统性研究方法对生态体育旅游进行的定量研究更是较少涉及。[2]

2.国内学术研究现状

对于我国来说，体育旅游的研究和开发比较晚，从时间上可划分为三个阶段：（1）启蒙期，主要是指1980～1993年，这一时期我国旅游业整体发展比较缓慢，同时体育旅游作为新兴的旅游产业发展也较为缓慢，相关旅游产品的开发特点是完全依赖于当地的自然资源，缺乏创新性；（2）过渡期，主要是指1994～2000年，相比于启蒙期，此时体育旅游发展迅速，体育旅游的发展模式开始从完全依赖自然资源转向多元化的服务特点，例如开始注入更多的人文因素等，旅游市场导向是以消费者的需求为目标，整个体育旅游开始进入繁荣期；（3）全面发展期，进入21世纪以后，随着国民经济的发展，体育旅游的概念慢慢更广泛地被消费者所接受和喜爱，同时体育旅游市场的发展也开始专业化，产品出现多样化、多元化，内容覆盖各个产业，形式多变，出现更多原创性的

---

[1] Samuel Seongseop Kim,Alastair M. Morrsion.Change of Images of South Korea among foreign tourists after the 2002 FIFA World Cup[J]. Tourists Management, 2005, 26(2):233-247.

[2] 杨培玉. 中国体育旅游开发研究[D]. 济南:山东师范大学, 2003.

东西，为体育旅游市场带来更强的竞争力。

国内学者从不同角度对体育旅游进行了多方面的研究，主要研究如下：顾涛等（2002）[1]从体育旅游的健身价值、竞赛价值、表演价值以及娱情传情价值等方面对广西少数民族传统体育旅游资源进行定性评价。邱云美等（2005）[2]主要从体育旅游的健身、竞技、表演、观赏、娱乐以及参与功能等六个方面进行定性评价的研究。柳伯力等（2003）[3]对体育旅游资源进行评价的关注点如下：一是体育旅游的环境，二是体育旅游的市场环境，三是体育旅游资源的特、美、奥、奇和险。夏敏慧（2005）[4]认为，评价海南体育旅游资源，必须要构建体育旅游资源评价指标体系，从资源的要素价值、资源的影响力价值和资源的附加值三个方面，定性和定量相结合，对资源进行评价。在体育旅游资源的开发研究上，呈现多元化发展趋势，研究内容涵盖资源的分布、开发原则以及开发模式等。

国内学者对体育旅游的研究主要集中于赛事体育旅游、城市体育旅游，对民族特色体育旅游、天然体育旅游的研究较少。在研究方法上，主要通过描述性定性分析，对地域性体育旅游开发提出构想和发展对策，但是较少通过建立系统性体育旅游资源定量评价体系，对区域性体育旅游资源进行评价，从而提出开发对策。通过国内外对体育旅游的研究可以看到，体育旅游是一个较为新兴的研究领域，尤其是在体育旅游资源系统性定量评价上研究更是甚少。

---

[1] 顾涛，陆元兆，杨永亮等.广西少数民族传统体育旅游资源评价[J].体育学刊，2002(3)：49-51.

[2] 邱云美，封建林.畲族传统体育旅游价值评价及开发[J].丽水学院学报，2005，2（4）：22-25.

[3] 柳伯力，陶宇平.体育旅游导论[M].北京:人民体育出版社，2003.

[4] 夏敏慧.海南体育旅游开发研究[M].北京:北京体育大学出版社，2005.

三、体育旅游发展形式

1.国外体育旅游发展形式

1857年，英国人成立了登山俱乐部，该组织向登山爱好者和旅游者提供各种服务。1885年，英国又成立了野营帐篷俱乐部，主要是向喜爱野外活动的旅游者提供野外的食宿设施及相关服务。1883年，挪威、瑞士等国成立滑雪俱乐部，为滑雪爱好者提供各种服务。法国、德国在随后成立休闲观光俱乐部，向旅客提供类似的服务活动。19世纪后半期，消遣的概念开始产生。随着欧美国家人们生活水平的提高、闲暇时间增多，以及新观念和新文化的发展，休闲、度假、疗养、健身、娱乐活动逐渐成为一种时尚。一大批集食、宿、游、娱于一体的休闲疗养胜地、度假中心、娱乐场所、休闲设施迅速发展起来。室内的娱乐项目开始出现台球、桥牌、保龄球等，户外开始流行登山、滑雪、漂流等体育项目以及赛马、垂钓、打猎、棒球、垒球、网球、高尔夫球、射击等休闲体育健身活动。20世纪初，以体育健身和各种闲暇娱乐为主体的休闲娱乐业在一些国家初步形成规模。20世纪中后期，随着旅游业的快速发展以及体育运动的普及，以体育运动为特色的旅游项目在欧美国家得以迅速发展。人们所喜爱的高山滑雪、徒步登山、海边沐浴、帆船、冲浪以及攀崖、漂流、探险等冒险刺激类项目，都是体育运动与旅游的结合。如坐落在阿尔卑斯山脉的瑞士小镇达沃斯，就充分开发与合理利用当地自然条件，形成一年四季均有多种可参与性体育活动的特色，成为世界著名的体育旅游胜地。2016年奥运会上，高尔夫更是成为其竞赛项目，越来越多的体育旅游项目得到发展。

新加坡正在筹划将该国发展成为体育旅游中心，新加坡拥有良好的体育设施如高尔夫球场以及水上运动场等，他们准备以此为基础，争取举办更多的大型体育比赛和体育活动，使体育旅游成为新加坡发展旅游业新的增长点。日本的许多旅游点都设有相应的体育娱乐项目和设施，给旅游者提供体育健身服务。日本的体育旅游业以登山和水上项目为主。由于现代社会人们更加热爱回归自然的活动，所以登山和水上活动如潜水、帆板、钓鱼、滑水等这类接近自然的项目在日本日益受到人们的喜爱与参与，其市场产值保持上升态势。

除参与性体育旅游之外，观赏性体育旅游也随着人们对诸如奥运会、世界杯足球赛等大型国际比赛与日俱增的热情而蓬勃发展起来。例如，大量的旅游收入给每届奥运会带来稳定的商机和丰厚的经济利益。1984年洛杉矶奥运会的入境旅游者为22.5万人；1988年汉城奥运会的入境游客达22万人，直接相关的旅游收入达14亿美元；1992年巴塞罗那奥运会吸引了30多万外国游客，旅游收入30亿美元；1996年亚特兰大奥运会入境游客达35万人，佐治亚州的旅游收入高达35亿美元；2000年悉尼奥运会更是前所未有的旅游盛会，在奥运会举行的十几天里，有25万名外国人前来悉尼观战，如果算上1997～2000年所有与奥运会有关的到访者，人数增加至150万，仅在旅游业方面为澳大利亚带来的经济利益就高达42.7亿美元。

2.中国体育旅游发展形式

中国体育旅游发展特点形式多样，中国历史悠久、幅员辽阔，有丰富的体育旅游资源，为发展体育旅游业提供了良好的自然条件。在东北各省有天然滑雪场及国家级森林公园数十个，是冬季滑雪旅游的胜地。在万里海岸线上，有诸多著名的海滨城市，如大连、秦皇岛、青岛、厦门、三亚等地，都是游泳、潜水、日光浴等理想的体育旅游场所。内陆众多的江河、湖泊和水库多可用于开展漂流、划船等体育娱乐活动。我国的许多名山大川也为登山、攀岩等活动的进行创造了条件。1979～1992年，在旅游业发展的带动下，大量星级宾馆、饭店的兴建，使许多海外健身配套设施随之进入。交通、通信等基础设施的极大改观，为人们的出行旅游带来方便。随着改革开放的深入，人民生活水平的提高，对健身活动的要求趋向多元化，体育旅游作为一种可供选择的健身休闲方式，因其兼有娱乐、刺激等独特的魅力，受到越来越多的人的欢迎，滑雪、漂流、攀岩、登山、沙漠探险、徒步游、自行车游、自驾车游、高尔夫旅游、武术健身游、海滨健身游等体育旅游项目在我国逐渐兴起。据相关记录，1995年，国家旅游局在东北地区召开第一次全国滑雪旅游研讨会，提高了有关部门对发展滑雪旅游的认识，宣告中国滑雪旅游的正式起步。

第二节　海南体育旅游开发条件

海南四面环海，体育旅游资源极其丰富，独特的地理区位优势、自然资源优势等都极大地有利于体育旅游项目的开发。目前海南已开发的体育旅游产品包括三亚大东海、亚龙湾、西岛等地的潜水、蜈支洲岛的垂钓、沙滩活动、水上活动等、海口观澜湖高尔夫球赛、三亚的呀诺达热带雨林探险，琼中的五指山登山、森林探险，乐东的尖峰岭森林徒步，儋州的沙滩排球、足球、万泉河等地的漂流、万宁的冲浪、滑水、海上拖曳伞、三亚的国际铁人三项比赛、ITF 国际网球女子巡回赛、世界沙滩排球巡回赛、环岛自行车赛等。体育旅游项目在开发过程中，也暴露出许多有待进一步加强的地方。❶

一、海南省体育旅游开发优势分析

1.地理位置优越，交通便利

海南省位于我国最南端，北以琼州海峡与广东省划界，西临北部湾与越南相对，东濒南海与台湾省相望，东南和南边在南海中与菲律宾、文莱和马来西亚为邻。海南省的管辖范围包括海南岛和西沙群岛、南沙群岛、中沙群岛的岛礁及其海域。在海南岛上，东、中、西三线形成的环岛高速公路和横向的长距离省道、县道形成的公路网，与国际机场、环岛高速、环岛高铁共同构成“快进漫游”的旅游综合交通网络，使得岛上交通更加便捷。据相关资料显示，2016年，为了服务全域旅游建

❶　于洪润. 海南体育旅游目的地市场开发策略研究[D]. 海口：海南师范大学，2014.

设，海南还提出实施美丽海南“百千工程”，依托交通干线建设旅游集聚区，按照“连点成线、织线成网、网开成面、点面皆景”的理念，投资120多亿元建设1.6万公里的“交通扶贫六大工程”以及一批旅游风景道和乡村旅游示范带，连通100个特色产业小镇、1 000个美丽乡村。❶

2.得天独厚的体育旅游资源

良好的旅游资源环境是搞好体育旅游的前提和基础。从海南省体育旅游发展的基础来看，条件优越，资源得天独厚。例如海南拥有丰富多样的山形地貌，适合开展登山、帆船、冲浪等丰富多样的体育赛事；热带岛屿气候，非常适宜开展足球、网球等体育项目冬训；优美的生态岛屿环境，更是举办环岛自行车赛的绝佳胜地；此外，海南的多民族生态，拥有丰富的民间竞技体育元素，具备发展海南特色体育旅游的基础。此外，近年来，国内外高水平的体育赛事也是频频落户海南，海南举办的高规格比赛也越来越多，这些赛事将世界的目光都汇聚到了海南，提升了海南国际旅游岛的知名度，也打响了海南体育休闲旅游的招牌。

3.良好的经济社会保障和投资环境

海南的经济保持较快增长、经济结构渐趋合理的同时，经济运行质量有了明显的改善。此外，国家的许多政策也有利于海南经济的发展，《国务院关于推进海南国际旅游岛建设发展的若干意见》中的投融资政策就指出，在基础设施、生态建设、环境保护、扶贫开发和社会事业等方面安排中央预算内投资和其他有关中央专项投资时，赋予海南省西部大开发政策。支持符合条件的旅游企业发行企业债券，设立旅游产业投资基金。按照国际旅游岛的总体要求，研究将海南省增列为《中西部地区外商投资优势产业目录》执行省份。

❶ 根据海南省交通运输厅资料整理。

4.潜力巨大的客源市场

随着社会经济发展和人民生活水平的不断提高，海南国内旅游业发展进入快车道。每年海南游客人数也在不断攀升，海南体育旅游资源有能力进一步打开国际市场，吸引更多的国际游客前来参观游玩，逐渐发掘潜力巨大的国际国内游客市场。

二、海南体育旅游发展面临的机遇

1.海南旅游业蓬勃发展

旅游业必然是体育旅游的前提。正在实施的《海南省旅游业发展“十三五”规划》，明确旅游业作为海南省的支柱产业的地位，着力从组织、政策、资金、用地用海、人才、环境等方面提出保障旅游发展的各项措施、推进旅游业健康稳步发展。

有关数据显示，2016年，海南预计全省实现旅游业增加值310亿元，占全省GDP的7.7%，同比增长10.9%，对12个重点产业总体增长的贡献率11.4%。2016年，海南全省接待游客6 023.59万人次，同比增长12.87%，实现旅游总收入669.62亿元，同比增长16.97%，入境游下降势头得到遏制，其中接待入境游客74.89万人次，同比增长23.09%。旅游外汇收入3.5亿美元，同比增长41.13%，增速创五年新高，海南省旅游业呈现持续向好的发展态势。

由此可见，海南省旅游业已走上高速发展的进程，这为海南体育旅游的开展奠定了坚实的基础。

2.博鳌亚洲论坛发展的契机

一年一度的博鳌亚洲论坛年会，是海南发展的机遇，也正因为如此，在年会之外，这些年，海南也在借助论坛的影响力不断扩大对外开放的力度。博鳌亚洲论坛对中国旅游业产生强劲的推动力，也为海南体育旅游发展带来契机。从2005年开始，随着论坛年会服务保障工作水平的不断提升，海南利用论坛年会的机会，开始尝试将海南省图片展、欢迎晚宴等具有海南特色的活动融入论坛，并邀请部分与会嘉宾出席，让他们了解海南，提升海南在国际上的形象。若能够借助逐渐增强的经济实力以及日渐完善的基础设施和体育设施，并能够有能力有机会承办部分奥运项目，迎接世界各地的游客，这将在更大程度上提升海南体育旅游的国际形象，吸引更多的国际友人前来进行体育旅游活动。

3.国家的政策红利

海南作为全国最大的经济特区，享有其他很多地区不具有的优惠政策。例如，在吸引海外旅游者方面，海南享有“免签证”“异地签证”“落地签证”权的特殊政策，不仅简化了入境手续，方便境外游客来海南旅游，同时为海南拓展客源市场提供了良好的政策环境。❶

此外，更有一些国家政策方针如《国务院关于推进海南国际旅游岛建设发展的若干意见》中提出海南国际旅游岛建设发展的战略定位是我国旅游业改革创新的试验区、世界一流的海岛休闲度假旅游目的地、全国生态文明建设示范区以及国际经济合作和文化交流的重要平台等。为达成这一战略定位，国家也推出了一系列在投融资政策、财税、土地、开放等方面的利好政策。如此的政策支持，自然为海南体育旅游的发展带来无限的商机和机遇，为体育与旅游的结合提供了很好的发展机会。

第三节 海南体育旅游发展存在的问题

1. 经济相对落后

海南发展体育旅游具有自己独特的优势，近年来也取得一些成绩，但与东部沿海发达地区横向比较，差距还很大。体育旅游的开发程度和产业发展水平与经济特区的地位不相称，体育旅游业经济效益不明显、社会经济相对落后，与全国尤其是东部发达省市相比，仍有较大差距。

❶ 岑璐，梁亚荣. 完善海南国际旅游“免签证”制度的思考[J]. 行政与法，2011(2):76-78.

市场开发面临剧烈竞争。由于海南的经济比较落后，体育旅游起步晚，基础设施不完善，相比之下广东、厦门、香港等地经济状况较好，发展较快，对海南的体育旅游市场开发造成重大威胁。

2. 市场投资狂热

由于近几年对体育旅游需求的增长，部分体育旅游项目市场广阔，较高的经济回报率使得许多投资者在对市场缺乏调查的情况下就一哄而上，大量的投资者迅速涌入市场进行投资活动，造成供给过剩，行业内竞争激化，经济效益下降，经营也变得困难。例如，一向被视为“贵族运动”的高尔夫球，即使在经济发达的国家／地区，消费者也是屈指可数的。但据统计，海南省已批准16家，已建成的有八九家。球场一般18洞，有的是27洞和36洞，一个球场至少要占地1 200亩，多的达3 000亩，十余个高尔夫球场占地面积达全省460万亩山坡草地的1%。建一个高尔夫球场约需资金1.2亿～2亿元。除了购买昂贵的会员证外，每打一场高尔夫球，在海南至少要花费千元以上。建高尔夫球场耗费大量资金、大量土地，造成供给过剩，效益下滑。

3. 宣传推广不足

在国内来看，海南是我国唯一的全热带省份，资源和环境具有一定的独一无二性，并且海南岛是我国第二大宝岛，富集多样资源且组合度好，在相对较小的范围内集中了滨海沙滩、珍稀动植物、火山与溶洞、地热温泉、洁净空气、民族风情等资源，其丰富的自然资源和人文资源与世界许多著名的旅游名岛相比都是毫不逊色的，但在国际国内旅游者的心中，夏威夷等岛屿已树立起稳固的滨海旅游胜地的形象，海南岛则存在很大不足。此外，海南的体育旅游市场还是以国内市场为主。这些都说明说明海南的开发和宣传力度还有待进一步的提升。

4. 旅游精品匮乏

（1）对全省的旅游资源缺乏统筹意识，岛西旅游开发几乎空白。原始森林、天然温泉、民俗风情，西部旅游资源丰富多彩，许多旅游资源在全国乃至世界都是“最”字号的。然而，在发展大旅游的战略布局中，忽略了对岛西这块覆盖8个市县的生态旅游资源地区的开发，西部旅游建设明显落后，旅游总量小、档次低、特色不鲜明。

（2）旅游市场欠规范，无序竞争严重。由于海南酒店、宾馆等设施的超前发展（星级宾馆就达300多家）、规范旅游市场的法律建设相对滞后、旅游管理部门管理不到位，导致海南旅游市场无序竞争严重。旅游企业管理不善、规模小、经济基础薄弱的通病相当突出。旅游区布局不合理，旅游相关配套设施不健全，旅游交通相对落后，国际航线少，也严重制约了海南旅游业的发展。

（3）停留在“自然风光游”和数量扩张阶段，旅游精品屈指可数。在诸多旅游项目中，“自然风光游”是最便宜的项目，虽然来海南旅游的人次不少，但装进口袋的钱不多。海南旅游业文化底蕴单薄，旅游产品文化内涵的深度与广度不够，缺少具有文化底蕴的旅游景点，没有将海南特有的海洋文化、热带原始森林文化、黎苗少数民族文化充分挖掘。在旅游产业规划上，片面开发低档次的观光旅游产品，从旅游线路组合、旅游饭店、旅游景点的开发规划和城市规划都体现出产品开发与资源特色的不协调，形成旅游资源的高品位和开发产品的低档次的严重错位。

5. 负面效应认识不足

旅游和体育旅游的发展不可避免地会对当地的自然和人文环境产生重大影响，而这种影响反过来又作用于旅游业的发展，其中当然有积极影响也有消极影响。毋庸置疑，在积极影响方面，体育旅游显然能够促使体育旅游景区环境保护硬件设施的改善，从而促使体育旅游景区环境卫生得以改善。甚至随着体育旅游不断发展壮大，相关部门会更加重视体育旅游景区的环境卫生，加强管理力度，从而促进体育旅游景区自然环境的改善。虽然目前有关旅游或体育旅游对环境可能产生的消极影响结果以及影响程度尚未有系统、大量的研究成果，但是从可持续发展的角度来看，旅游和体育旅游对环境的影响，特别是不合理的体育旅游基础设施开发过程对环境有着不容忽视的影响。体育旅游会污染空气和水资源，会对生态环境、体育旅游者和当地居民造成一定的影响。在兴建体育旅游项目所使用的基础设施的过程中，不适当的开发会极大地破坏地质、地貌以及危及动植物的生存。首先，举办大型体育赛事需要修建大量的体育场馆、停车场、餐馆、旅馆以及城市配套基础设施等，在开发和发展过程中对体育旅游景区地表的过度占有，会对自然环境资源过量使用，使得体育旅游景区生态环境被破坏，导致土地表面的丧失而破坏生态环境。其次，在大型赛事期间，人流的过度集中使得消费需求骤然增加，在一定层面上对赛事举办地的公共服务能力提出较高的要求，所涉及的垃圾处理、能源补给、污水处理等与自然环境紧密相连的方方面面，其中任何一个环节出现差错，对自然环境的破坏将是长期的。此外，大型体育赛事期间庞大的人流带来的潜在犯罪概率的增长，大量人员涌入海南，使得城市交通尤其是汽车、火车和飞机运输量的增大以及夜总会等娱乐设施增多，进而增加当地的空气污染和噪音污染。

因此，海南在充分重视到旅游业带来的经济效应外，更要重视旅游业对环境的影响，时刻警惕旅游和体育旅游对环境可能造成的负面效应。如海南体育旅游的市场中的潜水等体育项目对环境造成不可修复的影响，这也限制了体育旅游市场的开发。

6. 景区管理不善

体育旅游中的重要一环是大型体育比赛项目，越来越多的人会在闲暇时间选择现场观看体育赛事这种新型的旅游和体育旅游方式，现场观看体育赛事也逐渐成为体育旅游的重要组成部分，因此每年海南的大型体育比赛项目举行时，都会有大批全国各地的体育爱好者前来观看。但其中部分观众在大型体育赛事现场有一些不文明的行为，其不文明行为不仅干扰了赛事的正常进行，更给赛事举办地的人文环境带来一定的负面效应。赛事现场观众进出场秩序的混乱、观众随意叫喊干扰比赛、随意乱扔垃圾、随地吐痰等，这可能与部分观众自身素质低下、自身养成的不文明习惯有关。此外，促使观众不文明行为的发生还可能是由于现场的管理不善，缺乏组织观众进出场的现场维护人员，进而造成赛事现场观众进出场秩序的混乱。此外，旅游和体育旅游景区的人文环境受到严重的污染。游人的不文明旅游和体育旅游行为、旅游团和景区服务行业的唯利是图、欺骗游客等不道德行为也会使体育旅游景点的人文环境受到损害。

7. 市场开发乏力

因经济发展水平相对落后，财政较为困难、资金不充裕，海南对体育旅游的直接投入相对较少。由于经费严重不足，在体育旅游业发展的许多重要方面，包括宣传促销、教育培训和基础设施、硬件设施建设等，都不能完全满足其发展的需要。体育旅游硬件设施跟不上发展的需要，许多可开发的项目因设施缺乏而无法开展。此外，在体育旅游项目的开发过程中，仍然存在宣传主体形象不够明确、生动，宣传内容单调、形式陈旧，宣传渠道不多、手段缺乏的现象，很少有多方参与、共同协作而形成的动作大、声势大的对外宣传活动。在国际旅游产品的促销上，由于海南在体育旅游项目上没有突出的特点，也没有特色或优质服务，故未形成像样的“拳头”产品，以至于海南对外宣传时，拿不出能与其他世界著名的旅游岛屿有明显区别的海南体育旅游产品，这大大降低了区域体育旅游资源的整体优势和综合功能。

8. 消费观念制约习惯

除管理者的观念有一定滞后外，海南当地居民的消费理念与行为习惯也影响着人们对体育旅游的选择。这种消费理念体现在旅游上，也多是只愿去参加一些消遣性和观赏性的常规旅游，而对于那些需要一定体力、技巧和具有一定意志力的体育旅游活动却少有人会真正地或多次地参加。想要让海南人民真正接受并拥抱体育旅游项目，还需要政府以及社会多加宣传和普及，逐渐改变居民旧的消费习惯和行为，不断接纳新的健康消费观念，并使他们真正认识到体育旅游活动的益处。

9. 管理水平较低

体育旅游相对于传统旅游，需要经营者有更高的市场把握度与体育的专门知识。第一，体育旅游的经营管理者既要熟悉旅游业务，把握旅游市场的运作规律，又要了解体育项目的特点，懂得如何将体育与旅游结合、地理环境与运动项目结合，并因地制宜地进行开发；第二，体育旅游，特别是体育探险游等项目具有其自身的特殊性，旅游线路上的自然条件相对较为艰苦，地理地质环境与气候条件等因素比较复杂，而大部分体育旅游项目需要参与者掌握相应的技术和一定的技巧，这需要有专门的人才来处理活动中出现的问题以及对参与者进行必要的参前培训等。体育旅游属于特种旅游项目，因而该行业需要专业的、特定的人才。与海南体育旅游蓬勃发展不协调的是，海南体育旅游的人才缺口仍然很大，体育旅游人力资源总量和后备力量都明显不足。现有的体育旅游企业的员工队伍中，整体素质不高，体育旅游经验严重不足，由此可能导致的经营管理不善，服务质量不到位等问题，都深刻影响着海南体育旅游市场的发展。

第四节　海南体育旅游发展对策

1. 重视“候鸟”体育经济的发展

海南得天独厚的自然条件、气候环境和长年新鲜的瓜果蔬菜，为海南的冬训产业奠定了基础。运动员是一个特殊的消费群体，其消费要远超一般游客。在运动员冬训的基础上，当地的体育旅游知名度也很容易提高。通过商业运作机制，对现有冬训基地进行改造和管理，引进建设一批体育训练基地和冬训基地，吸引各类运动队和俱乐部来海南训练和比赛。在重视体育冬训的基础上，同时也要重视针对老年人的“候鸟”体育经济的发展。海南要建设一批国际化、高水准的养老基地，配备保健医生、营养师和护理人员，加强基本护理、保健康复和营养知识的培训，还要积极开展太极拳、舞蹈以及各种老年人体育活动，让他们在各种舒适的体育运动中保持心情愉快、身体健康，同时也为海南的科学发展提供智力支持。

2. 开发海南西部、西沙以及南沙旅游

统筹兼顾岛上的自然资源，加强对海南岛西部的管理和开发，结合当地的民俗特色，推进西部体育旅游的开发。此外，对于西沙以及南沙，海南也应该积极开发当地的海洋旅游资源，逐步开发出独具当地特色的西沙、南沙体育旅游项目，充分利用当地的资源，这一方面是国际旅游岛建设的需要，另一方面也是维护国家领海主权的需要。

3. 创新机制，建立体育旅游服务体系

在海南省“十三五”规划中明确提出要提升发展以旅游业为龙头的服务业，但由于海南旅游管理体制的改革未能及时跟上旅游业快速发展的步伐，海南旅游企业市场化、社会化、规模化程度低，管理体制不健全，行政管理部门的管理和服务水平低，内部竞争过度，外部竞争乏力，给海南旅游市场带来严重的负面影响，从而导致海南旅游业综合竞争力不强。

为了体育旅游稳定、快速地可持续发展，建立完善的体育旅游服务体系是必要的。首先，规范住宿业和餐饮业服务，加强餐饮业标准化、规范化管理。为游客提供安全、舒适的优质服务，减少或消除游客的安全和卫生顾虑。挖掘、发展本土特色餐饮文化，大力培育海南餐饮品牌。建设国际旅游岛还应引进国际餐饮品牌、中华老字号餐饮店，实施连锁经营，汇聚国内外餐饮精品。对餐饮和住宿从业人员进行培训、考核，实施持证上岗，提高服务人员的素质和服务质量，逐步建立与市场需求相适应、具有海南特色的住宿服务体系。为了体育旅游的更好发展，应适度发展青年旅馆、乡村旅馆和汽车旅馆等，加强对宾馆饭店服务质量的监督管理，引导住宿业有序发展。其次，规范体育旅游行业服务，加强景区、旅行社和旅游从业人员诚信建设，营造良好的旅游人文环境。支持体育旅游业协会等行业组织充分发挥行业管理服务作用，建设功能齐全的综合性体育旅游网站和游客咨询中心。

4. 注意自然环境以及人文环境的培育

旅游资源是影响旅游业发展的关键因素所在，旅游业属于资源依附性很强的产业，自然生态环境和人文环境的质量是旅游业赖以生存和发展的必然条件。旅游环境包括自然环境和人文环境。国外旅游和体育旅游景区，特别是发达国家景区深知旅游业的发展与旅游保护是相辅相成的，在旅游业的发展过程中特别重视自然环境的保护和人文环境的培育。如为避免旅游度假区自然环境面临被破坏的危险，埃及政府及时制定相关法规，加强环保教育等一系列环保措施。再如法国享誉世界的旅游和体育旅游景点为数众多，面对游客过多，景区环境承载压力过大的问题时，法国旅游界专家人士在旅游业方面提出了“不伤害环境的旅游”“可持续发展的旅游”等新的理念，设立保护区，形成保护屏障。澳大利亚对大堡礁采取齐抓共管，保护生态环境举措更是效果明显。澳大利亚对当地自然旅游资源的合作管理方法，被世界旅游业引为范例。正是在旅游业的发展和壮大的过程中始终将景区环境保护放在第一位，从而使法国、澳大利亚等国外景区的旅游环境和旅游业的发展处于一个良性循环，两者相互促进、相互发展。

5. 谨慎投资

经营者在立项、定位以及确立经营策略时必须考虑现实与计划可能有差别的情况，在投资之前进行谨慎的思考，避免定位错误及盲目上马带来的经营风险和由此而造成的经济损失。

6. 搭建多方位网络平台

首先，通过专业的体育旅游公司，制定、规划海南体育旅游线路，并聘请专业人员开发体育旅游网站，在网站上提供并更新体育旅游项目以及价格等信息。推出多种类型的团购策略、适合“黄金假期”的营销策略、适应不同年龄段（中青年、老年）的体育旅游营销策略，并对海南已开发的体育旅游产品进行分类归纳，制定体育旅游线路（如五指山漂流——呀诺达雨林探险——亚龙湾海底世界——亚龙湾沙滩活动）。[1]其次，结合当前移动手机端消费者的数量越来越多的趋势，在专业网站的基础之上及时开拓移动手机应用，针对不同年龄段人群的营销策略，对体育旅游产品进行分类归纳，制定不同类型的体育旅游线路，并在微

[1] 王辉. 海南体育旅游目的地竞争力研究[D]. 海口：海南师范大学，2013.

博、微信平台上同步更新网站信息，增强与消费者的沟通交流。最后，积极整合当地的体育旅游资源，突出特色，借助海南每年举办的各类节庆、赛事、会议会展活动，利用广东国际旅游文化、中国体育旅游博览会等活动，深入宣传海南特色，从而更好地吸引世界各地的游客。

7. 设计独具当地特色的体育旅游项目

海南体育旅游开发需要突出产品形象，揭示文化背景，进行产品创新。任何体育旅游市场形成的初期，吸引的人数总是有限的，然而通过设计旅游产品形象进行产品创新，可以使富有创意的新产品得以生存与发展。如1984年山东潍坊推出“风筝节”，集健身与旅游于一体，通过“蓝天—风筝”旅游形象的策划吸引了众多的国内外游客。因此，首要的是发挥海南特色，设计产品形象。结合入境旅游者对中国旅游资源主要感兴趣的地方集中在山水风光、文物古迹以及民俗风情和饮食烹调方面的情况，海南的体育旅游开发可以以此为依托来设计产品形象。前期形象设计完成后，积极构筑若干条精品旅游线路，突出休闲度假、医疗养生、民俗风情等特色主题，塑造“蓝绿互动”、具有海南特色的旅游品牌和旅游产品体系。此外，通过后期不断强化和宣传，在国际国内都树立起自己独特的形象并占据重要地位。

8. 加强相关知识的宣传教育

继续大力发展经济和教育，进一步提高居民文化程度和收入，加大旅游和体育旅游影响效应的宣传，使居民正确理解旅游和体育旅游对自然环境的影响。相关部门应加大环保知识的宣传，提高人们的环保意识，加强旅游和体育旅游景区的规范管理，注重人文环境的建设和培育，通过各种途径宣传游客文明旅游行为。此外，应充分挖掘旅游和体育旅游对人文环境深层次的积极作用，通过开办讲座等宣传形式使游客充分理解旅游和体育旅游对人文环境的培育和建设。景区相关部门应加大控制力度，规范旅游和体育旅游的发展，坚决抵制对游客欺骗等不道德行为的发生，对严重事件应果断采取法律手段制裁。

9. 创新人才工作机制，培养高层次创业型人才

体育旅游不同于一般的观光旅游，它的发展需要既有科学训练能力又具备旅游服务能力的人才，二者是两大产业能融合的重要条件，并且它更加关注和满足旅游者对参与性的需求，因此，在体育旅游过程中对服务人员的指导能力就会要求更高，体育旅游服务人员在体育旅游的过程中对于旅游者而言不仅是服务者，更重要的还是指导者，例如体育旅游者在参与攀岩的过程中，导游不仅要介绍所看到的攀岩山峰有多高以及两边的奇特风景，更要告诉旅游者应注意的事项、如何正确地运用攀岩工具等，只有这样才能使旅游者获得成功的快感。因此，在体育旅游业的发展过程中应更加注重对体育旅游人才的培养。海南省可以从以下几个方面实现体育旅游人才的培养。

（1）实施高层次创新创业型人才引进培养，依托旅游人才，迅速建立一批专业化的体育旅游人才队伍。体育旅游是旅游的一部分，在体育旅游过程中感受旅游的美好，是体育旅游不可缺少，也不能改变的。因此，一方面，从现有的高层次旅游人才结构中选择具有运动和指导才能的人，将他们培养成体育旅游的专业化人才；另一方面，既可以采取多种形式从内地吸引专门的体育旅游人才，也可以从海外招聘员工，通过外地人才来改善本地体育旅游专业人员紧缺的现状，提高体育旅游人才队伍整体素质。

（2）以海南省开设有体育旅游专业、旅游专业、体育专业等的高校为依托，建立一支高层次、高素质的体育旅游教育科研队伍。改进人才培养结构，根据市场需求调整和制订人才培养计划，为体育旅游的发展储备人才，不断输送高素质、专业化、高层次体育旅游人才。

（3）积极强化旅游培训机构，设立体育旅游专门培训机构，建立健全各种类型的旅游人才培育基地。分项目、有重点地培养各类型体育旅游人才，注重对体育旅游综合性人才的发掘和管理，重视人才，营造良好的用人环境，吸引、用好、留住各类体育旅游人才，建立健全的工作与业绩紧密联系和维护人才合法权益的激励保障机制。

10. 实施品牌化、多元化创意营销战略

体育旅游者购买行为的产生要经过对需求的确认、信息的寻找、选择评价、购买行为和购买后行为等几个步骤，最终完成购买行为，进而影响下一次的购买行为或是向别人推荐这一活动，是一个复杂的过程，可以说体育旅游者会把目的地当成是一个品牌，在购买之前、购买中、购买后形成对这个品牌的认识。因此，体育旅游营销者应整合各种问题，关注体育旅游者购买过程，将体育旅游目的地打造成一个品牌，进行营销，建立品牌形象。海南省应加快旅游信息体系建设，加快旅游景区信息通信基础设施建设和新的信息技术与业务的应用，加大旅游产业信息资源整合，推进旅游业和信息化深度融合。建设具有宣传、促销、咨询、预订、投诉等功能的综合性旅游门户网站，建立政府引导、行业协会和企业为主体、营销代理机构为补充的旅游营销体系，深化“阳光海南、度假天堂”的旅游形象，坚持以国内旅游市场为重点，积极发展入境旅游，有序发展出境旅游。

实施市场多元化战略，在进一步巩固珠江三角洲、长江三角洲、环渤海湾以及我国港澳台地区、俄罗斯、新加坡、美国、韩国、日本等重点客源市场的基础上，大力开发国内大中城市以及中亚、北欧、西欧、澳洲等客源市场。实施联动整合营销的市场战略，建立旅游行政管理部门、体育管理部门、行业协会、重要媒体和航空公司、景区景点、度假区联动营销机制，成立体育旅游营销联盟，设立体育旅游促销专项资金，创新营销手段。

第八章　婚庆旅游

第一节　婚庆旅游的理论探索

随着人们婚恋观念和消费习惯的转变，婚庆旅游逐渐发展成为旅游市场上增长速度快、发展潜力巨大的新兴朝阳产业。但是目前我国针对婚庆旅游的研究数量较少、质量较低，存在与其发展速度不匹配、发展实际情况脱节的问题。

婚庆旅游概念尚未得到学术界的统一。王莉（2011）[1]认为婚庆旅游指人们以在旅游目的地享受蜜月或欢庆自己的结婚为目的的一种高层次的休闲、度假旅游活动，其延伸内涵包括相亲旅游、婚纱摄影旅游、旅游地婚礼庆典、新婚蜜月旅行、结婚纪念旅行等多个方面，有很强的关联带动作用。王贝芬等（2013）[2]认为婚庆旅游是指以婚庆为目的，将旅游服务和婚礼策划、婚礼服务结合在一起的复合型旅游专项产品。由于旅游者以婚庆活动为出行目的，婚庆旅游区别于一般的观光度假旅游。接待宾客、婚典设计、婚典执行等婚庆活动以及观光、度假等旅游活动都可以列入婚庆旅游的范畴。张丽娜（2015）[3]认为婚庆旅游从狭义上讲，是以结婚旅游为主的旅游，以婚庆为目的，把婚礼策划、婚龄

---

[1] 王莉. 我国婚庆旅游产品开发中存在的问题及对策[J]. 河南科技，2011(13):36-37.

[2] 王贝芬，王艳. 我国婚庆旅游市场细分与发展对策研究[J]. 山西广播电视大学学报，2013，18(3):106-108.

[3] 张丽娜. 婚庆旅游市场细分化及营销策略分析[J].教育教学论，2015(51):197-199.

纪念和旅游服务结合在一起的一项复合型旅游产品。婚礼设计、执行、接待来宾、度假等婚庆活动都包括在婚庆旅游范围内。关于婚庆旅游的特点，多数学者认为季节性较强、消费水平高、旅游目的地资源要求高和旅游服务质量要求高是婚庆旅游最显著的特点。关于婚庆旅游市场的细分，目前学术界普遍倾向于将其划分为新婚蜜月游和纪念游两大市场，纪念游包括金婚游、银婚游等。

在婚庆旅游发展过程中，产业融合现象十分明显。目前普遍认为婚庆旅游产业链由核心产业、依托产业和衍生产业组成。核心产业以婚纱摄影、婚礼策划行业为主；依托产业以酒店住宿、餐饮、景区观光、花艺造型、摄影摄像等行业为主，为核心产业提供服务；衍生产业则主要以婚庆旅游购物、婚庆展览、婚庆纪念品等为主。在依托产业和衍生产业内部有着大量的传统旅游企业和婚庆企业的共同参与，两者相辅相成，缺一不可，婚庆旅游的产业融合现象也由此成为学者们的重点研究方向，其中徐绍玲等（2016）[1]从市场需求、产业价值链出发对旅游业与婚庆业的融合进行详细分析，并着重对资源融合、功能融合、市场融合和品牌融合四大产业融合路径进行了阐述。

第二节　海南婚庆旅游发展现状

一、海南婚庆旅游发展优势

1.自然资源得天独厚

海南是我国唯一的热带岛屿省份，拥有优质的自然生态环境，阳光充足、气候适宜、空气清新、水质纯净，以及汇聚有沙滩、海水、海岛、温泉、岩洞、热带雨林、田园风光、黎苗民族风情等众多自然和人文资源。海南年平均气温在25℃左右，日照时间长，冬无严寒，夏无酷

[1] 徐绍玲，宋丹瑛．旅游与婚庆产业的融合：市场需求分析、产业价值链分析及路径[J]．科技广场，2016(4):154-159.

暑，四季宜居。海南生态环境保护良好，2016年全省森林覆盖率达到62.1%，空气质量优良天数比例超过99%，位于全国前列。优良的生态环境大大增加了海南婚庆旅游业的吸引力。

海南也是旅游资源大省，首先海岸线长达1 528公里，68个天然港湾星罗棋布，多数地方风平浪静，海水清澈，沙白如絮，清洁柔软，岸边绿树成荫，空气清新，海水温度一般为 18～30℃，阳光充足明媚，一年中多数时间可进行海浴、日光浴。其次，热带森林资源丰富。海南有海拔1 000米以上的山峰81座，绵延起伏，山形奇特，气势雄伟，山上密布着热带原始森林，有尖峰岭、霸王岭、吊罗山、五指山等多个热带原始森林区。“山海并存，蓝绿互动”是海南旅游最突出的优势，能够满足婚庆旅游产业发展的各种需求。

2.旅游市场环境良好

海南突出的生态优势和旅游资源优势，使得海南成为国内最受欢迎的旅游度假胜地、国内外知名的旅游目的地，旅游市场广阔。2016年，海南全年接待国内外游客超过6 000万人次，旅游总收入达到669.62亿元，收入增幅超过17%，其中入境旅游取得突破性发展，入境游客达到74.9万人次，同比增长23.1%，旅游外汇收入3.5亿美元，同比增长41.13%。同时海南旅游市场需求不断丰富，除海洋旅游以外，康养旅游、会展旅游、乡村旅游、森林旅游和婚庆旅游等多样化的旅游产品都得到更多游客的青睐。海南旅游市场的不断壮大和需求的不断升级，为海南婚庆旅游产业发展提供了根本的发展动力。

海南旅游市场的繁荣，直接带动海南旅游接待能力的提升。截至2016年年底，海南全省有住宿饭店4 000家，按五星级标准建设开业的酒店123家，25家国际知名酒店管理集团、61个酒店品牌进驻海南。海南的高端酒店群为婚礼的举办提供了多样的场地选择、一流的硬件设施和优质的服务支撑。同时海南全省拥有A级旅游景区53家，旅行社396家，执业导游5 000人，全省旅游直接就业人数超过40万人，间接就业人数超过160万人，为海南婚庆旅游提供了优质的旅游场地和旅游接待服务。

3.爱情文化浪漫浓厚

海南尤其是三亚的浪漫文化氛围浓烈，拥有天涯海角、凤凰岭海山盟、鹿回头和亚龙湾热带天堂森林公园等充满爱情色彩的景区，且自古以来“天涯海角”“海誓山盟”就是中国人代代相传的爱情誓言，寄托了中国人对爱情的美好寄托和希冀，海南具有独特的浪漫文化吸引力。同时海南本土文化具有多样、包容、开放的特性，给予了浪漫文化较大的发展空间，进一步滋生了浪漫文化的萌芽和发展，海南也由此成为情侣心中的“爱情胜地”。

4.当地政府大力支持

《海南省旅游业“十三五”规划》明确提出特色化发展婚庆旅游、低空飞行旅游和房车露营旅游等专项旅游，明确了“进一步开发游艇婚礼、邮轮婚礼、海湾婚礼、黎苗民俗婚礼等十类婚庆旅游产品”“整合海南婚庆旅游产业链，打造天涯海角、热带森林天堂公园、大小洞天、海口观澜湖等十二个特色婚庆基地”和“全面启动海南情感旅游主题营销活动”的发展规划。三亚市政府更是把婚庆旅游纳入政府重点发展的旅游新业态，加大婚庆旅游宣传促销，还先后出台《婚礼服务规范》《婚纱摄影机构质量等级的划分与评定》两项地方标准，支持三亚市婚庆旅游市场及婚庆行业的健康发展。

二、海南婚庆旅游发展概况

近年来，随着旅游业的迅猛发展，“婚纱摄影+旅游”等形式多样的婚庆旅游产品不断涌现，婚庆旅游逐渐进入大众视野并且越来越受到青睐，极大地激发了旅游市场活力。海南拥有得天独厚的海岛资源，又有着天涯海角、鹿回头等深厚爱情文化，经过多年市场培育，早已被冠以“蜜月岛”“婚庆胜地”的称号。尤其是2009年建设国际旅游岛以来，海南作为我国旅游业改革创新试验区，海南的婚庆旅游产业进入迅速发展阶段，婚庆节事活动异常活跃，增长明显加快，成为引领婚庆旅游发展的排头兵和中国婚庆产业高度繁荣的地区之一。目前婚庆旅游产业的规模和质量持续扩大，已经催生出20多条蜜月婚庆旅游线路，形成三亚、琼海、陵水、保亭等多个海南婚庆旅游目的地，游艇婚礼、邮轮婚礼、海湾婚礼、黎苗民俗婚礼、小镇婚礼悉数惊艳亮相，海南婚庆旅游的品牌效应正逐渐发挥作用，在客源市场掀起一股来海南婚庆旅游的热潮，海南婚庆旅游也由此成为海南旅游经济发展的新业态、新亮点。

据统计，2012年来海南拍摄婚纱的游客接近20万对，到2014年年底则已经突破25万对。发展至2016年，海南涉及婚庆产品的酒店有100多家，婚纱摄影公司和工作室500多家，婚礼策划机构40多家，旅游景区15家，其他服务商家1 000多家，婚庆旅游从业人员近万人。2016年海南共计接待婚纱摄影新人32万对，婚礼客人2 100对，蜜月度假客人超过30万对，婚庆旅游顾客遍及全世界。而来海南进行婚纱摄影的新人中约有80%选择三亚作为目的地，其余主要分布于海口、琼海、万宁、陵水等市县，婚纱摄影游客为海南带来可观的住宿、餐饮、婚纱拍摄、旅游、购物等旅游消费。据统计，一对中端客人可以实现消费1.2万元，高端消费则可约达2万元/对。海南婚庆旅游产业的发展也极大地带动了产业的年产值增长，直接收入达到70亿元，占全省旅游总收入的10.42%。

海南在婚庆旅游产业发展方面也做了大量的推动工作。早在2011年，海南省就提出了“海南蜜月岛”的宣传口号，正式推出海南婚庆蜜月旅游的概念，此后，在全省社会各界的共同支持和努力下，婚庆旅游产业迅速发展，并逐渐形成影响力。“海南蜜月岛”“去海南拍婚纱”“穿着婚纱去三亚”“两个人的三亚”“爱TA就带TA去三亚”等口号愈发深入人心。

2013年1月4日，海南省旅游委、省旅游协会共同推动成立“海南岛十全十美婚庆产业联盟”，联盟涵盖了婚庆度假型酒店、特色婚庆浪漫型景区、特色婚庆旅游主题旅行社、品牌婚纱摄影机构、品牌爱情信物等十项婚庆产业链机构，鼓励大家围绕“爱的海岛，情的海洋，美丽中国，幸福海南——爱你一生一世”主题，联合策划、组织、举办每月一次主题各异的“海南岛蜜月婚庆游主题月活动”（见表8-1），按照“婚庆主题旅游产品突破——打造海南婚庆旅游产业——形成具有海南特色的婚庆旅游经济”的路线协作发展，强势培育海南岛蜜月婚庆游亮点，展现丰富多元的海南蜜月婚庆游产品，共同做大做强海南婚庆旅游市场。作为婚庆产业排头兵的婚纱摄影行业在海南的发展速度极快，2013年3月，海南省婚纱摄影行业协会成立，协会坚持规范婚纱摄影行业自律，坚持摄影为社会服务，坚持推动国际旅游岛建设。

表8-1　2013~2014年海南婚庆旅游主题月活动主题一览表

	2013年	2014年
1月	海上游艇主题婚庆月	观澜湖“私人定制”主题婚庆月
2月	丽星邮轮南海丝路主题婚庆月	“木棉花开情缘昌江”主题婚庆月
3月	大小洞天情迷小月湾主题婚庆月	“情迷小月湾”主题婚庆月
4月	三月三海岛黎族特色主题婚庆月	“浪漫三月三，醉美琼中情”主题婚庆月
5月	博鳌天堂小镇主题婚庆月	主会场：琼海龙寿洋国家农业公园婚庆主题月； 分会场：“缘聚琼海 情定博鳌”主题婚庆月
6月	海口热气球婚礼主题婚庆月	主会场：“幸福临高步步高”主题婚庆月； 分会场：银泰田园风格主题婚庆月
7月	亚龙湾热带天堂鸟巢蜜月度假主题婚庆月	“甜蜜浪漫月 相约航天城”主题婚庆月
8月	保亭黎族苗族七夕温泉嬉水婚庆主题月	主会场：保亭七夕温泉嬉水婚庆主题月； 分会场：七仙岭雨林养生婚庆主题月、“浓情蜈支洲”七夕婚庆主题月
9月	“爱情海岸，福缘万宁” 主题婚庆月	主会场：“珍珠海岸 美丽陵水”主题婚庆月； 分会场：“爱在石花水洞，缘在阴阳元石”主题婚庆月
10月	呀诺达“哇哎噜”雨林婚庆主题月	“情系澄迈 缘自咖啡”、呀诺达“哇哎噜”雨林婚庆主题月
11月	三亚蜈支洲岛小岛婚庆主题月	主会场：“爱情海岸 热恋万宁”主题婚庆月； 分会场：“月亮知道我的心”屯昌摩天岭高空婚庆主题月、丽星邮轮浪漫南海丝路婚庆主题月
12月	三亚天涯海角国际婚庆主题月	三亚天涯海角国际婚庆主题月

2014年9月，海南省旅游委又带头发起倡议，与北京、天津、河北、安徽等省市旅游部门、行业协会、有关企业共同组建“天大喜事婚庆旅游合作组织”，利用天津航空串起五大“天字号”爱情胜地，共同打造极

富中华文化特色的婚庆旅游品牌，互为婚庆旅游客源地和目的地，开发“一程多站”式婚庆旅游产品，培育美满幸福的婚庆旅游产业，创造了我国旅游业提质增效升级的新范例。

结合2013～2014年谐音和寓意，海南省连续两年重点向国内、国外旅游市场推出“美丽中国幸福海南——爱你一生一世”系列婚庆旅游主题活动，将海南主推的生态旅游产品、热带雨林产品、民族民俗旅游产品、滨海旅游产品以及邮轮旅游、游艇旅游、房车旅游等旅游新业态进行有效整合包装，形成在国内国际具有竞争力的海南婚庆旅游产业，尤其是海南部分市县的婚庆旅游发展如火如荼。

三、海南各市县婚庆旅游发展探索

（一）三亚市

1.婚庆旅游发展状况

三亚是国内首个开创目的地婚礼营销的城市。近年来，在政府、企业、协会等的共同努力下，三亚的婚庆旅游市场取得长足发展。初步建立在全国具有一定地位的婚庆旅游产业，一批婚礼酒店、婚庆主题景区、婚庆旅游服务公司、婚庆策划企业、婚礼购物企业、婚纱摄影企业，以及一大批辅助服务企业如花卉、车辆、服装、艺术设计等相关企业得到迅速发展，有效地促进了三亚旅游目的地的营销，更增加了三亚的综合旅游消费。

目前，三亚已有60余家五星级婚礼酒店，30余家婚礼公司，500余家婚纱摄影机构，涉及婚庆旅游产业业务的企业增长至近千家，拥有超过1万名的婚庆行业从业人员。行业的口号和目标也已经从2012年的“爱TA就带TA去三亚”变成“新兴的世界婚庆旅游度假目的地”。根据三亚旅游委公布的数据，2016年三亚的婚庆旅游业营业收入超过80亿元，同比上年增长9.2%，婚庆旅游产值占三亚旅游总收入的近1/4。其中2016年三亚共接待婚纱摄影客人约32万对，同比上年增长8%；举办婚礼2 200余场，同比上年增长10%；蜜月度假客人超20万对，同比上年增长15%。而在三亚婚庆旅游刚刚起步的2012年，三亚全年仅接待600余个中高端婚庆度假团，婚纱摄影、集体婚礼及个性婚礼消费约为1.5亿元，加上蜜月旅行等花费，累积婚庆相关消费约10亿元，短短几年间，三亚婚庆旅游就在营业收入上取得相较于2012年7倍的增长，产业发展势头可谓强劲。

2016年三亚市涉及婚庆旅游业的12个行业内，婚纱摄影单位数量最多，达到500家，其次是旅租住宿和餐饮业，单位数量分别为200家和100家，其他行业单位数量都较少，不足50家，最少的婚庆纪念品单位仅为2家，产业内部的单位数量差异较大，发展较为不均衡。

2016年，三亚市婚庆旅游核心产业单位数量最多，为535家，在全市婚庆旅游业内占比58%；依托产业单位数量也较多，共有379家，比例达到41%；而衍生产业发展较为滞后，仅有单位8家，占比仅为1%。总体呈现出“核心产业—依托产业—衍生产业”单位数量依次递减的发展态势。

在营业收入方面，2016年营业收入表现最突出的为婚纱摄影，收入达到33亿元；其次为旅租住宿和酒店住宿，收入分别为22亿元和11亿元；其他相对收入较多的为婚礼策划、餐饮业和婚庆购物，收入分别为4.0亿元、3.9亿元和3.0亿元，三者差异不大；其他剩下的行业收入都较低，不足2亿元，总体而言在婚庆旅游产业内部不同行业的营业收入存在较大差距。

从三大产业来看，依托产业营业收入最多，达到40亿元，占比50%；核心产业营业收入次之，为37亿元，占比46%；衍生产业收入最少，仅为3.5亿元，比例为4%。在营业收入方面总体呈现出“依托产业—核心产业—衍生产业”递减的发展态势，与产业的单位数量发展趋势有所不同，核心产业单位数量最多，而依托产业营业收入最多。

三亚市婚庆旅游现阶段发展有以下特征：（1）婚庆旅游的发展规模和接待规模明显扩大；（2）婚庆旅游产业结构出现积极转变，核心产业发展迅速，依托产业发展稳中有进，衍生产业崛起较快。婚纱摄影和婚庆住宿作为婚庆旅游的重点行业贡献明显，占婚庆旅游总收入的比重达到82.5%。

2.婚庆旅游发展成功经验

一系列增长数据说明三亚的婚庆旅游产业正驶向新蓝海，产业发展成型成势，除了婚纱摄影、婚礼策划、蜜月度假等核心产业发展迅速外，酒店、景点景区等涉旅企业亦纷纷试水“甜蜜产业”，提供衍生、配套服务，以期分享“甜蜜蛋糕”，婚庆主题产品趋向多元化，三亚婚庆旅游产业的未来发展前景一片光明，三亚市在婚庆旅游发展方面的成功经验同样值得借鉴。

（1）行业管理领先全国。

在婚庆旅游行业管理方面，三亚走在了全省甚至是全国前列。2013年三亚就成立了三亚市旅游协会婚庆旅游专业委员会，正式倡导“婚庆+旅游”新业态。2016年6月6日，三亚婚庆旅游行业协会正式成立，更是促进了三亚“婚庆+旅游”新业态的发展。三亚婚庆旅游行业协会积极搭建婚庆旅游行业与政府职能部门沟通的平台，在一定程度上协调解决了婚庆旅游企业资金缺乏、人才短缺等问题，推动三亚市婚庆旅游行业健康快速发展。同时，协会与三亚学院旅业、传媒、音乐学院共同签署协同创新合作协议，在行业研究、项目合作、教育教学、人员培训、人才输送等方面开展全面合作。协会将逐步实行婚庆旅游从业人员资格培训，持证上岗，保障企业和消费者的合法权益；建立健全婚庆旅游产业链，实行异业协作，继续加强婚庆企业与旅游饭店、景区景点等行业的交流合作，推动单一的婚庆企业向多元化复合型婚庆旅游企业发展。

制定行业标准是婚庆产业持续发展的保障。三亚通过协会出台诸多婚庆行业的相关标准，进一步规范市场秩序。尤其是协会在三亚市旅游委指导下制定了《三亚市婚纱摄影标准化合同》，合同详细规定了拍摄、婚庆服务事项，服务费与支付方式，双方权利与义务，以及双方违约责任等六项内容，全面推广规范性、标准化婚纱拍摄合同，用法律手段促进行业有序健康发展。2015年12月海南省质量技术监督局还通过了《婚礼服务规范》《婚纱摄影机构质量等级的划分与评定》两项标准。可以看到，三亚市近年来以标准规则为有力抓手，在引导涉及婚庆旅游的企业全面启动旅游产品制作与标准化服务，将酒店婚庆接待、餐饮婚宴、婚庆企业星级、婚纱摄影等行业规范化、标准化，提升三亚婚庆旅游产业竞争力，着力塑造三亚婚纱摄影口碑和形象方面做出的努力。三亚婚庆旅游行业协会的成立和各项行业标准的制定使得三亚市婚庆旅游产业发展与建设迈出实质性的步伐，对三亚市经济社会持续协调发展具有重大意义。

（2）婚庆旅游目的地形象鲜明。

为推动三亚婚庆旅游目的地的形成，三亚市在婚庆旅游宣传推介上竭尽全力。三亚先后在2013～2016年先后举办三亚目的地婚礼博览会、三亚婚庆旅游产品发布会、三亚婚礼产业大会和海南婚庆旅游产业大会等各类婚庆旅游主题节事活动来宣传推介三亚的优质婚庆旅游与服务，有效地整合了婚庆与旅游两大板块的行业资源、市场渠道和平台建设，使得三亚婚庆旅游市场吸引力、品牌知名到大幅提升，激发了三亚婚庆旅游的新活力。2017年三亚举办全球婚礼蜜月岛屿论坛，论坛成立了全球婚礼蜜月岛屿GWHI合作组织，发布《2017全球婚礼蜜月岛屿论坛三亚愿景》，并确定三亚为全球婚礼蜜月岛屿永久会址城市，向来自世界各地的婚庆行业嘉宾展示推介三亚的优质婚庆旅游资源。

而在旅游宣传推介走出去的过程中，三亚先是连续两年在“清凉一夏·三亚度假”的夏季旅游推介活动中重点对旅游婚庆产品进行宣传与推广，然后是在全国多个城市展开三亚婚庆旅游专场推介活动。2016年7月，三亚市在北京举办婚庆旅游推介活动，由三亚市婚庆旅游行业协会与中国社会工作协会婚庆行业委员会、北京婚俗婚庆文化协会分别签署战略合作协议，多方合作打造三亚婚庆旅游目的地。2016年12月，三亚一站式婚庆旅游官方APP“我们We Will”上线和2017年三亚婚庆旅游系列活动新闻发布会在北京国家会议中心成功举行，三亚婚庆旅游资源有了专属的宣传平台，促进了三亚目的地婚礼发展的新势力。

（3）婚庆旅游产品多元。

婚庆旅游市场的迅速发展，也带来了三亚婚庆主题产品的日趋多元化。三亚依托本市出色的沙滩、海水、海岛、温泉、岩洞、热带雨林、田园风光、民族风情等众多自然和人文资源，推出多样化的婚庆主题产品。比如，依托自然景观的婚纱摄影有海天、草坪、雨林、游艇、椰林等；依托南山佛教、黎苗文化、时尚、生态等文化资源的婚礼文化服务有黎家祝福（槟榔谷等）、浪漫天涯（天涯海角景区）、佛境结缘（南山文化旅游区）、爱的启航（游艇会所）、雨林秘境（热带天堂森林公园）等。目前三亚形成以天涯海角、大小洞天、蜈支洲岛等为代表的一批婚庆主题旅游景区。

天涯海角的美好寓意，使得它成为来三亚旅游的情侣、新人的必到之处，目前天涯海角国际婚庆节已经发展成为集婚庆旅游和蜜月度假于一体的精品旅游节庆活动，也让天涯海角成了海南最知名的婚庆旅游景区，每年前来拍摄婚纱照、蜜月旅游的游客络绎不绝。

大小洞天旅游区一直是海南省最浪漫婚纱摄影基地之一。经过培育，尤其是通过2013年3月举行的“洞藏百合·海鉴真爱之三月情迷小月湾”活动，使得旅游区的摄影基地品牌效应逐渐开始显现。在建设婚纱摄影基地的基础上，景区根据自身的特色资源设计了一系列婚庆旅游产品，让更多的游客选择主题婚庆产品，2016年大小洞天被正式确立为海南省12个特色婚庆基地之一。

蜈支洲岛是国家5A级旅游景区，蜈支洲岛除了绮丽的自然风光，还极具浪漫的人文气息，有情人桥、情人街、观海长廊、情人岛景点，使得其成为目前备受追捧的“私人定制”婚庆摄影基地。目前蜈支洲岛内设有专门的景区官方视觉影像对外服务机构，能为新人提供“婚纱写真、婚纱爱个go、多个一站式蜜月套餐”等婚纱摄影产品以及“两人微婚礼——珊瑚情”“超值微婚礼——海棠恋”“精致微婚礼——山海誓”等海岛婚礼产品，多样化的选择给予新人最大最难忘的婚庆服务体验。

亚龙湾热带天堂森林公园因为冯小刚的爱情电影《非诚勿扰2》而闻名遐迩，受到了越来越多情侣、新人的欢迎。景区也适时推出了婚庆旅游套餐，住鸟巢度假村，观亚龙湾山海风光，走过江龙索桥，让慕名前来的游客充分感受电影中的浪漫。同时为配合婚庆旅游发展需要，景区特意建造了天作之合礼堂，给予情侣、新人百分百的浪漫与温馨。在山顶礼堂旁有三亚最高的欧式山盟亭，配有总面积380平方米，可容纳100人的云间草坪，浪漫温馨，是新人举办山顶草坪婚礼的绝佳选择。

（4）婚庆酒店服务专业化。

在婚庆酒店方面，三亚的四星、五星级酒店瞄准“目的地婚礼”这一契机纷纷发力婚庆市场，结合酒店特色推出缤纷多彩的婚礼产品。许多酒店有专业的婚礼“智囊团”为爱侣策划特色婚礼和婚宴。专业的婚礼服务团队根据爱侣个性化的需求，精心筹划婚礼的主题设计、花饰布置、仪式安排和庆祝宴会。亚龙湾瑞吉度假酒店秉承经典与传统，推出了时尚游艇婚礼、总统别墅婚礼，让新人在亲友的祝福中将南中国海面上的幸福时刻化为永恒；三亚凤凰岛大酒店结合酒店独有的休闲、度假元素，推出了养生、友情、家庭、健康、情侣等6大主题套餐。

（二）海口市

2010年，首届热气球婚庆节在海口举办，吸引了60对新人参与体验。独特婚庆形式，获得许多新人追捧，海南“海誓山盟”旅游婚庆文化成为海口一张闪亮的城市婚庆蜜月名片，促进了海口相关婚庆旅游产品的开发。

万人旅游相亲活动，是继热气球婚庆节之后海口市又一项重要的婚庆旅游产品，是“海誓山盟”婚庆品牌的延伸和发展。2011年，海口推出了“海誓山盟”万人相亲活动，吸引了许多的本地青年和游客参与，进一步壮大海口婚庆旅游市场份额。

2013年，在海口游艇经济论坛暨国际游艇展上，海口首次把旅游婚庆节与游艇结合，在充分展现海口滨海城市特色和保留“万年火山定山盟、浩瀚大海许誓言”、趣游骑楼老街等活动的同时，加入了全新的海上婚礼环节。海口从经济、休闲旅游、文化等不同侧面对游艇产业进行了纵深挖掘，通过海上婚礼的特色产品，进一步深化了海口“海誓山盟”之城的城市名片。

海南省首个主题婚纱摄影基地——观澜湖·海口婚纱摄影基地也在2013年落成，基地针对新人的独特需求，量身打造极富个性色彩的浪漫婚礼，全程为新人提供婚礼策划、专用车位设置、婚宴（永浴爱河、贵族草坪、八百米真爱、古村遗风）布置、豪华的蜜月套餐、套房奢华享受等一站式婚礼服务。之后观澜湖打破传统，主张贴近自然举办户外婚礼，推出的“矿温泉”“华谊冯小刚电影公社”“高尔夫球场”等集自然、浪漫、文化主题元素的12个婚纱照拍摄景点受到新人追捧，成为海口市民及外地游客选择拍摄婚纱照的首选地。观澜湖华谊冯小刚电影公社“1942民国街”的建成更是吸引上千名新人前来取景拍摄，在中西合璧的精致民国建筑中让新人体验建筑美感和人像摄影的完美结合。在2017年“海誓山盟”万人相亲活动期间，观澜湖旅游度假区又成为“海口旅游相亲婚庆基地”，成为海口“婚恋之都”城市婚庆旅游的重要平台和海南“一站式婚礼服务”目的地。

以万人相亲、婚庆节、热气球节、海上婚礼为代表的海口婚庆旅游品牌活动在积极推动海口婚庆旅游产业发展壮大的同时，这些充满文化内涵的旅游产品也成为海口旅游转型跨越发展中不可或缺的“内生动力”，带动了酒店、餐饮、运输等行业的参与，大大改变了以往游客只把海口当作“旅游走廊”的误解，使得海口这一有地域特色的旅游目的地形象逐渐明晰起来。随着婚庆习俗的改变、婚庆旅游市场的壮大，越来越多的海南旅游企业加入婚庆旅游的阵营，婚庆旅游产品越来越丰富。从相亲到结婚再到结婚纪念，海口逐渐形成完整的婚庆旅游产业链条。

（三）琼海市

2013年5月，琼海成功举办琼海第一届婚庆主题月活动“爱在潭门，情留博鳌”，率先提出“小镇婚礼”概念。博鳌和潭门是琼海最具特色的两个小镇。博鳌有玉带滩、“海的故事”等知名景点，是许多游客心中的海南旅游必到之处，同时博鳌论坛的发展使得博鳌小镇建设完善，风情独特。潭门被誉为“南海之门”，既是千年渔港，又是有着上千年历史的爱情古镇，尤其是青梅和元文宗的爱情故事，让潭门成为带有皇家色彩的爱情古镇。两者拥有丰富的旅游和人文资源，是最能展现海南小镇风情。小镇婚礼开启了琼海以美丽、幸福和爱情为元素的特色婚庆经济模式，活动的发展也使得琼海成为海南重要的婚庆旅游目的地。

2014年，琼海提出“田园城市，幸福琼海”的发展目标，继续大力发展婚庆旅游业。2014年5月20日，“有一种幸福叫琼海”主题婚庆月活动在琼海七星伴月乡村度假区启动。在此次婚庆主题月中，琼海依托丰富的田园风光、山海风景、风情小镇等旅游资源，创新推出以“田园的故事”“海的故事”“小镇的故事”为主题的“体验式旅拍”产品，整合推出龙寿洋国家农业公园、绿道骑行、博鳌小镇、潭门南海渔业小镇及中原南洋小镇等旅拍景点。充分展现融合海景、田园风情等多元素的婚庆蜜月度假产品，受到追求时尚、自由和个性张扬的婚纱摄影形式的年轻人的青睐。同时琼海在“旅拍”主题活动的基础上加大了婚庆产品的精致化和精细化创新，构建了丰富多元的婚庆产品，打造了海南岛首个“体验式旅拍”婚庆蜜月目的地，与小镇婚礼目的地共同支撑起琼海浪漫目的地整体形象，并且通过婚庆旅游产品的市场化，促进了琼海整体旅游经济发展。

2015年，琼海推出的活动主题为“有一种幸福叫琼海——我们的爱情丰收啦”，这是琼海自2013年起成功举办的第三届婚庆主题月活动。将琼海塔洋、博鳌、潭门、嘉积等小镇特色、中国传统文化、热点名人、乡村风情贯穿于一体，强势打造了琼海立体丰富的田园风光、特色民俗、农家风情、传统文化等婚庆资源，凸显了琼海特色的浪漫、幸福元素，展现了琼海婚庆蜜月目的地形象，夯实了琼海的小镇婚礼、田园婚礼、乡村喜礼等婚庆产品品牌，真正将琼海的婚庆旅游产品转化为婚庆旅游产业进行发展。琼海也逐步构建起“婚纱旅拍”婚庆目的地+“目的地婚礼”目的地的复合型“幸福琼海”品牌新形象。

（四）陵水黎族自治县

2013年，陵水举办了“爱在陵水，浪漫港湾”婚庆主题月活动，在陵水分界洲岛浪漫上演了三天两晚的大型集体主题婚礼，揭开了陵水婚庆旅游发展的序幕。

陵水婚庆旅游发展有着“三湾三岛两湖一山一水”的坚实基础，

“三湾”，香水湾、清水湾、土福湾；“三岛”，分界洲岛、南湾猴岛、椰子岛；“两湖”，新村泻湖、黎安泻湖；“一山”，吊罗山和“一水”，高峰温泉。其中分界洲岛，作为中国首家国家5A级海岛型景区和海南目前海洋旅游特色项目最多的热带岛屿景区，有着出色的海岛旅游资源，南湾猴岛风光秀丽，动物资源和森林资源尤为丰富，是新人拍摄个性婚纱照的首选。而陵水椰田古寨保留的黎族历史印迹和文化记忆，黎族织锦等多项国家级非物质文化遗产，是新人婚庆旅游的又一选择。

2014年，陵水继续依托拥有独特的山海美景和特色海岛水上游乐项目，该景区在对新人和婚庆摄影机构推出优惠举措的同时，还专门成立婚庆服务部对接婚纱摄影机构。每天都有众多摄影机构带新人到分界洲岛租赁游轮拍摄婚纱照，婚庆旅游成为分界洲岛一大旅游主题项目。“婚纱摄影+蜜月度假+婚礼仪式+海南旅拍微电影”一站式服务也使得陵水成为继三亚之后的又一婚纱照热门拍摄地，陵水初步建立了珍珠海岸婚纱旅拍目的地形象。

（五）保亭黎族苗族自治县

2013年海南婚庆旅游产业为深度挖掘海南婚庆旅游文化内涵，整合海南婚庆旅游产业资源，扩大影响力，提升海南婚庆旅游目的地竞争力，举办了“我最喜爱的品牌”推选活动，保亭的呀诺达旅游区被评选为“海南十佳婚庆旅游景区”，扩大了保亭的婚庆资源知名度，使得保亭也成为国内外的恋人、新人、夫妻在海南岛进行婚庆旅游的首选市县之一。

2014年，保亭黎族苗族自治县旅游局出的第一条婚庆旅游季邀约微信“2014年的早秋，让我们的爱情结出最饱满最甜蜜的果实”，正式启动保亭以“山盟海誓——幸福从保亭开始”为主题的婚庆旅游季活动。活动推出4条不同主题的婚庆旅游线路，集中推广保亭特色婚庆旅游。这4条线路分别是浪漫结婚季——特色西式婚礼、新婚夫妇蜜月之旅；黎苗爱情季——特色民族婚礼、新婚夫妇蜜月之旅；最纯爱情季——体验知青、支教等纯真爱情之旅和甜蜜回味季。活动公开招募了7对集体婚礼的新人和4对不同年代的夫妇，在8月27日（8·27谐音“我爱妻”）举行了“爱在保亭，珍爱一生”集体婚礼。在举办集体婚礼过程中，保亭还开展了一系列活动，7家婚庆策划公司与7对情侣共同参与婚纱摄影大赛，通过照片记录幸福瞬间，营造保亭婚庆旅游季的甜蜜氛围；以保亭当季特色水果红毛丹为创意源点，制作红毛丹戒指盒，以“红”为爱，为爱宣言；到七仙岭山顶广场放飞白鸽，放飞梦想，为爱祈福；与三亚合作，以保亭本土黎苗爱情故事《甘工鸟》为创意源点，新人乘坐特色婚车从三亚洄游至保亭，保亭顺应海南省的整体婚庆旅游发展营销战略，结合当地依山临海的地理位置和黎苗风俗及七仙岭的美好寓意，推出婚庆旅游项目，因地制宜地开发婚庆旅游市场，开始掘金“爱情经济”。

（六）琼中黎族苗族自治县

黎苗传统婚庆习俗作为黎苗文化的一部分，已被列为海南省非物质文化遗产保护名录。琼中县政府连续将黎苗婚俗纳入“三月三”系列活动中，并结合特色的民族文化和旅游资源，举办体验黎苗婚俗活动，通过活动把黎苗婚俗完美融入海南黎族苗族传统节日，打造了一个独具特色的琼中黎苗族婚俗旅游主题品牌。

2013年，琼中旅游委在全国征集了33对爱侣体验“奔格内”山盟婚誓暨黎苗特色婚俗体验之旅，通过活动首次将黎苗婚俗完美融入传统节日“三月三”，初步打造了黎苗特色婚俗旅游主题品牌，让琼中成为海南黎苗特色的婚庆旅游目的地之一，也让婚庆产业成为琼中旅游发展最浪漫的推动力。琼中县也由此被海南省旅游协会评选为2013年海南最佳婚庆旅游目的地之一。

之后琼中进一步包装黎苗特色婚俗、延续黎苗婚俗，从而让游客享受到最原始的婚庆体验，并加大了婚庆旅游产品开发力度，如黎锦苗绣和特色工艺品等，将琼中培育成海南黎苗特色的婚庆旅游目的地。2015年5月1日，琼中县在红毛镇什寒村举办了传统黎苗族婚庆习俗展演，分为黎族婚宴和苗族婚宴两个展演部分。现场演员穿着传统的黎苗服饰，在众多“伴郎伴娘”的陪伴下和传统黎苗舞蹈中举行婚礼。下聘、接亲、送娘、迎亲、合配、拦路抢亲、婚宴等环节，充分展示了黎族、苗族传统的婚庆习俗，吸引了众多来自四面八方的游客亲身体验别样的民族婚庆风情。2017年4月1日，琼中又在红毛镇合老村策划举办了一场“山盟海誓，情定合老”的传统婚俗庆典活动，召集100对情侣和夫妻在此体验黎族、苗族民俗婚庆仪式，巩固了琼中独具特色的黎族、苗族特色婚俗主题文化旅游品牌。

第三节　海南婚庆旅游发展存在的问题

1.市场秩序混乱，行业监管滞后

目前，海南婚庆旅游仍处在发展的初级阶段，市场发育程度低、市场交易规则不健全、市场监督管理体制滞后、产业结构有待调整。在婚庆旅游市场中，各类企业鱼龙混杂，合法注册的与非法经营的企业共同存在，企业规模大小不一，各企业各自为战，提供的产品服务参差不齐。在经营过程中，欺诈、欺骗消费者，违反事先约定、强制消费、虚假广告等违反诚实信用经营原则的现象也时有出现。同时，婚庆旅游市场的产品价格秩序混乱，各种价格欺诈行为较多，以优惠价、折扣价等名义让利形式，实质上向顾客推销低劣商品和服务，价格和服务不对应。

海南婚庆旅游的市场混乱，除了市场发育不成熟以外，还在于缺乏有效的行业统一监督管理。目前，海南尚未有专门统筹全省婚庆旅游发展的政府管理部门和行业协会，行业发展中的引领角色缺位，行业监管滞后，放任和纵容了婚庆旅游市场中某些企业的不正当经营行为，行业主管部门与协会的缺失也使得行业的标准化、规范化进展缓慢。当前海南也并未出台全省性的婚庆旅游经营标准和服务规范，婚庆旅游服务企业在经营管理过程中缺少参考标准和改进方向，自然放任的盲目发展方式占据主体。

2.设施建设不足，专业人才匮乏

目前，海南的旅游服务设施建设整体存在不足，不能有效满足游客需求。同时在旅游服务设施方面，地区集中性明显，在旅游发达的市县、地区旅游服务设施建设明显优于其他旅游开发落后的地方，在旅游服务设施方面，海南目前主要还是需要针对主流市场中的滨海旅游的开展进行建设。受整体设施建设和重视程度不够的影响，目前海南的婚庆旅游服务设施数量严重不足，分布不均衡，许多地方的婚庆旅游接待设施建设尚未启动。海南目前尤其缺少相应的婚庆广场、婚庆殿堂、婚庆公园、婚庆基地等基础设施和婚庆游客接待休息室、更衣室等配套服务设施。

与此同时，人才匮乏现象严重制约了海南婚庆旅游的创新发展。虽然海南的婚庆旅游业从业人员近万人，但是从业人员整体职业技能较低。其中市场中高端婚庆策划人才尤其缺乏。据了解，海南婚庆旅游市场中80%以上的婚礼策划师都是从其他行业转化过来，缺乏牢固的婚庆专业知识和技能，在策划过程中复制与模仿现象层出不穷，缺乏创意，使得海南婚庆旅游在全国的婚庆旅游市场竞争中核心竞争力不足。以三亚市场为例，三亚每年举办超过2 000场的婚礼，但是具有知名度、认可度的婚礼主持人不到10人。同时海南婚庆行业发展起步晚，时间短，加之自身培养途径有限和对岛外人才吸引力弱，使得海南极其缺乏专业的婚庆服务人才，供给满足不了庞大的市场需求。由于许多高端客户的需求无法得到满足，因此有很大一部分的顾客在来海南进行婚庆旅游尤其是婚庆摄影、婚宴举办的时候，都会自带国内北京、上海等地区的专业服务团队，海南的本土企业只能做一些简单的地接和接待协助工作。

3.组织化程度低，龙头企业缺乏

产业组织化程度是衡量产业发展质量的重要指标。目前海南的婚庆旅游产业组织化程度不高，婚纱摄影机构与旅游景区、旅游景区与度假酒店、度假酒店与婚庆策划公司之间的合作联系普遍较为零散，主要以签订临时协议的方式进行松散协作，市场高度分散，缺乏有效长期的合作机制，不利于海南婚庆旅游产业的长远发展。同时产业组织化程度低下，也使得在海南婚庆旅游市场中能够为顾客提供真正“一条龙”服务的企业单位数量较少，游客在海南展开婚庆旅游活动的便利性体验不佳。

由于市场秩序混乱、产业组织化程度不高等原因，海南的婚庆旅游企业多数处于“单打独斗”状态，每个企业自身的实力十分有限，因此，海南婚庆旅游企业普遍面临发展速度缓慢、企业实力壮大困难的问题，这也导致海南婚庆旅游市场近几年迟迟难以涌现出一批具有影响力的龙头企业和品牌企业。龙头企业的缺乏使得龙头企业对婚庆旅游产业的引领和带动效应难以发挥，海南婚庆旅游产业也难以形成一个整体去进行专业化发展，难以进行海南婚庆旅游品牌和特色产品的建立和开发。龙头企业的缺乏已经成为限制海南婚庆旅游市场提升竞争能力的重要因素。

4.营销力度不足，品牌影响力弱

营销推广是提升旅游产品竞争力和知名度的重要途径。当前婚庆旅游已经成为海南省旅游业的重要组成部分，海南整体旅游业发展的贡献也与日俱增。但是目前海南省对婚庆旅游的重视程度远远低于其他旅游业态，在海南省已开展的旅游推介中很少提及婚庆旅游和婚庆旅游产品，对外宣传力度小，形式单一。同样作为旅游新业态，婚庆旅游与会展旅游的营销推广力度相比也是稍逊一筹。2016~2017年海南省先后赴国内多个城市对海南会展业、会展旅游进行专场推介活动，却还没有开展过关于婚庆旅游的相关活动，更多的是来自市县的自发宣传，如三亚积极举办各项婚庆旅游活动、参与各地旅游博览会等。

由于宣传推介工作的滞后，海南的整体婚庆旅游品牌尚未真正形成，品牌影响力弱。在国内外旅游消费者心中，海南滨海旅游仍是最具有特色和吸引力的旅游品牌。在海南婚庆旅游行业内部，同样缺乏知名品牌。比如，在对婚庆旅游消费市场调查过程中可以发现，提到海南婚庆旅游，大多数的人会联想到三亚，三亚的婚庆旅游目的地形象较为深入人心。但是如果需要被访问者列举三亚的几个婚庆旅游企业品牌或者活动品牌，很多人都表示不知道。像已经连续举办十几届的天涯海角婚庆节，虽然在中国婚庆旅游行业内和某些专业人群中具有较高的品牌知名度，但是其群众基础较弱，品牌影响力、辐射力远远不够。

5.产品同质严重，市场竞争激烈

在海南婚庆旅游发展过程中，产品同质化现象不容忽视。目前包括三亚、琼海、陵水、保亭在内的多个海南婚庆旅游目的地，在婚庆旅游发展过程中都是主推海岛婚礼、海滩婚礼、海边草坪婚礼等围绕海洋要素开展的婚礼形式，对森林婚礼、民俗婚礼、田园婚礼等新兴婚庆旅游形式有所涉及但是发展力度远小于海洋类婚礼形式，婚庆旅游业内部产业发展畸形。虽然在一定程度上这是由当前中国婚庆旅游市场上旺盛的海洋婚礼需求主导形成的，但是也可以看到海南婚庆旅游市场对产品开发力度的不足和产品开发缺乏创新性、婚庆旅游产品高度同质化等问题。

婚庆旅游产品的同质化也使得海南婚庆旅游市场竞争十分激烈。在岛外，海南婚庆旅游发展面临来自巴厘岛、普吉岛、马尔代夫、济州岛等著名海岛旅游胜地的市场竞争，这些地方基本从20世纪60年代就开始开展婚庆旅游业务，发展至今已经形成比较完善的婚庆旅游产业链，能够提供多样化的高品质服务，市场竞争力强劲。同时国内的青岛、大连等海滨旅游城市婚庆旅游发展较早，并且这些城市除了海滨旅游资源外，还有着悠久的发展历史，文化积淀深厚，具有中西合璧的城市独特风情，能为婚庆旅游消费者提供更多样的旅游产品，带来更多不一样的体验，是海南婚庆旅游发展不可忽视的竞争对象。在岛内，海南婚庆旅游市场的竞争激烈程度更是显而易见。每年来海南进行婚庆旅游的游客数量有限，而绝大部分市场都掌握在三亚手中，其他市县与其婚庆旅游发展定位相近、消费群体高度重合，只能全力出击去争抢其余的市场份额，在婚庆旅游市场中分一杯羹。同时面对三亚的一家独大，其他市县也是绞尽脑汁抢夺三亚的客源，壮大自身的婚庆旅游经济。激烈的市场竞争存在于致力发展婚庆旅游产业的各市县中。

6.发展层次低下，区域发展失衡

海南婚庆旅游产业还存在明显的发展层次低，市场不均衡问题。虽然海南企业多数处于婚庆旅游产业链的下游，以提供配套服务为主，婚庆活动策划、设计能力存在明显不足，难以与国内婚庆行业发达的上海、北京等城市的专业团队竞争，从业人员多数只能从事低附加值的劳动密集型工作。在接待岛外的婚庆旅游游客时，往往只能以地接、转包形式为外来的专业团队在当地婚庆活动的开展进行周边服务，无法深入核心业务层，也使得海南婚庆企业无法获得核心利益，企业利润普遍较低。

海南婚庆旅游发展呈现“南热、北冷、东多、西少”的市场不均衡现象。第一，对海南的婚庆游客进行调查发现，超过80%的人选择三亚作为自己的婚庆旅游目的地，其余的大部分则选择三亚周边的南部市县，海南南部的婚庆旅游产品更受游客追捧。目前海南北部只有海口地区的婚庆旅游产业发展形成一定规模，而海南南部的三亚、昌江、陵水和保亭等多个市县都已经积极投入到婚庆旅游市场，并取得了较为突出的发展成果，充分说明海南婚庆旅游市场的“南热、北冷”现象。第二，婚庆旅游市场同海南旅游大环境发展趋于同步，也呈现出“东多、西少”的市场发展特征。在东部，琼海、万宁和几个琼南市县都先后开展了婚庆旅游活动，积极塑造当地的婚庆旅游目的地形象，而在西部，只有昌江结合自身“木棉花之乡”特色大力开发棋子湾的浪漫旅游元素，致力于打造西部首选婚庆旅游目的地。

第四节　海南婚庆旅游产业发展对策

1.建立行业协会，完善设施建设

海南应该加快建立省级和重点婚庆旅游目的地的婚庆旅游行业协会，充分发挥各级行业协会的作用，尽快制定出台省级婚庆旅游行业的服务规范，加大省域内服务规范的培训和推广，引导海南省涉及婚庆旅游业的企业主动启动旅游产品制作与标准化服务，将婚庆接待、餐饮婚宴、婚纱摄影等行业进一步规范化、标准化，让婚庆旅游业内的景区、酒店、婚纱摄影、婚礼服务、旅行社等机构有统一的规范标准，从而提升海南省整体的婚庆旅游管理标准化、规范化水平，增强海南婚庆旅游的服务质量和水平。同时行业协会应逐步开展各类婚庆旅游企业的合法资质审查，进行企业婚庆旅游服务能力的星级评定和公示，建立健全企业诚信经营监督管理机制，开展严格的行业自律教育。

除此以外，海南应积极做好婚庆旅游产业发展规划，加强婚庆旅游产业发展的基础设施建设。放眼全省，在婚庆旅游产业发展较为突出的市县，如三亚、琼海、保亭、陵水、海口等地，率先进行各类婚庆旅游基地建设，如婚庆旅游摄影基地、婚庆广场、婚庆教堂等；在具有良好发展条件但目前尚未启动婚庆旅游发展的市县和地区，进行婚庆旅游活动场所的开辟和婚庆旅游品牌活动的引进与开发打造。结合海南当前全域旅游省的建设，可以考虑在全省范围内打造一批专业化的婚庆旅游综合体，尝试建设运营几个婚庆旅游风情小镇，建设一批婚庆旅游主题酒店，营造良好的婚庆文化氛围，集中展示婚庆文化与相关民俗，提供完善的婚礼服务。

2.壮大人才队伍，打造龙头企业

对于任何产业而言，专业人才都是发展的关键，海南婚庆旅游产业也是如此。第一，针对目前海南婚庆旅游行业从业人员整体素质不高，海南应该积极邀请国内外的婚庆专家，组织行业培训、进修，举办专家讲座，开展行业间交流。其中尤其要重视婚庆产业内部细分行业（婚庆旅游摄像、婚庆化妆、婚庆活动策划、灯光舞美设计、花艺设计等）培训，争取通过短时间的集中培训与学习，尽可能地提升从业人员素养，提高其专业技能。第二，海南省应该在有关部门的协调下，建立起自身的人才培养渠道，建立企业与高等院校之间的校企合作，联合培养婚庆旅游专业人才，这不仅要与职业教育院校合作开设专门的技能人才班，而且要与综合性大学合作培养高素质的复合型创新人才和管理人才。第三，从国内外知名的婚庆旅游城市、婚庆旅游公司挖掘优秀人才，加大岛外婚庆旅游专业人才的引进力度，为海南婚庆旅游发展带来新思路、新思维，提升婚庆旅游产业发展速度。第四，海南应该引进更多的国际婚庆教育体系和婚庆行业资格认证项目，在人才培养上努力与国际接轨。

同时海南婚庆旅游产业的发展还需要打造一批龙头企业，以带动整体婚庆旅游的发展。海南各婚庆旅游目的地的有关部门，应积极开展当地婚庆旅游行业发展摸底工作，在深入调研的基础上，在婚庆旅游每个细分行业内挑选出1～3个最具有发展潜力的婚庆企业进行发展扶持，结合企业特点协助其制定3～5年的龙头企业发展路线图，尽可能地在资金、税收方面给予优惠或者补贴，争取通过政府与企业双方面的努力在3～5年内初步打造几个龙头企业。加快产业集群化建设，鼓励企业在空间上形成集聚，在产品服务提供方面互补互助，在龙头企业的带领下形成产业集聚和规模效益。企业也应充分发挥主观能动性，进行知识创新、产品创新、服务创新，提升自身的服务水平，提升市场核心竞争力，使得企业在市场中的龙头地位更加稳固。

3.挖掘特色资源，完善产品体系

针对海南婚庆旅游现阶段产品单一、同质化严重的现象，海南应该积极整合特色旅游资源，充分挖掘旅游资源内涵，打造更多的婚庆旅游产品，完善婚庆旅游产品体系。

首先，在全域旅游发展背景下，海南乡村旅游、森林旅游、体育旅游和低空旅游获得越来越多的关注，海南婚庆旅游可以此为契机，加快与这些海南旅游新热点新业态进行产业融合发展，推出诸如乡村婚礼、雨林婚礼、房车旅行婚礼和热气球婚礼等具有海南特色的婚庆旅游产品。

其次，加大对海南海洋资源的整合，促进海洋与婚庆更深入的结合。目前，海南海洋主题的婚礼还多停留在海滨陆地婚礼层面，海南应该依托日益发达的邮轮游艇产业，大力发展邮轮婚礼、游艇婚礼等海上婚礼，也可借助海南某些原生态的海上小岛举行海洋、生态两大要素相结合的小型海洋生态婚礼。同时海南的海洋公园、海底世界数量也日益增多，这为海南婚庆旅游发展带来新思路，可考虑开发海洋公园婚礼、海底动物世界婚礼等特色且富于体验性的旅游婚礼形式。

最后，尤其关注海南文化等人文资源与婚庆旅游的结合。海南是我国少数民族聚居地之一，黎苗族文化风情突出，海南也是有名的侨乡，南洋文化和南洋风格的建筑在海口、文昌等地随处可见，海南有着悠久的渔民文化、疍家文化，海南文化资源丰富且独特，加强婚庆旅游与黎苗文化、南洋文化、疍家文化的结合，推出多种形式的文化婚礼旅游产品，能够丰富海南婚庆旅游产品类型，更重要的是能够让旅游消费者在此过程中获得更好的体验，得到情感的愉悦和升华。

4.打造婚庆品牌，加强营销推广

品牌是企业产品或者服务品质的保证，是企业核心价值的体现，对于促进企业核心竞争力的提升有着重要的作用。目前海南已经塑造了几个婚庆旅游目的地品牌形象，在具体的旅游产品方面却是“种类虽然繁多，但是没有知名的品牌产品”的现况。海南婚庆旅游业需要加强产品和资源整合，集中打造推出一批高品质的婚庆旅游产品，以质量和服务取得消费者对于婚庆旅游产品的认可和信赖，逐渐在消费者心中形成几个海南婚庆旅游产品的代表品牌。

品牌形象的巩固、品牌影响力的产生和扩大都离不开有效的营销推广。首先，海南应该继续支持举办国际性、全国性的婚庆旅游大型活动，在宣传推广优质的婚庆旅游风光资源的同时加强与世界婚庆旅游行业之间的交流，提升海南婚庆旅游国际影响力，使海南成为婚庆旅游发展新焦点。其次，海南应加强婚庆旅游的城市营销，在北京、上海、广州等传统一线客源市场以及西安、重庆、成都、长春、哈尔滨等新兴二线客源城市开展专场旅游推介会，向这些重点旅游客源地介绍海南丰富的婚庆旅游资源、多样的婚庆旅游产品，推动海南婚庆旅游目的地形象的传播，吸引更多消费者来海南展开婚庆旅游。再次，海南省应该建立统一的婚庆旅游营销推广平台，比如官方网站、微信公众号、APP等，为整合全省婚庆旅游资源，集中展示婚庆旅游产品提供专门平台。最后，海南需要尽早拍摄婚庆旅游主题宣传片，配合其他旅游宣传手册等宣传品，多多参与海南旅游整体推介活动以及其他具有影响力的婚庆旅游博览会、行业会议等活动，巩固海南婚庆旅游品牌形象。

5.完善产业链条，提高发展效益

海南需要继续完善婚庆旅游产业链，在产业链上、中、下游做出不同的努力。首先，海南应该继续在婚庆旅游产业链上游发力，积极举办海南婚博会、婚庆节、婚庆产业展、婚礼秀等婚庆活动，激发婚庆旅游市场需求，引导海南婚庆产业健康发展。其次，海南应该在产业链中游，围绕婚庆旅游服务需求，加快培育发展婚纱摄影、婚庆美容、婚庆艺术设计，婚礼主题餐饮、主题酒店、主题景区以及婚庆用品租赁等。再次，在产业链下游海南也应围绕婚礼蜜月服务，建设一批满足精品化、特色化婚庆观光度假设施及服务机构，大力发展婚庆购物、婚庆纪念品等婚庆购物及娱乐形式。最后，海南还应该以产品为纽带，加大产业链上、中、下游的整合与合作，通过引进、联合、兼并等方式积极培育海南省的大型婚庆公司或者组建起婚庆旅游产业联盟，围绕客户需求将产业链中主要环节的服务企业整合起来，提高婚庆旅游产业的组织化水平，伴随着海南婚庆旅游产业链的完善、大型婚庆公司和婚庆旅游产业联盟的成立，海南婚庆旅游企业的发展层次和实力将得到大大提升，提供更核心、更具有附加值的婚庆旅游产品与服务，获得更多的核心利益与超额利润，从而实现海南婚庆旅游产业发展质量与效益的提高，推动海南婚庆旅游产业往健康可持续发展的道路上迈步前进。

6.加快区域合作，促进均衡发展

目前海南婚庆旅游市场中仍存在严重的发展不均衡现象，限制了海南婚庆旅游发展的潜力，不利于其未来的可持续发展。海南必须加快婚庆旅游发展的区域合作步伐，使得婚庆旅游产业在海南多点开花，均衡发展。首先，海南三亚、琼海、陵水、保亭等几个婚庆旅游发展较快的市县应该联合起来，资源共享，展开区域合作，联合开发特色婚庆旅游产品，减少恶性的同质化市场竞争，打造海南婚庆旅游城市集群，共同构建起海南婚庆旅游大经济圈。其次，海南应该发挥重点婚庆旅游市县的引领和辐射作用，充分整合周边市县的特色旅游资源，拉动周边市县参与到海南婚庆旅游产业发展中来，同时加快现有婚庆产品的升级和线路创新步伐。最后，加强南部与北部、东部与西部的跨区域婚庆旅游发展合作，区域间具有较大差异化的婚庆旅游产品是合作的基础，相信跨区域的婚庆旅游合作能够为海南婚庆旅游市场带来新的发展活力和更多的发展可能。

第九章　邮轮旅游

第一节　邮轮旅游定义及国内外研究

一、邮轮旅游的理论演进

邮轮是海上漂浮的度假村，在邮轮上可以如此地享受生活：晚宴、日光浴、高尔夫、游泳、健身、SPA、下午茶等，近年来邮轮旅行正日益成为人们热捧的出游方式之一。邮轮的原意是指海洋上定线、定期的大型客运轮船，其最初主要负责洲际间或水上长距离间传送邮件。[1]维南、南希（Wynen&Nancy，1991）[2]指出现代邮轮是指主要用于旅客在海上、沿海港口城市和海岛等地观光游览的轮船，其本身具有齐全的娱乐与休闲度假设施而被称为“无目的地的目的地”。王诺（2008）[3]认为现在所称的邮轮是指盛行于20世纪80年代末，航行于水域并配备有较为齐全的生活与娱乐设施，专门用于旅游休闲度假的豪华船舶。刘军（2011）[4]则认为邮轮是指以旅游度假为主体功能，以异域文化聚合交流为元素，以母港为始发点和沿海国家地区为巡游节点，定期、定线进

---

[1] 孙晓东，冯学钢.中国邮轮旅游产业:研究现状与展望[J].旅游学刊，2012(2).

[2] Wynen H, Nancy.A survey of the cruise ship industry:1960-1990[J]. Master Abstracts International, 1991, 29(3):394.

[3] 王诺．邮轮经济——邮轮管理・邮轮码头・邮轮产业[M]．北京：化学工业出版社，2008:148.

[4] 刘军.规制视角的中国邮轮（旅游）母港发展研究[D].上海：复旦大学，2011.

行海上航游的国际游轮。国际邮轮协会（CLIA）把邮轮形象地称作“海上流动的度假村”，甚至将其比喻为“漂浮在水上的黄金产业”。[1] 综上所述，本书所探讨的邮轮指的是生活、娱乐等服务设施齐全，专门运载游客进行海上航游，为游客提供全方位休闲度假服务的大型豪华远洋船舶。

1. 邮轮旅游的定义

邮轮旅游是从北美地区歌诗达公司推出的第一艘专为旅游娱乐设计的名为FrancaC.的邮轮开始的。20世纪60年代初至70年代末，邮轮旅游正式诞生并起步发展。歌诗达邮轮公司以其独到的眼光，瞄准了邮轮旅游这个新市场，以邮轮作为载体，用旅游服务来代替以往单一的运输服务。游客对于邮轮的传统观念正被新型的邮轮度假理念所取代，越来越多的游客开始接受乘坐邮轮在海上放松度假而不仅仅将其当作交通工具。此阶段邮轮目标市场以本国游客为主，航线观光也是以本国观光地为基本港。

20世纪80年代初至90年代中后期，欧美邮轮旅游市场蓬勃发展，形成较稳定的市场格局，世界邮轮旅游业的成长进入高速期。随着90年代初期马来西亚丽星邮轮公司的成立，原有的市场格局被打破，邮轮旅游市场开始向亚洲拓展，在全世界范围内形成邮轮旅游的成长兴盛期。这一时期，邮轮旅游的研究开始出现，美国人类学家福斯特（Foster，1986）最早指出邮轮旅游将是未来旅游研究的前沿阵地，而后到90年代中后期这一阶段，美康（Mescon）、德威尔（Dwyer L）等学者开始从宏观层面的邮轮经济入手对邮轮旅游展开研究。经过半个世纪的发展，邮轮旅游已经成为旅游业中增长速度快、发展潜力大的旅游产品。[2]

近几年，邮轮旅游业已经成为现代旅游业中最活跃、发展最迅猛的产业之一。其强大的拉动能力和吸附能力已成为拉动城市经济增长的重

[1] 潘勤奋.国际邮轮经济发展模式及对我国的启示[J].科技和产业，2007(10).

[2] 汤兆宇.上海发展邮轮旅游研究[D].上海：华东师范大学，2010.

要方面，并刺激城市周边地区的经济迅速增长，邮轮旅游消费对邮轮港口城市及其若干相关产业的拉动效应极为明显。[1]在经济上，许多国家/地区已经很大程度上依赖这个行业，然而，作为旅游（tourism）和接待（hospitality）完美结合的现代邮轮业，却一直没有引起研究者应有的重视。直到20世纪80年代，才有越来越多的学者意识到，邮轮业几乎没有引起任何学术关注，研究成果相当有限。为了吸引越来越多研究者的注意，近两年国际上出现了两篇关于邮轮旅游研究的综述性论文。其中，帕帕赛纳塞斯和贝克曼（Papathanassis & Beckmann，2005）从旅游研究的角度对邮轮旅游文献进行了综述，并提出邮轮旅游的研究困境和可行的研究过程；[2]孙晓东（2011）[3]则从市场研究、邮轮运营和收益管理的角度对邮轮业的现状进行了综述，包括一般性市场研究、邮轮定价、舱位分配以及航线设计与优化等，并从更微观的角度提出了未来值得研究的方向。

2. 邮轮旅游的理论研究

关于邮轮旅游，目前学术界还没有形成统一的概念，研究者根据不同的研究目的从不同的角度对邮轮旅游进行了论述。肯德尔（Kendall，1983）把邮轮旅游定义为“邮轮并非一般的定线航行的客运轮船，邮轮旅游则是利用轮船的独特旅游方式，按照包价（Package）招徕游客，给追求娱乐的旅游者（Pleasure-Seeking Traveller），提供观赏美丽港口的独特体验的海上旅游”。[4]彼得里克（Petrick，2005）[5]指出邮轮旅游由有形的和无形的两部分组成，有形部分包括邮轮本身、邮轮上的

[1] 殷翔宇.对中国邮轮市场发展的冷思考[J].中国船检，2016(12):88-90.

[2] 巩文丽.我国邮轮旅游人才培养机制创新研究[D].大连：大连海事大学，2015.

[3] 孙晓东. 邮轮收益管理：需求预测与收益优化[D].上海：上海交通大学，2011.

[4] 刘军.规制视角的中国邮轮（旅游）母港发展研究[D].上海：复旦大学，2011.

[5] Petrick J F.Segmenting cruise passengers with price sensitivity[J]. Tourism Management，2005，26(3):753-762.

各种服务设施和娱乐活动项目等，无形的部分包括邮轮上的服务、邮轮旅游线路的设计等。程爵浩（2006）[1]认为邮轮旅游是指在传统远洋客轮的基础上逐渐发展起来的，以海上大型旅游客船为旅游工具和主要目的地，以沿线港口为陆上目的地和中转地的一种旅游方式。张言庆等（2010）[2]将邮轮旅游定义为：以大型豪华游船为载体、以海上巡游为主要形式、以船上活动和岸上休闲旅游为主要内容的高端旅游活动。

二、国内外经验借鉴

始于北美的现代邮轮产业自诞生以来，多年以年均8%～9%速度高速增长，当今国际前三大邮轮公司依次是嘉年华公司、皇家加勒比海邮轮公司与丽星邮轮公司。邮轮产业已是目前世界上最具活力的产业之一，其强大的拉动能力和吸附能力已成为拉动城市经济的增长点，并刺激城市周边地区的经济迅速增长。[3]

随着中国经济取得令人惊叹的高速增长，中国市场愈来愈受到世界邮轮公司的关注。上海、天津、青岛、大连、宁波、厦门、海口、深圳等城市相继有豪华邮轮停靠，而且上海、厦门投入巨资兴建邮轮码头和邮轮城，天津、大连、青岛、宁波也规划投入大量资金发展邮轮经济，这昭示着我国新兴的邮轮经济时代即将到来。根据国际邮轮经济发展经验，具有个性化和高层次的邮轮旅游将是我国旅游业发展的一种新模式。[4]

学习和借鉴他人经验是发展邮轮旅游的捷径之一，国外更注重邮轮产业链完善、环境保护、融资渠道多元化和错位竞争；而国内也开始关

---

❶ 程爵浩.全球邮船旅游发展状况初步研究[J].上海海事大学学报，2006，27(I).

❷ 张言庆，马波，范英杰.邮轮旅游产业经济特征、发展趋势及对中国的启示[J].北京第二外国语学院学报，2010(7).

❸ 潘勤奋.国际邮轮经济发展模式及对我国的启示[J].科技和产业，2007(10):13-17，24.

❹ 钟小东，赵影.浅谈海南省发展游轮旅游的条件与对策[J].当代经济，2017(6):115.

注政府对产业的扶持、产业链的拓展和合作（包括区域合作、企业合作、港口与腹地合作等）。基于上述经验，海南发展邮轮旅游应从以下八方面开展。

1.利用区位优势，加强区域合作

海南应以国际旅游岛国际化趋势以及基于区位优势形成泛珠、环北部湾旅游合作为契机，加强区域邮轮旅游衔接，确立海南与环北部湾与泛珠各省市、地区协调机制。可借鉴厦门做法，厦门港务集团与高雄、基隆、台中和花莲港的台湾港务有限公司签订“开门战略”——共同推进邮轮产业发展，打造“两岸邮轮经济圈”。

2.错位竞争，岛内港口优势互补

三亚与海口母港规模、泊位情况、发展定位、航道水深等各具特色，但航线等方面有共性，容易形成岛内竞争，可借鉴上海经验，形成错位竞争。上海港国际客运中心和新建成的吴淞口国际邮轮港形成“两主一备”运营模式，采取“错位竞争，优势互补”方式。

3.提高收费标准，减轻港口成本压力

较之其他母港，三亚收费偏低：三亚每人上船20元、下船20元，每航次邮轮进港解缆费为232元/次；而天津、上海等地，上船75元或50元，下船25元或50元，每航次邮轮进港解缆费为240元/次。此外，出境旅客港站使用服务费上海为100元/人，海南仅为15.25元/人；行李装卸费上海为50元/件，海南为3.04元/件。海南可参照其他母港，适度提高收费标准，以减轻成本压力。[1]

4.拓展产业链

邮轮产业集聚了邮轮制造业——邮轮运营公司——港口及其服务业——旅游商贸业。广州在国内“邮轮母港”综合配套和产业链延伸等

[1] 王珏，张玉秀，黎莉.海南邮轮旅游发展SWOT分析及国内外经验借鉴[J].海南广播电视大学学报，2014，15(4):73.

方面领先:（1）各类型服务人才培训和输出的教育机构及教育培训产业基地已形成；（2）以广州为核心的珠三角制造业已形成船舶产业链；（3）南海等诸多军事和民用科研机构，一些科研成果可以转化成邮轮经营的配套产业；（4）以广州为交汇核心的城际轨道交通网络，可以在“邮轮母港”和珠三角邮轮客源实现无缝对接。海南可借鉴广州在“邮轮母港”综合配套和产业链延伸等方面的先进经验，结合海南邮轮产业实际发展情况拓展邮轮产业链。

5.政府扶持补贴港口收入

政府应加大扶持力度，以减少海南邮轮企业因管理成本过高及入驻率偏低而造成的运营压力。以厦门为例，厦门港口管理局、厦门市财政局、厦门市旅游局联合出台《关于扶持邮轮产业发展的通知》，该政策对邮轮运营企业（邮轮经营人及包船经营人，其中邮轮经营人包括邮轮公司与邮轮管理公司）及招徕游客在厦门登轮出游的组团旅行社给予奖励或补贴，期限暂定三年（2013～2015年）。奖励或补贴分为三类：邮轮运营企业在厦注册奖励、邮轮航次补贴、旅行社邮轮旅客招徕奖励，其中对招徕旅客在厦门登邮轮出游的大陆地区组团旅行社，按登轮出游旅客人数给予奖励100元/人。

6.加大港口与腹地合作力度

国外学者研究发现：港口经济效益由于旅游相关设施和食宿条件欠缺，且与产业供应链联系不够紧密而受到限制。因此，港口应与富有旅游资源和完善的产业供应链的腹地联合，如美国加尔维斯顿母港竞争力较强，很大原因在于腹地有丰富的传统文化资源，如保存良好的维多利亚时期建筑、独特的商店、文化博物馆、生动活泼的节庆活动及不乏娱乐和购物的中心商业区。

许多腹地和海港之间有直接战略性连接和合作，这对国家及其经济发展意义重大。任何一个港口的发展都必须以腹地经济开发的深度或腹地范围的开拓为基础。三亚港腹地包括三亚市、五指山市、陵水县、保亭县、乐东县和万宁市南部；海口港腹地包括海口市、文昌市、琼海市、定安县、澄迈县和临高县，属于琼北旅游圈。这些市县的自然、人文旅游兼具特色。此外，海南正在加大基础设施建设，将有效缩短腹地与母港时空距离。

7.利用资源优势，开发腹地特色旅游产品

海南可运用自身独特资源优势与基础设施特点，开展错位竞争。现在全球邮轮产业40%聚集在加勒比海邮轮港口，邮轮所经停岛屿特色鲜明，有法国风情的、西班牙风情的、荷兰殖民地风情的，都被归为加勒比海风情。以加勒比邮轮旅游为例，目的地在岸上观光的不同领域各有擅长。海南可借鉴此经验，开发海南独特的3S（SEA，SUN，SAND）热带海岛旅游产品；此外，基于三亚、海口腹地资源优势不同，开发不同旅游产品，以吸引不同类型目标客源，打破客源市场以银发市场为主的局面。

8.吸引国外大型邮轮企业

《国务院关于推进海南国际旅游岛建设发展的若干意见》提及，“允许境外邮轮公司在海南注册设立经营性机构，开展经批准的国际航线邮轮服务业务”。为扩展产业链，海南可邀请大型国际邮轮公司在海南港口注册并经营，吸引国内大型企业建立邮轮公司。三亚港口航道水深，满足迎接大型邮轮停泊需要。

第二节　邮轮旅游产业发展必备条件

邮轮被称为“海上流动度假村”“港口都市的一个重要经济增长极”，其产生的1：10～14的高带动比例系数使邮轮产业成为极具发展潜力的朝阳产业。2001年，美国的邮轮乘客总数为600万人，美国从邮轮经济中的总体收益为200亿美元，创造了26.8万个就业岗位。2001年共有47艘邮轮停靠新加坡的邮轮中心，停靠次数1 259次，共为新加坡带来停靠乘客848 647人，邮轮经济给新加坡经济贡献了30亿新加坡元。自1978年改革开放以来，我国远洋型的邮轮接待就已经开始起步，但直到现在规

模还很小，没有形成完整发展邮轮经济的条件。国际邮轮经济发展的实践表明，发展邮轮经济必须具备以下主要条件。❶

1. 雄厚的综合经济实力

邮轮经济的建设和发展，需要强大的经济实力支撑。首先，邮轮设计与建造需要投入大量资金，现代邮轮以其豪华和配套设施先进而著称，这也是邮轮旅游的巨大吸引力所在，因此，其资金投入也是相当惊人的，2004～2005年，有17艘新邮轮下水，总造价65亿美元，平均造价在4亿美元左右。目前全球最大邮轮是2004年完成处女航的“玛丽女王二世号”（Queen Mary 2），耗资达8亿美元，是由英国投资、法国建造。❷其次邮轮基础配套设施建设和邮轮旅游客源的形成都依赖于一个国家/地区的综合经济实力，邮轮码头、对外交通建设投入巨大，动辄需要几十亿，甚至上百亿美元的资金投入；所以，邮轮经济发达地区主要分布在欧美和东南亚，作为世界上最大的邮轮市场，北美游客数量始终占世界份额的70%～80%。

2. 完善的基础配套设施

邮轮码头根据其重要性可分为母港码头、停靠港码头与小码头。小码头仅供乘客上岸观光，作短暂的停靠；停靠港码头一般停靠时间较长，不仅供乘客上岸观光，还进行一定的补给、补充和废料处理；邮轮母港也称邮轮基地，为邮轮提供全面的服务，邮轮在母港过夜、进行维护和修理，在母港设置邮轮公司总部或地区总部。邮轮母港所需设施可分为以下设施：专业的邮轮码头及附属设施；配套的餐饮、酒店、商店（行）、写字楼、休闲娱乐等服务设施；便捷的交通设施；物资供应及维修保障设施。国际邮轮经济发达的港口城市都具有现代化的码头、停泊设施和邮轮城（邮轮中心）配套设施。这是发展邮轮经济的最基础的

❶ 潘勤奋.国际邮轮经济发展模式及对我国的启示[J].科技和产业，2007(10):17.

❷ 程爵浩.全球邮船旅游发展状况初步研究[J].上海海事大学学报，2006，27(1).

条件，我国只有上海和厦门建成了邮轮专业码头，但配套的邮轮城建设刚刚起步，很多港口城市正在规划建设邮轮专业码头和邮轮城建设，因此，对于基础配套设施的完善是十分必要的。

3. 发达的对外交通网络

对外交通网络是发展邮轮经济的一个重要方面，具体可以分为两部分。

（1）港口城市内部对外交通联系。对外交通网络指具体的邮轮码头和邮轮城在港口城市内部的对外交通联系，具体方式包括公路、城市铁路等，交通工具包括大型巴士、出租车、地铁等。邮轮码头只是旅客上下船的节点，只需通过交通工具实现到市区的快速集散即可，一般采用巴士或自驾车等；邮轮城的对外交通联系除邮轮乘客外，往往还承担部分城市功能，需要考虑其他旅客以及市民的交通需求，因而在交通规划上，需要综合考虑各种交通方式的便捷衔接，形成交通枢纽。

（2）港口城市对外交通联系。对外交通联系指邮轮码头和邮轮城所在城市的对外交通设置，具体包括公路、铁路、航空、水运等，特别是对于邮轮母港，由于邮轮乘客来源广泛，往往对航空运输要求较高，单艘邮轮的载客量可以达到大型客机的近10倍，邮轮中心的形成需要机场充足便捷的航班保障以及邮轮中心与机场之间交通、管理、票务方面的无缝隙衔接。国际邮轮经济发达的港口城市都具有方便快捷的对外交通网络，而海南乃至我国对外交通网络都存在一个主要问题，邮轮码头和邮轮城市内对外交通联系严重落后，成为邮轮经济发展的“瓶颈”。

4. 旅游资源与客源市场

（1）丰富的旅游观光资源。纵观国际邮轮经济发达的港口城市，它们本身都是国际著名的旅游目的地，是世界旅游胜地，周边旅游景点质优量多。有的是积聚了大量的历史人文古迹，有的是具有大都市深厚的文化旅游资源，有的是公认的世界购物天堂，同时，这些大都市附近又联结了众多的特色旅游城镇，以邮轮码头和邮轮城为中心，可以形成一日和半日往返的旅游线路。海南海岸线绵长，自然人文景观丰富，旅游资源能够满足各种层次的邮轮旅游，但也存在旅游产品老化、旅游资源开发不合理等问题，应该借鉴国际邮轮经济发达的港口城市旅游产品开发的先进经验，多开发适合邮轮旅游的新品和精品。

（2）充足的邮轮旅游客源。国际邮轮经济发展的事实表明，充足的邮轮旅游客源是发展邮轮经济的重要条件，要建设邮轮母港首先必须有众多的本地区邮轮旅游客源。国际邮轮在我国开辟的第一邮轮母港——上海，正是因为看中了上海人口多，经济总量大，潜在邮轮旅游市场发展空间大。邮轮旅游是旅游活动的分支，旅游经济学认为，只有达到一定的经济水平，才会产生旅游消费的动机投入，当人均GDP达到3 000美元以上时，就会产生出境旅游的需求；当人均GDP达到5 000美元以上时，就会产生周游世界的旅游需求。我国大部分沿海港口城市的人均GDP达到3 000美元以上，具备邮轮旅游的消费能力，但要借鉴邮轮旅游市场的开发经验，先开发国内出境邮轮旅游市场，后开发国际入境邮轮旅游市场。

5. 政策支持与人才保障

（1）国际化的邮轮经济政策。邮轮经济的发展，需要一个良好的运行环境，政府在宏观政策、产业政策上为发展邮轮经济给予一系列扶持政策，当地政府在发展邮轮经济中积极地发挥主导作用。作为城市经济发展新的增长极，只有在政府起主导作用的情况下，才能保障把邮轮经济作为优先发展项目，全面支持，以具备足够的竞争力。美国、新加坡和我国香港地区政府对发展邮轮经济制定积极鼓励的政策，旅游、交通、港口、海关、口岸等多个职能部门相互配合，通力合作，形成国际化、一体化产业合作政策和运作机制。我国对发展邮轮经济还没有相应的政策，还是沿用旧的政策和收费标准，严重影响了邮轮经济的发展。

（2）高水平的邮轮专业人才。邮轮经济的国际性，对运作邮轮经济的人才要求很高。邮轮码头需要具备港口管理和配套服务的人才；邮轮的补给、维修需要船舶工程技术人才；邮轮的海上旅游，需要酒店、餐饮、娱乐的管理和操作技术人才，而且这些人才必须具备较高的外语水平；上岸后吃、住、行、游、购、娱都需要专业的旅游管理人才。邮轮码头和邮轮城接待服务直接关系到邮轮母港的建设和发展，也关系到区域邮轮经济的发展。我国邮轮经济刚刚起步，邮轮专业人才十分缺乏，向国际邮轮经济发达国家学习，在起步阶段加紧对邮轮专业人才的培养，因为所有的竞争归根结底还需归为人才的竞争。

第三节　海南邮轮旅游发展现状

一、邮轮经济全产业链正在形成

海南邮轮旅游由上游邮轮设施装备制造业发展中游港口建设，向下游邮轮城、服务业、贸易投资等产业延伸，邮轮旅游新业态研发的配套设施逐步完善。

（1）产业体系逐渐形成。2012年，海南投资15亿元建设集豪华邮轮销售、维修、保养以及运营等产业配套一体化基地项目；三亚凤凰岛邮轮规划建设2个15万吨级、2个22.5万吨级泊位及1座47.4万平方米人工岛，定位为“亚洲最大邮轮母港”；海南在全国率先建造具有我国自主知识产权的邮轮船队，正在建造2艘海南本土最大的邮轮1.5万吨级的“聚航号”豪华邮轮。“十三五”期间，海南将实施休闲旅游等六大外来消费提升工程，建立海上旅游基地，加快开发邮轮游艇海洋游，实现西沙旅游邮轮旅游常态化。

（2）港口设施逐步优化。依据交通运输部2015年公布的《全国沿海邮轮港口布局规划方案》，我国邮轮港口发展以始发港为主体，西南沿海以三亚港为始发港，相应发展海口港和北海港；在港口建设方面，我国目前已经形成5个核心圈，以三亚为中心的南海圈是其中之一；三亚与世界邮轮之都迈阿密缔结国际友好交流关系城市，促进邮轮旅游，凤凰岛国际邮轮港正在被打造成“邮轮之都”。随着邮轮旅游产业内部分化和产业外部融合加剧，邮轮旅游设施明显优化。

（3）母港泊位停靠能力增强。13.8万吨“海洋航行者”号邮轮曾在凤凰岛国际邮轮港停泊；世界排名前三邮轮公司美国嘉年华邮轮、皇家加勒比国际邮轮和新加坡丽星邮轮公司，以及日本、荷兰、德国、法国和葡萄牙等国的邮轮公司都已开通三亚航线，共有14艘万吨以上邮轮停靠三亚。

（4）交通设施优化。海陆空交通网络立体多元、互通。海南54个港口中有5个是对外开放的水运口岸；东环西环高铁全线贯通；建成我国规模最大的环岛高速公路；美兰国际机场二期扩建有助于海南联结东南沿海和东南亚黄金航道，发挥21世纪“海上丝绸之路”战略支点作用。

二、海南邮轮旅游地域特色凸显

1. 得天独厚的地缘优势

“2015丝绸之路旅游年”海南活动中，海南在国内首推南海丝路7条主题旅游线路，“三亚—越南—马来西亚—新加坡”邮轮航线将成为海上邮轮旅游的黄金水道，未来将海空联动，推动海南与东南亚国家互为邮轮旅游目的地。

地缘优势给邮轮旅游新业态的产生带来积极影响。（1）海南在“海上丝绸之路”上的区位优势使得邮轮旅游新业态呈现海南特色。海南紧邻港澳台和珠三角，处于泛珠、环北重要地带，所辖200多万平方公里的海域与部分东盟国家相接，是中国通往亚、非、欧国家/地区的海上交通要道。结合区位优势及发展定位，三亚规划邮轮航线分为母港航线、国际挂靠航线、国内航线和特色主题航线等四类十多条航线，重要的有“三沙（南海）航线”。（2）海南与东南亚国家地缘相近，人缘相亲，为海南开展邮轮旅游合作奠定人文基础。海南与东盟多国旅游部门签署邮轮旅游合作协议，开发三亚至越南、新加坡、马来西亚等邮轮航线。基于此，以邮轮旅游为纽带，可加强与南海周边国家交流，扩大中国在东南亚的影响力，在维护南海主权上争取主动。从2011年开始，海南邮轮旅游开发了以近程航线为主的邮轮旅游产品:三亚—三沙、我国香港地区、越南等地区或国家邮轮游等。2015年，三亚聚航邮轮发展有限公司开辟三亚—西沙、海南环岛、三亚近海单一海域、我国香港地区、越南等地区或国家邮轮游和环东南沿海游等以近程航线为主的旅游航线。

2.逐步积累的资源优势

（1）海南将独特的文化旅游资源融入邮轮旅游产品开发。三沙在建设“21世纪海上丝绸之路”的国家战略中发挥重要作用。岛上有原住民文化，西沙甘泉岛唐宋居住遗址和北礁古代沉船遗址，以及西沙纪念碑、南海诸岛纪念碑、西沙将军林等人文景点，赴三沙航线可将三沙市海洋旅游文化、古代遗迹与邮轮旅游结合。（2）海南找准自然旅游资源优势，与邮轮旅游新业态融合开发。海南是我国唯一的热带岛屿省份，生态资源独特而丰富，辖区大小岛礁多达600多个，沿海岸线有60多个优质海湾，因而可开发出特色的“邮轮旅游+生态旅游”融合发展业态，推动“蓝绿资源”互补。

3.稳步发展的业态优势

观光旅游演进为度假旅游，异地老人到海南养老度假推动新型养老休闲旅游产品形成。据丽星邮轮数据显示，异地办证政策实施以来，参加海南——越南邮轮游的绝大部分是海南的候鸟老人，许多旅行社针对外地70岁以上老人特惠促销邮轮旅游产品，“邮轮+银发旅游+海南度假”复合型度假产品开始形成。

第四节　海南邮轮旅游面临的问题

邮轮旅游产业自诞生起，就由于其所蕴含的巨大经济效益和社会效益引起世界范围内的广泛关注。[1]我国邮轮旅游产业顺势而发，在短短几年之内形成庞大的市场规模，也创造了可观的经济效益。但海南乃至全国目前还仅仅停留在为世界邮轮旅游提供市场的尴尬境地，没有形成自己独立完整的产业链条，缺乏整体的把握和调度，重要节点企业非常缺乏，基础配套设施严重不足，这在很大程度上制约了整个产业的延伸和

[1] 崔婷婷.我国邮轮经济发展现状及对策[J].港口经济，2009(6):55-57.

发展。❶

一、邮轮产业链不完善

1.系统性的产业规划缺位

邮轮经济发展所需要的船舶制造业和维修养护业比较落后，海南本土最大的豪华邮轮“聚航号”也是在浙江船厂建造；尚无国际大型邮轮公司驻扎海南港口；腹地旅游服务业国际化程度不高；政府旅游政策制定水平、行业管理标准化尚未与国际接轨。此外，海南暂无邮轮船供体系，邮轮船供参照普通货轮，被视为非贸易行为因而无法享受17%出口退税，国外邮轮公司因此不愿意采购本土邮轮船供物资；船供企业的市场准入政策缺乏可操作性，2009年国务院办公厅发布《关于完善国际航行船舶港口供应市场管理工作的通知》后，海南无相关操作细则出台。

2.配套设施不齐全

海南邮轮母港规划时，水深条件和岸线长度以及航道条件没有完全考虑到大型邮轮安全进出港的需要。此外，国际旅游岛建设规划时，未考虑邮轮航线与海南地域特色鲜明的1 800公里生态景观公路对接；母港与城市交通、空港交通网络未实现无缝对接，离融入国内国际交通圈还有差距。

海南港口航道深度等基础设施不能完全满足大型邮轮抵离的安全需要。目前海口港邮轮码头不具备接靠大型国际邮轮能力，三亚邮轮码头安全配套设施以及防污染设备设施还不够完善。❷ 海南尚未有国际邮轮公司总部驻扎，与邮轮母港基地相匹配的邮轮维修、保养、补给、废品处理、人才培训等产业体系尚未形成。海南仅2个邮轮泊位，无法满足产业

---

❶ 吴质洁.我国邮轮经济发展的瓶颈及其对策探略[J].才智，2010(21):287-288.

❷ 三亚—越南邮轮航线市场遇冷 母港建设待完善[N/OL].中国新闻网，2011-12-23.

发展需求。

二、制约因素导致客源不足

1. 海南国际影响力亟待提升

2015年中国最具国际影响力十大城市中，海南没有一个城市入选。《海南国际旅游岛建设行动计划》提及，到2013年，建成国际旅游岛的雏形，入境游客占全省旅游接待人数的10%以上。从近年入境游客占游客总数比例看，海南离国际旅游岛的最初规划还存在不小的差距，国际影响力小制约了境外赴琼航线的开辟。

2. 海南地理条件限制

海南是岛屿省份，辐射面不大，较难吸引泛珠、环北和长三角等地旅游客源，而海南本地客源难以满足邮轮发展需求。尤其是其他地区发展邮轮旅游航线，可接水陆空，而海南邮轮旅游无缝对接交通网络尚未形成，海南出岛邮轮航线目前只能选择水路。

3. 邮轮航线单一、同质化导致竞争加剧

（1）航线单一，业态结构有待优化。海南邮轮产业在特色产品设计、本土品牌开发等领域还存在许多制约和不足，目前以单一的近短程观光游为主，难以满足多样化的消费需求。海南开发的至越南（岘港、下龙湾及顺化等地）、我国香港地区、西沙等短程观光航线，相对国内其他地区始发至东南亚、东北亚、环球中长程航线而言，对游客的吸引力不大。此外，赴三沙邮轮旅游产品船小、舒适性不足，线路少，很难吸引回头客；海南“度假+邮轮”的产品关注度并不高，邮轮母港的邮轮和路线设计并不具备足够的吸引力。

（2）航线产品缺乏个性。以北部湾之星号运营的“西沙群岛一生蜜月之旅”为例，其中的爱国主义活动仅为升国旗、唱国歌、宣誓、集体照留念。高度同质化的岸上旅游产品，导致很多邮轮游客逐渐降低了在海南乘坐邮轮的兴趣，采用“飞机+邮轮”的出行方式，从国外的邮轮母港出发。大部分游客都是第一次乘坐邮轮，以追求“回头客”著称的邮轮旅游在海南发展动力不足。

（3）与其他地区航线产品开发同质化。以海南主打的越南航线为例，北海—越南下龙航线为1997年中国政府特批的第一条跨国海上旅游航线，其在国家的地位、国际知名度都高于海南—越南航线。另外，厦门、上海、天津均已开通越南航线，渤海轮渡也将视情况开通越南直航。同质化在一定程度上加剧了竞争。

总体而言，海南邮轮市场发展动力有待进一步增强，发展模式有待进一步优化，市场有待进一步培育和分层。值得关注的是，由于目前海南邮轮市场上的邮轮公司、邮轮码头、邮轮代理等主要参与者利润空间不足，某些大型邮轮公司正在逐步调整在中国的市场布局，甚至要将定位中高端的邮轮逐步撤出中国邮轮市场，这在一定程度上迫使中国邮轮市场在一段时间内仍将处于杀价竞争、中高端邮轮游客客源逐步流失的状态，最重要的是对海南邮轮市场的快速和良性发展产生较大冲击。因此，当前政府部门、行业专家等对海南邮轮市场的发展需要多一些冷静思考，切勿依然停留在海南邮轮市场正在保持健康、高速发展的观点和成绩上。

三、资金、人才、政策瓶颈依旧存在

1.配套设施资金瓶颈

海南省交通运输部门每年的航道养护经费仅1 000万元左右，远不能满足全省航道养护发展需要。邮轮需要专门的港口和码头，其设施分为基础设施和辅助设施，基础设施是为了满足大型邮轮停泊的必备设施，辅助设施则包括购物、餐饮、住宿、维修等。虽然大连、天津、青岛、连云港、上海、宁波、厦门、深圳、三亚等城市都在建设或准备建设邮轮专用码头，[1] 但目前除了一些港口城市建立了一些简易的邮轮码头

[1] 刘竞，李瑞.国内邮轮旅游消费市场特征分析及发展对策[J].南阳师范学院学报，2012(9):60.

外，国内港口城市尚未建成一个邮轮专用码头。国际邮轮抵达沿海港口时，只能借用其他码头或使用邮轮的备用舷梯，游客上下船和后勤补给都很不方便。同时，港口没有配套的购物、餐饮、住宿设施，港口则无法成为国际大型邮轮的母港，只能作为停靠港，而作为停靠港所产生的经济效益还不到母港的1/10，所获得的邮轮经济收益也就十分有限。❶

2.邮轮专业人才不足

人才链的断链在一定程度上导致了产业链断链，而院校开设邮轮专业，常常与游艇、酒店专业混淆；专业师资、研发人才不足，专业人才引进与培养尚未受到重视。邮轮企业发展的关键因素也是人力资源，它决定着邮轮企业是否具有竞争优势甚至关系到企业的生死存亡。邮轮文化是一种国际交往及国际礼仪文化，对从业人员在知识、素质、语言能力等方面要求很高。❷ 所以，外国邮轮企业向来非常重视人力资源的管理，通过专门的资格认证检测从业人员是否具有本行业工作的能力和实力，如注册航游顾问和高级航游顾问。邮轮就像一座小城市，由航海、康乐、餐饮、海关、法律、通信、医疗等众多部门组成，需要相关的专业人士来组织、管理、协调和运作。这就要求邮轮的管理者既是通才，又是专才，然而这样的人才在我国极少。近年来，陆续有高校开设新兴的旅游专业课程，如高尔夫、会展旅游，但邮轮旅游课程很少有高校开设，我国邮轮行业的专业人才稀缺。❸

3.政策规划不足

《海南省促进邮轮游艇产业加快发展政策措施》有12项政策措施推进邮轮产业发展，但未从产业发展整体规划层面对邮轮旅游作出系统、宏观指导；海南省级邮轮旅游线路规划仍然缺位。尽管三亚、海

❶ 孙春华.中国邮轮旅游发展前景探讨[J].经济研究导刊，2013(15):182.

❷ 刘竞，李瑞.国内邮轮旅游消费市场特征分析及发展对策[J].南阳师范学院学报，2012(9):60.

❸ 任红.邮轮旅游体验价值对旅游者重游意愿影响的实证研究[D].兰州：兰州财经大学，2015.

口已有各自的邮轮旅游线路规划，且《海口市游艇邮轮产业发展规划（2011～2020）》提及“联合三亚邮轮码头”共同开发打造环岛邮轮航线，但海口、三亚航线总体融合度不够，这在一定程度上导致线路重复建设。

邮轮旅游在我国还是新生事物，国家对其出入关管理和口岸管理还是采用一般的出入管理程序和口岸管理条例，造成邮轮出入口岸甚为不便，难以与国际接轨，难以满足游客快捷、方便、舒适等通关要求。❶目前我国与国际接轨的旅游立法却未能跟上，没有符合国际惯例的出入关程序和口岸管理条例。邮轮旅游作为高端的、国际性的旅游，所涉及的不仅是旅游业的法律法规，还涉及海关、贸易等一系列的法律法规。相关法规的缺位，必然导致过境、签证、外埠采购等方面的问题出现。

四、环境污染加剧

邮轮在航行时，会有一定的燃油泄漏，这对海洋和港口都会造成一定的环境污染。邮轮旅游还会产生大量的垃圾，这些垃圾小部分直接排到海洋里，加重了海洋特别是近海的环境压力，而大部分的垃圾根据国际相关法则及各国关于海洋保护法和环境保护法的相关规定不能排到海洋里，要带回港口处理。海南目前的城市垃圾处理压力已经很大，再要处理外来垃圾，这对于日益严峻的城市环境状况来说无异于雪上加霜。

随着邮轮旅游发展，邮轮是日益增长的主要海洋污染源。❷大型邮轮能承载5 000人之多，新建邮轮接待量更大。一个中等大小能承载3 000人的邮轮每天将产生7吨垃圾和固体废物57升毒水、11万升人类排泄物、2.7万升含油污水、97万升灰水，每次排放1 000吨压舱水以及相当于成千上万的汽车柴油机废气排放量。而目前我国尚未建立起完善的海洋生态补偿机制，只是在某些领域制定了相关规定和实施了一些补偿工作，且

❶ 刘竞，李瑞.国内邮轮旅游消费市场特征分析及发展对策[J].南阳师范学院学报，2012(9):60.

❷ 俞斯桂，孙珊.从源头上认识邮轮经济[J].上海城市规划，2005(2):28.

补偿工作大多局限在渔业资源管理领域。此外，我国海洋管理基于行政或地理区域划分，与以生态系统为依据的科学综合管理还有差距，对邮轮等海洋污染治理缺乏力度。

五、服务体验较差

（1）服务质量低。国外邮轮公司在中国邮轮市场上普遍采用包船模式。邮轮公司对包船旅行社有最低舱位率的要求，导致海南绝大部分包船旅行社亏损巨大，苦不堪言，这也变相降低了包船旅行社的服务质量和水平，降低了邮轮乘客的消费体验，严重损害了海南邮轮公司的形象。

（2）文化体验感低。部分海南邮轮公司为了节约成本，逐步减少船上免费服务项目，降低船上餐饮、客房、娱乐等服务质量，导致乘客船上服务体验逐渐下降。

六、邮轮入住率低

以海南皇后号为例，其拥有300多间房，1 000张船位，每一次往返航程成本近60万元，也就是说，入住率须超过70%才能营利。而宝瓶星号有765个舱位，提供1 529个标准床位。2012年运营5个月的时间，总航次为62航次，但入住率从未达到60%；游客最少的航次只有106人，旅客乘船率仅达到6%。目前有5家邮轮公司与三亚凤凰岛国际邮轮港建立合作意向，类似宝瓶星号因客源问题经营不善，将给这些有意向停靠的邮轮带来负面影响。目前海南度假加邮轮产品关注度并不高，邮轮母港邮轮和路线设计（至越南、我国香港地区、西沙群岛等地）并不具备足够吸引力，游客更愿意选择天津和上海母港的豪华大邮轮及航线（至泰国、新加坡、日韩等东南亚与东北亚地区）。[1]

---

[1] 三亚—越南邮轮航线市场遇冷　母港建设待完善[N/OL].中国新闻网，http://www.chinanews.com/cj/2011/12-23/3552921.shtml .

第五节　海南邮轮旅游发展对策

一、充分发挥政府主导作用

随着旅游市场竞争的全球化，政府的主要职能是遵循旅游市场发展规律，通过制定一系列制度和提供必要公共服务来规范市场、稳定市场、引导市场以及弥补市场供给的不足。在海南邮轮旅游的发展中，政府要发挥主导作用，做好产业发展规划，争取优惠政策，鼓励企业投资，做好邮轮旅游的相关公共配套服务，促进海南邮轮旅游快速发展。

（1）政府主管部门做好海南邮轮旅游发展总体规划。海南处于邮轮旅游发展的起步阶段，政府主管部门一定要摆正自己在海南邮轮旅游业发展中规则制定者的位置，从对旅游业的直接管理向行业管理转变，做好发展规划，指导行业规范有序地发展并加强规则执行力。当前，海口秀英港正在进行港区改造升级，海南本土邮轮船队已迈出第一步，在“21世纪海上丝绸之路”建设背景下政府应充分考虑海南邮轮旅游业发展的需要，科学论证，因地制宜，制定出长远的、可持续性的海南邮轮旅游发展总体规划，有计划有步骤地实施，发挥好宏观调控的重要职能。

（2）利用海南特区优势争取优惠政策。一方面邮轮产业发展需要宽松的国家宏观邮轮产业政策，另一方面也需要本地政府及相关旅游主管部门的决策支持。在海南邮轮旅游业的发展中，政府要发挥主导作用，加大邮轮产业政策的扶持力度，让海南在邮轮旅游发展方面充分享受国际旅游岛的“我国旅游业改革的试验区”的优惠政策。

二、吸引多种投资主体

邮轮旅游的主营业务投资规模庞大，投资回收周期长，对投资者的实力要求高。在发展初期可以国有资本的投入来带动民营资本投资，从而有效地刺激市场。海南可借鉴新加坡邮轮经济发展的经验，利用各个港口改造的契机，由政府投资修建邮轮码头和给予企业投资的相应优惠政策，带动企业开发和经营码头周边商业用地。以“21世纪海上丝绸之路”建设为契机，加快邮轮旅游基础设施建设，促进邮轮经济长足发展的同时，鼓励企业投资，共同参与到海南邮轮旅游基础设施的建设与开发之中。当前，国家正鼓励国有企业实行多种所有制改革，鼓励民营资本参与国有企业的投资。在海南邮轮港口等基础设施的建设中，拓宽融资渠道，倡导多元化融资，可采用混合所有制设立开发公司，扩大投资规模，为海口邮轮旅游的开发建设奠定基础。

基础设施完善能促进邮轮旅游发展。一般来说，美国邮轮母港设施设备及其配套投资方式有3种：（1）政府投资企业经营，如奥兰多港和圣地亚哥港。（2）企业投资和经营，圣地亚哥港的两个邮轮停泊码头采用此法。（3）引入外资，迈阿密港口拥有8个邮轮码头采用此法。[1] 迈阿密联合州、联邦政府及私营合作者，对主要基础设施投资2 000多亿美元以促进其货物和邮轮业发展，迈阿密因而成为货物和旅客进出美国西南部效率最高的口岸。在国内，厦门和迈阿密与美国邮轮及酒店经营集团签署合作协议，致力于将厦门港打造成为世界级国际邮轮母港，海南可借鉴此经验，多元化融资渠道，完善基础设施建设。

三、完善邮轮旅游的配套措施和服务

海南发展邮轮旅游不仅需要完善港口及周边配套服务设施建设，还需完善交通体系，特别是航空体系，增加直飞航线，扩大国内外航线网络，为邮轮旅游带来更多的国内外客源。虽然海南的粤海铁路已通车十余年，但受气候条件影响较大，便利性也有所欠缺。由交通运输部、铁道部和广东、海南两省共同组织编制的工程静态投资将超过200亿元的《琼州海峡跨海工程规划研究报告》已经完成，确定以建设连接广东省徐闻县灯楼角和海南省澄迈县道伦角的跨海部分长度将达26.3公里的公路、铁路两用大桥，争取在2020年建成通车。届时，海南、广东、广西等环北部湾地区的中心城市，将形成6小时陆路交通经济圈，不仅对南海海洋资源开发，实施国家能源发展战略，加强泛珠三角区域合作、促进

[1] 潘勤奋.国际邮轮经济发展模式及对我国的启示[J].科技和产业，2007(10):24.

北部湾地区经济协作发展，加快推动中国—东盟自由贸易区和“21世纪海上丝绸之路”建设具有重要意义，而且大大提升海南邮轮旅游的客源市场和发展潜力。

四、开展邮轮旅游联营化

随着邮轮产业的进一步发展，联营化已逐步扩展至其他业务内容，由邮轮公司开办的飞机—邮轮、铁路—邮轮、汽车—邮轮等多种方式的联运业务，大大方便了游客乘船旅游。在邮轮旅游发展的初期阶段，海南的旅游主管部门要主动作为，牵头邮轮旅游相关企业开展合作；在邮轮旅游发展到一定规模后，按照市场经济发展规律，企业受到利益驱使则会主动开展联营化经营。

五、提升本地的服务供给能力

邮轮需要在母港补给大量的生活、服务用品，随着海南经济总量的不断增长，城市基础设施建设不断完善，服务业水平日益提升，这为海南邮轮旅游服务供给奠定了基础。在旅游服务的相关供给中，政府要鼓励和扶持专门为邮轮旅游提供服务供给的企业，在产业发展初期，为其提供必要的税收、用地等优惠，逐渐形成一定的供给规模，并鼓励良性的市场竞争。

六、提供公共服务

公共服务的完善程度是一个旅游目的地是否成熟的标志之一。目前海南邮轮旅游市场公共性服务体系还很不完善，因此，邮轮旅游产业的许多公共性服务还需要由政府来承担，政府还需利用自己获取资源和信息的优势，建立邮轮旅游信息系统，为邮轮旅游业提供收集和发布信息、进行整体形象宣传、评定与检查服务质量以及对邮轮旅游人才的培训与考核等服务。信息不完全性和不对称性，会导致经营者和旅游者的某些非法行为和非理性消费。在邮轮旅游业发展的初期，政府要要求邮轮旅游服务供应商披露真实信息来改善信息不对称的状况，使海南邮轮旅游业有一个健康的市场环境，邮轮旅游经营者和旅游者都能够无障碍地获取信息，实现双方共赢。

七、引导建立行业协会

在邮轮旅游市场的管理方面，一定要避免海南旅游业发展初期出现的无序恶性竞争局面。在海南邮轮旅游业发展初期，就要坚持边发展边规范的原则，政府主管部门可引导组织行业内的各类企业建立行业协会，行业协会成立初期，可由旅游主管部门牵头，各类企业共同协商建立行业服务标准，并在行业推广。随着行业协会管理能力的提升，部分原来由旅游主管部门行使的职能转向邮轮旅游行业协会，如制定推广行业服务标准、监督服务质量、培训从业人员、市场调研、信息分析和咨询服务等。邮轮旅游行业协会可仿照旅游业的其他部门设立年检制度及星级评定制度，对各类业内企业进行定期检查、评定等级，结果对全社会公布，为游客提供充分的信息选择。这种做法从短期看，似乎对部分企业有损伤，但从长远看，会催生行业自律，促进整个行业健康有序地发展。

如果有了行业协会行使管理职能，旅游主管部门就可以从烦琐的行业管理事务中解放出来，集中精力研究制定邮轮旅游发展战略、法规政策、发展规划、部门协调和国际联络等产业发展的大政方针。不但能为政府决策协调提供方案，也可为邮轮旅游行业企业提供指导、服务，规范市场秩序、推进市场促销、提升产业素质。

八、突出重点，扩大宣传

我国居民对邮轮这种高端旅游产品认知度不高，乘坐国际豪华邮轮出境旅游的数量也很少。因此，我国的邮轮市场尚须大力培育，需要通过广泛的宣传，引导人们消费。

由于内地离海洋和湖泊较远，与沿海地区经济和文化环境有较大差异，这就要求邮轮旅游企业进行市场细分，确定重点开发的几个目标市场，展开相应的市场营销活动。总体上可以划分为东部沿海市场、沿江临河市场以及内陆大众市场。东部沿海省份和沿江临河地区的居民思想观念和消费观念较新，可以推广远洋型邮轮这种高端旅游产品，鼓励港口城市和周边省市居民参加国际邮轮旅游。对于内陆大众市场，则以开发国内线路为主，大力推广短程邮轮旅游产品，不断创新江河型游轮和湖泊型游船旅游精品项目。我国港口众多，旅游资源丰富，对于习惯陆地旅游的旅游者来说，乘坐邮轮旅游则是另一番享受。作为邮轮旅游主体的邮轮，在设计、内部装饰和船上的娱乐方式方面，不应一味地模仿、照搬西方模式，而应突出东方理念和文化，这样更有亲切感，更能吸引游客。

传统游客认为海南夏天不宜开展邮轮及观光度假活动，进而形成错误印象。因而海南游出现“冬热夏冷”的局面。实际上，海南较之邮轮业最成功的佛罗里达，更具备气候优势。海南应加大媒体宣传力度，对比佛罗里达，突出常年适合邮轮旅游的形象定位。

九、发展绿色邮轮旅游

在提倡生态旅游的当今社会，邮轮企业必须采取有效的环保措施，要配备先进的排污设施和装备，使每一趟航行在保证顾客舒适度的前提下，又能严格地把对环境的消极影响控制在最低范围内，使所到之处的空气和海洋得到保护。此外邮轮码头作为邮轮旅游的组成部分，临岸的景致可以让游客赏心悦目，也可以让其大跌眼镜。因此，要对沿岸地带进行美化和绿化工作，对污染企业、杂乱设施进行整治。这样才能彰显绿色邮轮的特色，使抵达的游人产生耳目一新的感觉，从而吸引更多的游客参与到这种高端旅游形式中来。

海南可利用特区立法权等，完善环境保护问责制、海洋生态补偿制，坚持“谁污染，谁付费”“谁保护，谁受益”和“谁受益，谁付费”等原则进行生态问责与补偿。2001年，美国通过《阿拉斯加商业客船制度与费用》法律，制定了强制性邮轮废水和大气排放标准，要求所有在美国水域运营的邮轮必须遵守美国环境法与相应标准，以减少正常运营船只上由洗衣、淋浴和厨房废弃物而产生的污水，否则将受到相应处罚。[1] 海南可借鉴此经验，使污染治理制度化、常态化。

同时也可通过科技或其他管理制度等发展绿色邮轮旅游。美国利用岸电、系统装置废水处理和MSDS（Marine Sanitation Devices，海运卫生装置）等技术、罚金、补贴等手段，减少船舶带来的污染。海南可采用技术补偿、环保新科技、处罚、补贴、奖励等形式，使得《海南省港口管理条例》更有可操作性。

十、实施人才储备战略

随着知识经济时代的到来，在人类所拥有的一切资源中，人力资源已逐渐超过物质资源、金融资源，成为企业的核心资源。人力资源对企业发展的重要作用已成为业界共识，人的因素也相应地成为企业实现战略目标的关键因素。邮轮旅游业作为在我国出现的新兴行业，起步较晚，对于其领域还需要不断地探索和研究。

行业的发展离不开专业人才的培养，因此，发展邮轮旅游必须加快该专业人才培养的步伐。作为我国高级人才培养基地的高校可以开设邮轮旅游专业，为我国培养急需的高级邮轮旅游人才。同时，海南邮轮企业也可以与全国各高校、研究所、政府联合，以政府为主导，以高校和研究所为基地，由企业提供资金支持，共同培养、培训专业人才，以满足行业对人才的需求。在企业内部，建立以人为本的管理制度和激励制度，制定优惠政策积极引进国内外邮轮旅游管理人才，同时要积极创造条件，选拔有能力、高素质的人才到西方国家学习、深造。只有这样，海南邮轮旅游产业才能在日益激烈的竞争中生存、发展，在国际市场上占有一席之地。

---

[1] Business Research and Economic Advisors.The Contribution of the North American Cruise Industry to the U.S. Economy in 2004[R].2005.

第十章　房车露营旅游

2017年12月，海南省政府发布《关于加快发展自驾车、旅居车旅游的实施意见》意见中提出，至2020年海南要建成一批公共服务完善的自驾车、旅居车目的地，建成70个精品营地。此外《海南国际旅游岛建设发展规划纲要》明确指出鼓励发展房车露营等旅游新业态项目，将在海南中西部重点发展房车露营休闲旅游，逐步将海南建成国内房车露营旅游休闲度假示范基地。

海南省拥有得天独厚的自然生态环境，生态环境优美，旅游资源丰富，是我国旅游业发展条件最好的地区之一。应该正确把握市场需求趋势，加快房车露营旅游营地建设及配套的旅游交通标识等公共服务设施建设，把海南建设成为中国房车露营旅游的特色基地，更好地为各种房车旅游、徒步旅游提供更优质、更专业的服务。海南省的房车露营度假旅游发展尽管还不够成熟，产品的设计和推广也还处于初级阶段，但具有很大的政策优势、发展空间以及市场潜力。

房车旅游是一种适应现代生活时尚的自助旅游方式，是一项集观光、健身、度假、休闲于一体的深层次旅游。近年来，随着高速公路网的建设和完善以及居民消费水平的提高，我国房车旅游呈现蓬勃的发展态势。为满足房车旅游的需要，各旅游目的地开始编制房车露营规划。

海南作为国内最大的经济特区，海南国际旅游岛的建设拥有得天独厚的自然条件、生态环境和旅游资源，具备国际旅游流行的五大要素：阳光、海水、沙滩、绿色植被和洁净空气，是世界一流的度假休闲旅游露营目的地。

第一节 房车与房车旅游理论演进

一、房车与房车露营旅游概念

1.房车与房车旅游概念

房车兼具“房”与“车”两大功能，是一种可移动、具有居家必备设施的车种，但其本质属性还是车。同时依据车辆有无自身驱动能力可将房车分为自行式房车、拖挂式房车和移动别墅三大类。自行式房车是建立在一个完整的拥有发动机底盘车辆的基础上、又兼顾住宿和运输并将所有条件巧妙地融为一体的车。拖挂房车需要专门诸如汽车、搬运车或卡车之类的机动车辆来进行牵引，但自身的尺寸和重量又符合在公路行驶的要求，那么这种房车就被称为拖挂式房车。移动别墅适合有长时间度假旅行习惯的爱好者使用，需要通过特殊或重型的平板拖车运输，须连接公共电力系统来补充所需电力能源，且具有宽大的生活空间，内部设施配置得如同家里一样舒适方便。房车旅游在欧美发达国家比较流行，但是在中国还鲜为人知。房车旅游则是指借助于房车，暂时性地离开都市或人口密集地到郊外进行的游憩活动。

旅游房车又称为“流动的家”，英语简称为RV（Recreation Vehicle），它是一种房与车功能的结合体，车上配备基本的生活设施用品，如座椅、桌子、睡具（可由座椅转换而来）、炊事设施及储藏设施等，豪华型的房车甚至有沙发、橱柜、电器、音响、盥洗设施等，真正集“衣、食、住、行”于一体。房车作为21世纪最流行的“旅游+观光+休闲”生活方式的理想载体和极具个性化、简朴化和知识化的时代产物，将使人们充分“零距离”接近大自然、融入大自然和回归大自然。[1]随着我国旅游业的发展，房车旅游正在被越来越多的普通百姓所向往。房车露营地主要客源市场定位在距离露营地6小时车程以内的中上收入阶

[1] 廖军华，何平.关于我国房车旅游发展的几点思考[J].特区经济，2009(9):141-142.

层。[1]当前，房车旅游的客源市场也在不断拓展中。房车旅游的方式逐渐在广泛推广中。

2.房车露营地概念

从概念上来说，房车露营不包括借助其他类型的汽车作为交通工具而进行的露营旅游活动。但是随着露营旅游业的发展，现在的露营地逐渐由最初的单一汽车型营地向同时具有自驾车、汽车和房车营地功能的综合性营地发展，这意味着，现在的汽车和自驾车露营地可能有房车旅游产品，而房车露营地中也可能提供汽车和自驾车露营的服务。随着旅游产业的不断融合发展，在露营旅游中，不论是汽车露营地还是房车露营地都具有越来越综合的效用和功能，许多露营地既提供房车露营服务，也会给游客提供帐篷等其他形式的汽车露营旅游服务。

露营地就是一种娱乐休闲小型社区。具有一定自然风光，可供人们使用自备露营设施如帐篷、房车或营地租借的小木屋、移动别墅、房车等外出旅行，同时可进行短时间或长时间居住、生活，配有运动游乐设备并安排有娱乐活动、演出节目的，并且具有公共服务设施，同时占有一定面积，安全性有保障。根据所处环境的不同，露营地可以划分为以下六种类型：湖畔型露营地、海滨型露营地、海岛型露营地、乡村型露营地、森林型露营地、山地型露营地。通常房车露营地主要有以下功能分区：接待中心、房车营位区、帐篷营位区、功能草坪区、摄影基地、儿童游乐区和综合休闲区。其满足游客的观景需求、生活基本需求和全面服务需求，是一个多样化的度假场所。一般成熟的营地具有以下几个特征：周围有美丽的自然风光，适合观景度假；有和房车相关的配套设施，如供水、供电、污水处理等；营地类似一个五脏俱全的小社区，为了更加全面地满足游客的需求，还设置了医疗中心、就餐中心、购物中心等服务区。能为开展形式多样的户外活动项目提供场地和设施，如骑

[1] 赵亮．露营地及其旅游产品开发初探[J]．中山大学研究生学刊:自然科学、医学版，2008(2):95-104.

马、垂钓、烧烤、游泳、球类等。

房车旅游露营地是满足房车旅行各种必备生活用品补给，提供休息场所，且集旅游景区、丰富娱乐生活设施和服务为一体的综合性露营旅游度假休闲场所。房车露营旅游也可以说是在房车营地和汽车营地基础上开展旅行住宿、休闲娱乐为主要内容的现代游憩活动。

二、房车露营的主要流程与功能

1.房车露营的主要流程

房车露营旅游的活动流程包括出行准备、驾车旅行、旅途观光、扎营露宿、篝火、娱乐休闲、狩猎垂钓等，这些活动不仅需要游客克服所遇到的各种困难，也需要游客能够掌握一定的生活技能和运动技能（包括房车驾驶、厨艺、攀岩、越野、游泳、搭建营地、自我救护等），还要有一定的安全防范与自我保护能力。在这些活动中，旅游者能够享受到比其他旅游活动更加非凡的旅游体验。房车旅游者也能获得更为直观的种种乐趣和技能的提升。由于在房车露营旅游活动计划和安排上有着很强的自主随意性，参与该项旅游活动的人员主要是自主选择一些旅游景区或野外森林等开展旅游活动，这些地区基础设施还很不完善，相对于正规的野外考察，很多的旅游者都没有接受过系统和专业的培训，因此，房车露营旅游活动与其他传统的旅游活动相比较还是具有很高的风险系数，旅游安全方面还存在较大的隐患。

2.房车露营的主要功能与设计

在房车露营地设计过程中要休现露营地的特色与整体风格的一致协调，要避免各个营地的单一化、平庸化的问题。在提高营地整体水平的同时，要明确经营理念，创造特色，追求与其他营地的不同，创造自己的特色，但也应注意到不要过度追求使用上的便利而大量建设人工设施。

首先，房车露营能带动当地的经济效益，建设营地的基本目的虽然是给市民提供公共休闲娱乐设施，但是为了长期地、更好地维持经营与管理，效益是必须考虑的。营地按照第三产业的方式运营，最终目的还是为了良性经营、寻求经济收益。在各种设施中，露营设施被誉为旅馆、酒店、民宿和简易旅馆之外的第五种住宿形式。在建设中必须考虑到环境、设备、管理等诸多方面。露营地与其他住宿设施的区别如下：（1）野外住宿设施；（2）低廉的租金；（3）安全的服务；（4）宿营者之间融洽的交流。这些设施与服务可为营地带来一定的经济效益。

其次，房车露营地有一定的环境效益。保护环境，回归大自然是露营活动的最终目的。在周边环境优美地方进行营地建设，规划开发都不可以破坏自然环境，要把对自然环境的破坏降低到最低点——和自然环境相融合，与自然环境相配套。在环境保护的基础上节制开发，这才是建设营地的基本方针。

最后，房车露营旅游具有一定的文化效益。露营的特点是“亲近自然、回归自然”。置身于大自然中，是为了消除平日积累的烦恼与压力，使身心得到放松，培养活力和创造性。大多数露营者都是想远离都市喧闹，来露营地追求自然的宁静，放松身心。所以，营地必须充分响应广大露营者的这种心声，注重人性化需求，营造出舒适与回归自然为一体的理想氛围。同时，露营地不单纯是提供设施和场所，还要为露营者提供生活空间，迎合人对社会交往的需要，为露营者创造与自然相融合、家庭团聚、人与人之间的交流空间。

第二节　国内外房车旅游研究进展及经验

一、国外理论研究

欧美国家的房车露营旅游产业发展较为成熟，很早就成立了相应的管理协会，并且还拥有数量可观的房车保有数量和建设相对完善的露营地。《环境管理》就明确提出汽车旅游出现于20世纪初，且研究较少，主要只是针对露营与环境、露营者动机等方面的研究。贝蒂（Betty，1976）对露营旅游与环境、动机之间的微妙关系进行了相关阐述，但专门以汽车露营旅游作为研究对象的文献较少。对于营地的规划、设计、管理有系统的研究专著，罗伯特（Robert）在《森林休闲》（*Forest Recreation*）书中就曾对美国露营地的发展、分类、开发建设条件、露营地各功能区的规划、露营地设施的设计作过比较系统的阐述。

欧美国家房车露营由来已久，随之产生的是关于房车营地研究的相关著作，其中研究的主要方向大致包括：房车营地的选址、规划布局，相关房车露营的产品开发以及游客的使用体验等。国外对房车营地的研究大体上可以分为以下几个代表性的阶段：（1）20世纪60～70年代，主要研究游客的参与特性和其与社会的关系。（2）20世纪70～80年代，主要对游客的旅游心理进行研究，并将研究结果运用于房车营地的布局及规划。（3）20世纪80～90年代，这段时间正值工业发展期，人们开始着力研究房车旅游和露营对于生态环境的影响。（4）20世纪90年代至今，以人为本的思想为研究主旨，进行生态性房车营地的规划，将人与自然和谐共处的思想融入其中。在充分注重保护自然生态环境的基础上，体现以人为本的设计思想。例如，《户外生存手册》（*The Outdoor Life Handbook*）一书根据自然和人文的结合，对房车营地的选址方法、标准以及具体的营地建设内容做了详细而生动的阐述。作者从旅游的角度来介绍房车旅游，提供了关于更好地感受自然的旅行计划建议、最热的旅游景点和观景线路以及各地区房车营地的信息，为游客提供了实用性颇强的建议。

随着欧美露营旅游学术方面的研究层面越来越细微，其侧重于露营地的经营和管理，尤其是露营者的需求研究。在资源状况和消费人群对露营地的开发和管理方面做了很多研究，而对露营旅游的特征与分类研究相对缺乏。只有深化对露营旅游特征和分类的研究，才能判断出影响露营旅游开发和对策研究的关键因素，更好地细分市场及发展露营旅游业。

二、国内理论研究

1. 房车露营旅游发展研究

李晶（2011）[1] 介绍了房车露营旅游在国外的产生和发展历史，并对国内房车旅游发展现状进行了深入分析，从宏观、中观和微观三个层面提出相应的对策建议。陈聪（2013）[2] 从产品的三个层次构建了房车露营旅游产品开发体系，并对海南发展房车露营旅游可行性进行了论证。杨东（2016）[3] 对我国房车营地消费者的消费行为进行了深入分析，从政府、行业协会和营地经营者的角度提出改善建议。

2. 房车露营旅游发展差异研究

邓敏（2010）[4] 从汽车旅游组织、管理和服务三个方面比较分析了国内外的差异，并对成功案例进行了总结以及对我国汽车旅游的发展趋势进行了探讨。鲍蕾（2014）[5] 从发展现状、政策背景、经济条件、选址依据和经营模式五个方面对中国和美国的汽车露营地的发展进行了对比分析，总结出两国发展的特点和营地发展的差异。李蓓（2012）[6]运用昂谱理论，引入游客体验分析，对消费者群体的需求特征进行分析；郭丽娜（2012）[7] 通过对宁波象山汽车露营地进行实地探访和游客问卷调查，综合访谈和问卷调查结果，运用因子分析法和灰色关联度分析法，对宁波汽车露营旅游发展的影响因素进行数据分析，进而从三个不同的层面得出宁波汽车露营旅游发展的综合对策。在房车露营地产品的规划

---

[1] 李晶. 我国房车旅游的发展态势研究 [D].长春:东北师范大学, 2011.

[2] 陈聪. 中国房车露营旅游发展研究 [D].武汉:华中师范大学, 2013.

[3] 杨东. 房车露营地消费者行为的调查与分析 [D].杭州:杭州师范大学, 2016.

[4] 邓敏.我国汽车旅游现状及发展趋势研究 [J].现代商贸工业, 2010, 22（21）: 5–6.

[5] 鲍蕾. 中美汽车露营地发展比较研究 [D] .北京：北京体育大学, 2014.

[6] 李蓓. 基于游客体验视角下的露营地开发研究 [D].西安：西安外国语大学, 2012.

[7] 郭丽娜. 宁波汽车露营旅游发展研究 [D].金华：浙江师范大学, 2012.

与设计方面，李景（2011）[1]通过对比国内和国外房车露营的不同使用方式和营地功能与服务，突出房车营地合理、规划设计的重要性。赵亮（2008）[2]在阐述露营地旅游产品内涵和特点的基础上，探讨了露营地旅游产品在三个不同层次上的开发与创新。杨雅莹（2011）[3]对中国露营旅游产业的发展进行了总结，并且结合实际情况对目前中国发展露营旅游存在的问题进行了概括性的总结。朱晓蕾（2012）[4]则从文化的观点和角度对中国露营旅游产业进行了分析，揭示了文化因素在发展露营旅游产业中的重要作用。

综上所述，目前国内房车露营旅游研究处于探索阶段，对房车露营旅游的研究较少，需要更多的学者给予关注。

三、国外房车露营发展现状及经验

1. 欧美房车露营建设经验

欧洲房车协会是一个非营利性的社会组织，为欧洲房车露营发展提供良好的保障，协会主要职责在于商讨制订房车露营标准，协调成员间关系，整合市场营销活动，同时房车协会内拥有一套完整运作体系，内部设有房车联盟技术委员会，其对于处理欧洲房车类型、与房车相关的法律、房车标准化问题能发挥其独特作用，同时欧洲房车协会代表欧洲房车行业，并及时向会员和外部提供有关房车的信息。

美国人对于房车露营的喜爱可谓是由来已久。早在19世纪70年代起，美国为保护自然环境而设立国家公园制度，1916年美国国家公园管理局成立，当时共有14个国家公园和21个纪念地纳入管理范围，美国在国家公园内开辟出露营地供人们露营。20世纪的经济大萧条时期，

[1] 李景.房车营地规划设计研究 [D].北京:北京林业大学，2011.

[2] 赵亮.露营地及其旅游产品开发初探 [J].中山大学研究生学刊(自然科学、医学版)，2008(2):95-104.

[3] 杨雅莹.中国发展露营旅游的思考 [J].经济研究导刊，2011（24）：174-175.

[4] 朱晓蕾.论中国露营旅游文化 [J].学术交流，2012（1）：141-143.

美国兴起了以露营活动为代表的经济实惠、趣味盎然的户外休闲活动。之后，随着国家路络的完善，开辟了美国人自驾露营的新篇章。人们发现，亲近自然的旅行方式充满魅力，让他们流连忘返，这对早期的房车营地建设奠定了基础。之后美国人便开始了露营所需的房车的生产。早期的露营车辆由一些露营爱好者自己组建的小公司研发生产。

“二战”结束之后，随着社会经济的繁荣，露营活动进入大众时代，公共露营地和经营性露营地蜂拥而出。1961年，美国KOA公司成立，标志着私人经营机构开始进入露营地领域。这一时期，露营地的建设和管理逐步走向规范化、标准化，开始强调功能分区，要求营地能够提供完善的服务设施和娱乐活动。在这一阶段，露营地数量呈现爆发式增长，为了满足日益兴起的多样化的露营活动，房车生产制造业也随之提升和发展。房车由最初的有篷马车一直演变到如今的大型房车。由最初单一的短暂休憩功能，到如今衣食住行乐五位一体的全面功能。经过统计，美国参与房车旅游的人口逐年上升。凭借互联网的大力宣传，人们对于房车营地了解和关注的热度也持续上升，也促使房车营地单一的休憩功能向休闲娱乐发展。

2. 其他国家/地区房车露营建设经验

日本是亚洲开创自驾旅游方式较早的国家。日本户外旅行起初的想法是为喜爱亲近大自然的户外露营爱好者提供一个安全性高的、功能较为齐全的露营地。通过对欧美国家优秀案例的借鉴，日本的自驾游注重细节设计和品牌效应，从规划线路开始到营地的设计，每个主要景点和入口都有房车营地的广告和宣传。比较有名的如日本的白色风车塔，位于海岸边，以独特的景观效果形成行业中的标志性项目，为广大旅行爱好者提供了放松的天堂。新西兰是房车露营发展的乐土，不但风景优美，适合户外露营，而且房车是当地已经普及的交通工具，深受人们欢迎。而且，当地的房车租赁业也发展得如火如荼。在那里，人们可以和家人随处畅行，尽情享受自然风光的美妙。在每一处值得纪念的土地上留下自己的痕迹。

总体而言，欧美国家的房车旅游产业发展较为成熟，有一定的房车保有量和相对完善的露地。在理论方面，国外相关的理论研究数量多，内容成熟可借鉴。在实际方面，相关的房车营地建设、露营俱乐部以及协会的成立也早而量多，尤其是房车营地的建设和运营已具备一定的国际标准或者管理方法。与之相配套的有近4 000个房车营地俱乐部，会员量高达80多万名。

近几十年来，发达国家经历战后重建与经济消费水平的提升，一方面人们心理上寻求休闲放松的机会，另一方面因露营的娱乐性、价格低廉等特性使得露营活动受到极大欢迎，露营地数量不断增加，露营地游览和休闲项目不断增加。2014年，有58个国家／地区加入了国际露营总会，国际露营总会在38个国家／地区代表67个会员俱乐部和联盟。整个欧洲拥有约2.6万个露营地，美国2万个，澳大利亚3000个，日本1500个，丹麦500个，韩国500个，蒙古118个。

第三节　海南房车露营旅游发展现状

中国房车露营旅游只有十几年的发展历程，我国目前房车自身水平仍比较低，与之配套的设施——房车露营地的产生和发展也比较迟缓，主要表现在以下几个方面：首先是房车露营地的数量少，中国目前房车露营地较少，而且具有地域集中性，主要分布在经济发达的京津地区和珠三角地区；其次是现有的房车露营地规模较小，设施设备还有待完善，国内很多房车露营地只能提供简单的水、电、网络等服务，娱乐项目很少；再次是国内现有的房车露营地的管理还处于探索阶段，管理不够系统，此外房车露营地的星级划分标准和露营地设施设备建设标准也还在筹划中，这不利于对房车露营地的统一有效管理；最后是我国政府还未设专门的管理部门对房车露营地进行统一管理，而现有的房车露营地协会发挥的作用也非常有限。总体来说，我国房车露营地的发展还处于初级阶段，国内缺少有规模的房车露营地。

一、国内房车露营发展环境

2017年5月，在第六届全国自驾车旅游发展峰会上，中国旅游车船协会发布了与中国社会科学院旅游研究中心等研究机构编制的《中国自驾车、旅居车与露营旅游发展报告（2016~2017）》。该报告显示，2016年，中国自驾游人数平稳增长，总人数达26.4亿人次，比上年增长12.8%，占国内出游总人数的59.5%。中国各类汽车俱乐部约3万家，专门从事自驾游的俱乐部约有3 200家。中国旅居车（房车）年销售量约8000辆，保有量约4.5万辆。近年来，随着居民生活水平的提高与消费水准的提升，中国的房车旅游市场发展潜力巨大。

2016年，国内多个部门涉及自驾车、旅居车和露营旅游等有关的政策法规密集出台，国家层面对旅游新兴领域极为关注。国家旅游局、公安部、交通运输部等六部委联合下发的《关于加快推进2016年自驾车房车营地建设的通知》、国家旅游局会同10个部门印发的《关于促进自驾车旅居车旅游发展的若干意见》等文件先后出台。《自驾游目的地基础设施与公共服务指南》行业标准也制定完成。高速公路服务区、旅游景区、旅游集散中心等场所针对自驾游的公共设施和服务正在得到改善。

中国旅游车船协会及自驾游与房车露营分会与同程旅游联合发布了《2017中国房车露营在线消费研究报告》，对国内房车露营度假产业发展现状及在线消费情况做了系统分析。该报告显示，近七成的房车露营消费发生在节假日期间，这表明房车露营正在成为国人重要的休闲度假方式。“70后”和“80后”是房车露营在线预订的主力人群，OTA平台是他们主要的线上预订渠道。《报告》提供的用户画像分析显示，房车露营在线预订用户的性别结构基本男女各半；年龄结构方面，27~36岁占比43%，37~46岁占比28.6%，总体上“70后”和“80后”的比例高达71.6%。

二、海南房车露营发展情况

2012年，海南省编制公布《海南省房车露营旅游发展总体规划》，在规划中明确提出“十三五”期间，海南省将大力发展房车露营旅游，完成全岛自驾车、房车露营地的节点状空间布局，依托重要的旅游景区和建设一批标准化自驾车、房车露营地，建立有效的自驾车、房车露营旅游经营管理体制和机制，规范引导自发性旅游活动。依据功能区划分，未来的海南房车露营旅游空间战略布局为“一核四节点三轴线”。其中一核为海口市，四节点为三亚市、琼海市、五指山市、儋州市，三轴线为东部椰风海韵房车露营旅游带、中部森林体验房车露营旅游带及西部探奇揽胜房车露营旅游带。

随着人们生活水平的提高，道路交通条件的改善，房车旅游已经成为一种常态。作为国际旅游岛的海南吸引的自驾车游客数量也正逐年快速增长。当前海南省已建成一批具有一定接待能力的房车露营地，如海口的假日海滩、三亚的亚龙湾、保亭的三道镇田滚村委会等。按照海南省的总体规划，到2020年，全省房车露营地将达到77处，接待游客保有量为251万人次，争取达到291万人次。同时，海南将设计房车露营旅游线路26条，其中海滨休闲之旅3条、森林养生之旅1条、湖泊生态之旅3条、田园度假之旅3条、山地自由之旅3条、黎苗风情之旅2条、特色县市深度游5条、穿越线路3条和环岛线路3条。

海口市作为海南省房车露营规划中的“一核”，将承担房车的信息咨询与房车旅游经营管理、房车中转补给等方面的工作，当前海口建成的房车基地有中天行假日海滩房车露营地、白沙门房车露营地，近期将重点建设中国雷琼海口火山群世界地质公园等露营地。

海口是海南最重要的交通枢纽，具有辐射全岛的交通体系。因此，海口要充分利用这一优势将海口打造为海南房车露营旅游服务中转站。近年来，海南房车露营建设在省内多个地市同进进行，除海口外，三亚市和琼中黎族苗族自治县、儋州市等地也建设有多个房车露营地，其他地市在充分发挥自身旅游资源优势的同时，也在积极建设相关道路网，完善交通等基础设施建设，与海口作为全省交通枢纽相比，其他地区房车营地则依托当地知名景区加以提升竞争力。接下来以五个省内房车露营地对海南房车露营地进行介绍。

1. 中天行假日海滩房车露营地

中天行假日海滩房车营地是海南岛的首个房车露营地，位于海口市西部，东起西秀海滩，西止五源河口，北临琼州海峡，南至滨海大道，中天行假日海滩露营地长约1公里，占地50亩，距海口市中心11公里，是具有热带海滨城市风光特点的休闲度假场所。露营地可划分为自驾房车停靠区、露营地房车住宿区、帐篷露营区、生活服务区、沙滩日浴区、海上娱乐区等功能区域，拥有自行式房车10辆、拖挂式房车32辆，可满足200余名游客留宿。该假日海滩露营地环境清幽，层层高大的椰树遍布露营地的每个角落，浓郁的热带风情扑面而来。优美的绿植既可避免露营地游客被强烈的阳光晒伤，又与海洋一同使露营地空气清新凉爽宜人。

露营地的房车住宿区被白色栅栏圈围，自行式C型房车周围设置有注水口、排污口、电源接口、烧烤架等，每个自行式房车住宿区面积约为9平方米；拖挂式A型房车旁边的集装箱内是电源、用水、电话、电视、网络接口，房车内清洁整齐，设施齐全，具备电视、电冰箱、音响、空调、冷热水淋浴、衣柜、橱柜、无线电视、网络、电话等。外表相同的拖挂式房车内部布局分为两类：两居式与一居式。假日海滩露营地对外营业的服务有水上世界、水上摩托艇、泳具租赁、冲浴中心、温泉宾馆、旅游工艺品商场、观海楼、饮品中心、音乐广场、沙滩排球场、沙滩足球场、烧烤园、椰林木屋、灯光篮球场等。假日海滩露营地目前在国内还是独一无二的。海韵、阳光、椰树林，中天行假日海滩露营地是人们休闲度假、放松心情、释放压力的理想之地。

2. 白沙门公园房车露营地

白沙门公园房车露营地是海滨型露营地，其位于海口市美兰区海甸岛北部，北临琼州海峡。白沙门公园占地733亩，是一个开放性的市级休闲娱乐公园，于2009年1月正式对外开放。白沙门生态公园设计包括海口年轮、欢乐海洋、夕畔海岸、城市驿站四大旅游主题片区及配套基础设施。挖掘海口地域人文精神内核，展现海南历史文化，如白沙津、妈祖神庙、解放战争等，共同营造和谐统一、风情浓郁的海滨休闲大环境。

白沙门公园房车露营地位于公园北部，紧临碧海大道，北临琼州海峡，占地6 000平方米，采用生态砖铺设，有停车位132个，配备54个水电桩、充电桩，可同时停放房车54辆，并配有上下水等服务设施。露营地安装停车场车牌自动识别管理系统，装置标准道路标识牌，每个车位之间种植景观树，营地内铺设高杆灯和庭院灯，每个水电桩也配照明灯，晚上整个车场灯火通明。视频监控分布在营地各个区域，24小时为游客提供服务。营地地理位置优越，周边生活配套齐全、出行便利。白沙门公园房车露营地于2016年12月15日开始试运营，现正常运营中。

3. 三亚亚龙湾房车露营地

亚龙湾房车、自驾车露营地主要包括自驾车营地和房车营地两种。自驾车营地主要服务项目包括住宿、露营、休闲、餐饮、娱乐、度假、户外运动、医疗与救援等。自驾车营地内可为自驾车爱好者提供自助或半自助服务，方便自驾游客们的出行观光。

目前露营地已经建成20个自驾车、房车项目配套用房（木质车房）、10个进口拖挂式房车、30个帐篷露营位。除此之外，还将建设园林景观及其他营地配套设施。房车使用者可以在这里得到车辆补给，也可以短暂休息。

4. 海螺姑娘创意文化园房车露营地

为方便自驾游客，三亚在海螺姑娘创意文化园设置房车露营地，规模1.5万平方米，可容纳大型房车24辆、旅游大巴车20辆、中小型旅游自驾车55辆，有水电、简餐服务，将按照物价部门核定标准收费。在房车营地里，游人可以更加舒适地享受沙滩、浴场、美食、运动和休闲带来的乐趣，在露营地内犹如在家一般自由、舒适和安乐。游人不仅可以在拖挂式房车上小憩、过夜，还可以租借驾驶有“移动的家”之称的自行式房车，前往海岛内外。考虑到不同消费群体的需求，在露营地内还规划建设有帐篷、木屋等不同消费等级的住宿设施。

5. 五指山房车露营地

五指山露营地位于五指山市南圣镇历史红色演义基地。该房车露营地占地面积100多亩，可停放150辆房车。其距离海榆中线南圣路口18公里，到达三亚一个半小时车程，周围环境优雅，有红峡谷漂流、五指山国家级自然保护区等景区景点，是亲近大自然，感受美丽的热带森林风光的最佳去处之一。

根据《海南省房车露营发展总体规划》，目前，海南省政府以各类资源为基础，在全省范围内确定了77个房车露营点，形成主题丰富的全岛露营网络。根据房车营地的等级划分，海南省一级房车露营点有25个，二级房车露营点有36个，三级房车露营点有16个；根据房车营地的类型划分，海南省滨海型房车露营点有17个，森林型房车露营点有7个，湖泊型房车露营点有16个，山地型房车露营点有19个，田园型房车露营点有18个。根据房车营地的功能定位划分，海南省综合型房车露营点有46个，单一型房车露营点有31个。

从房车露营地选址的地域分布来说，海南省房车露营地遍布全岛，数量最多的是儋州，其次是万宁、白沙、海口，这四个县市的房车露营地占到全岛的40.3%；从房车露营地的等级来说，一级房车露营点占32.5%，二级房车露营点占46.7%，三级房车露营点占20.8%，属于中间大两头小的“橄榄型”分布；从房车露营地的类型来说，田园型房车露营点占23.4%，滨海型房车露营点占22.1%，森林型房车露营点占9%，山地型房车露营点占24.7%，湖泊型房车露营点占20.8%，山地型房车露营点最多，田园型、滨海型和湖泊型露营点的数量相近，森林型房车露营点最少；从房车露营地的功能来说，综合型房车露营点占59.7%，单一型房车露营点占40.3%，综合型房车露营点较单一型高出约20个百分点。

第四节　海南房车露营旅游发展策略研究

完善的基础设施和健全的服务体系是海南发展房车露营旅游的基础条件。海南省首先针对房车和自驾车建立起发达的道路系统，还需要道路指引、加油站、水资源补给、停车场等全方位的支持。因此，海南有关部门需要在完善公路网络、补给设施、交通标识及景区公路建设等方面做出巨大努力，可以借鉴国内外先进的建设和管理模式，建成高标准、人性化的各项基础设施。

政府应进一步加大力度完善房车露营地有关设施，包括供水、供电、公路、通信设施、道路标识及交通地图等基础设施：（1）加强沼气、水利设施等建设，发展清洁能源和水源；（2）加强连通城市、景区、营区的道路建设，适当增加加油站、汽车维修站、停车场等辅助设施的数量，为露营者提供补给；（3）增设旅游公交线路，争取增加至主要客源城市的火车班次以及机场航班，提升营地可通达性；（4）完善城市旅游咨询中心和集散中心，加强信息化建设，鼓励当地企业生产、销售露营用品，引导发展露营设备租赁产业。努力完善旅游服务规范标准，引导旅游从业人员及公司等采取规范的经营服务行为。提高对旅游过程中发生的投诉处理效率，加强旅游服务质量监督，增强对旅游商品及旅游景区的价格管控和监督，杜绝乱定价、私自抬价等欺客宰客现象出现。

政府应加强财政支持，保障资金充足。足够的资金是确保露营旅游发展的关键，露营地建设包括其他配套基础设施都需要大量资金投入，政府应尽力予以财政支持。加大交通、水电通信、安全等基础设施建设投入；科学制定扶持露营地发展的优惠政策和激励机制，通过减免税收、财政补贴、奖励等方式提供支持；积极争取上级资金支持，加大招商引资力度；支持企业通过政府与社会资本合作（PPP）模式投资露营旅游项目；鼓励金融机构加大对露营地建设、基础设施建设、露营商品生产等项目的信贷支持；完善投融资制度，丰富投融资渠道，保障露营旅游发展项目资金充足。

海南房车露营基地必须规划并建立合理完整的生活设施，包括住宿、餐饮、饮水和污水处理系统、生活用电、超市、诊所、邮局、酒吧、餐馆、健身房等各种生活必需设施，以满足游客的各种需求。

按照“服务系统化、建设标准化、管理规范化”的要求，逐步规划建设覆盖海南的汽车房车游服务网络体系，为房车旅游者提供便捷可靠的服务，推动和保障房车旅游市场健康发展。共同组织实施房车旅游线路设计和露营地规划建设，联合编印房车标准线路书籍、地图和手册，研究制订推介房车旅游产品和相互优惠政策。规划引导建设房车游营地、房车便利店、房车客栈、道路救援服务站、车辆租赁站等房车服务网络体系，推动企业间的连锁经营和品牌经营。推动建立覆盖面广、反应及时有效的应急呼叫系统和救援体系。专业化服务网络将通过省内统一的客服中心提供专业全面的汽车房车游服务保障，包括汽车租赁、异地租车、车主服务站信息查寻、道路救援、房车游专项保险、线路推荐、餐宿代订等全面专业的服务内容。

一、房车露营旅游服务设施

房车露营旅游作为新兴的旅游活动之一，良好的服务理念和质量是衡量旅游活动的标准。因此，加大对露营地从业人员的教育培训，完善景区服务功能，提高旅游应急救援能力，是海南岛开展房车露营旅游业的重要任务之一。同时，完善各类相关装备制造业的发展。为了加速推动海南房车露营旅游的发展。首要的是加强营地建设，从目前海南的房车营地建设数量来看，房车营地建设数量仍然是十分不足的。

1. 房车露营地建设

露营体育运动的大众化、生态化发展使人们将健身运动从单一的运动场馆转向广阔的大自然，使人们的运动空间也从单一的陆地生态环境转向海、陆、空的全方位立体环境，把许多问题带进平时人们很少去的地方，造成生态环境的退化。因此，必须非常慎重地选择营地建设的位置，应基于符合生态环境适当发展的原则，在营地环境容量、营地生活垃圾处置、营地污水处理、营地动植物保护和营地环保教育五方面必须重点考虑。

游客中心由四部分功能组成：游客集散中心，露营管理中心，纪念品商店，邮局。游客集散中心包含门票管理、户外游憩活动（含教练）预定、简餐配食、应急处理、公共卫生设施、景区内部调配管理、访客登记停车管理等功能；露营管理中心主要用于管理露营活动，确保有序合理；纪念品商店主要出售各种旅游纪念品及本地特产；邮局除邮寄功能外，可出售景点明信片等有特色的旅游纪念物。整体设计时应划分为房车区、野餐区、扎营区、公共生活区。房车露营区专供房车停车搭建营位使用，可以铺装瓷砖地面或平整的水泥地面。每个房车营位需提供供电箱、自来水接入口和废水排水接入口，供房车充电及基本上下水走向。规划设计紧急通道，为消防车、救护车、警车等提供特殊通道。

房车的营地将主要选择在著名旅游景区附近；环境优美、生态良好的风景区，城市郊区通往景区的交通要道，旅游交通干线连出入口处。考虑的内容主要包括以下方面。

（1）交通。营地选址首先要考虑可达性，这要求其要离高等级的道路出口不远，至少有三级路与其相连通，以方便车辆进出。

（2）空间。营地要有足够的场地，能安排一定数量的停车位。

（3）旅游吸引物。有良好的可供游客开展休闲活动的优美环境，或可游赏的大型景区景点，或可依托的足够规模的乡村旅游目的地。

（4）环境。营地选址要考虑社会环境和自然资源两方面：一是社会环境（包括需求预测、土地规划和交通区位条件），二是自然资源（包括气候、景观环境、地势、土壤、水源、植被）。

2. 房车露营的服务建设

在房车露营旅游精品线路的设计上，需设计出休闲娱乐、观光探险等丰富多样的旅游线路，具有很高的实用价值。在旅游产品方面，旅行社应当积极转变自身观念，着重强调对旅游者的服务，减少对旅游者的约束，可以增强与旅游者的互动，展开个性化的旅游营销，针对个人提供特色化的服务，让旅游者能够充分体验房车露营旅游带来的舒适、个性。

（1）加强企业之间合作，促进房车露营发展。在加强房车露营服务建设时，要注意内外关系的连接，加强与俱乐部和租赁公司的合作，争取打通上下游组织，建立一体化合作联盟，把旅行社专业的外联、计调、接待、票务与俱乐部专业的维修和会员管理结合起来，注重旅行社会员的信息反馈，增强对会员用户的关心，建立会员客户信息管理系统，个性化推荐新型旅游产品，刺激旅游者进行持续旅游消费，实现企业与消费者之间的双赢。

（2）促进房车露营旅游信息传播方式和手段的改进。促进房车露营旅游的进一步发展，必须促进房车露营旅游信息传播方式和手段的改进，建立房车露营旅游一体化合作联盟，旅行社、房车生产商、租赁公司、俱乐部、旅游景区和旅游营地相互合作，开展整合营销，综合运用多种多样的营销手段来进行市场推广和开发，提高旅游者对房车露营旅游的了解程度，针对市场细分提出有针对性的传播策略。

3. 配套设施建设

中型连锁超市，主营日常饮食和生活必需品及休闲用品，充分满足游客日常所需。旅游纪念品连锁超市，将全国各地的旅游纪念品、工艺品、民间艺术品、特产集中起来连锁经营。在有公交车相通的营地，可以将该超市的规模扩展得更大。国际奢侈品连锁展销厅，在国内，出外旅游的人大多是富裕群体，而且国人的消费习惯是在旅游的时候花钱“不心痛”。因此，可为国外奢侈品提供一个“廉价”的销售平台和宣传途径。产权式酒店公寓，引入分时度假、房租回报和独立产权概念，不仅可以很快收回建筑成本，而且获利丰厚（因土地成本极其低廉）。在物业管理上可与当地公安局联合设立“联防报警点”，切实的保安设施是引导高消费的可靠保障。在连锁旅馆上，各种类型的连锁式旅馆将成为汽车营地令人瞩目的焦点；维修、美容业务，旅游的同时，可以随时保养爱车并为爱车维修、加油；休闲美容健身连锁机构，联合省内高端品牌，将品牌美容健身分层次引入各营地。信息平台产生的增值服务机构，当连锁式汽车营地项目建设数量达到一定程度，同步建设的“海南自驾游信息服务网络化平台”就可以发挥重大作用了。在这个信息共享、连动服务的网络平台上就可以产生多种信息增值服务项目，和同业界充分合作，会有很好的收益。

开展房车露营目的地营销，露营营地是发展房车旅游的重要基础之一，露营营地的营销是促进和发展房车露营旅游的关键环节。因此，营地的经营者在进行营地的销售上，应当注重消费者的消费体验，通过积累口碑和吸取游客建议来使得营地具有一定的稳定客户源，这也是为营地进行一定的免费宣传。同时细分房车露营旅游市场，房车露营旅游在欧美发达国家已经是一种成熟的休闲旅游方式，通过对澳大利亚房车露营旅游爱好者行为研究可以发现，具有充足时间和浓厚兴趣的年轻人更具有房车露营旅游的选择倾向，众多年轻人追求个性，追求无拘无束的生活，想在任何时间都可以做自己想要做的事情；而退休赋闲者更喜欢待在家中，享受家庭的温暖。房车露营旅游具有自发性与灵活性相结合的优点，没有固定的行程，设备可以满足旅游者各方面的需求，随时随地都有一种家的感觉，任何时间都可以做自己想做的事，可以给旅游者带来轻松、愉悦、欢快的旅游体验，这些特征既可以满足年轻人的需求，也可以满足退休者的需求，因此，房车旅游在进行市场营销时应当主要有针对性地开发这两大市场。

4. 房车露营地内项目建设

（1）道路救援服务站。开发及维护特约道路救援服务站组成的服务网络，覆盖各省全境。客服中心提供房车主全年365天全天候的汽车救援维修服务。常规情况下发生在城区以内的道路救援，在接到求救电话后45分钟内施救人员和车辆到达故障地点。

（2）车主服务站。开发及维护经济连锁酒店、星级酒店、汽车旅馆、房车游基地周边度假村、酒店，统一命名为房车游车主服务站，客服中心提供房车游车主优惠价住宿预订服务。

（3）房车租赁站。开发及维护数家在机场附近的租车服务站，客服中心提供租车代订服务。

（4）房车游保险。房车游神州保险商品是针对旅游出行者专项设计的保险商品，客服中心提供代买保险服务，提供出行的人车全方位无忧保障。

（5）房车游线路推广。根据各地区旅游总体形象以及房车游线路和产品的具体特色，并结合具体的房车游产品设计和目标市场定位，设计系统化及具体的营销推广方案。

二、房车露营地环境保护

1. 营地环境容量

露营地的合理规模应考虑建设预算，在确保经营管理能力、可能取得的土地面积、给排水能力、开发规定等因素的前提下，在用地富裕的情况下，可以配合露营地要求和预算，分期建设。

此外，在充分考虑设施配备和管理效益的同时，确定最低停车数量为50台，一辆车所需的场地面积为80～120平方米。最低50台车的占地面积为1.6～2.4公顷，当然实际情况还需要看地势的变化，若地势起伏较大的场所则需要更大的面积空间。

对于汽车露营营位的确定，单位营位所需的空间则要求大一些，一般为100～120平方米，因为同时要满足帐篷搭建空间、停车空间、桌椅摆放及活动空间。如果营位狭小，就会使帐篷常常搭设在一个固定的区域，使该区的草坪由于长期反复踩压及日照不足而枯萎。区域之间的分隔可用石头、栅栏、原木和各种植物树木来划分区域，不使用水泥路面或钢筋混凝土等材料，否则会打破自然和谐的环境。同时，为了保护生态环境，营地要制定严格的环境容量标准，接待量要严格按照营地环境容量标准来控制，避免为了短期的经济利益而超负荷运营。

2. 营地生活垃圾处置

目前，凡是国内旅游胜地都不同程度存在“白色污染”问题。营地建设应设计健全的垃圾收集处理系统，负责营地生活垃圾分类收集、处理，在营地各处规划设置废物分类提示牌，建立不同设施的垃圾箱，提倡露营者自觉清理产生的生活垃圾。对生活垃圾进行集中无害化处置，如有机垃圾微生物处理后作为树木花卉的有机肥料。营地内严禁焚烧垃圾，以避免对营地造成二次污染。

3. 营地污水处理

不管是日产露营车、欧洲产露营车还是我国开发的房车，一般都为抽水式厕所，所以要设置污水处理设施，地点一般选在地面厕所的旁边。项目采用污水集中处理设备，集中处理污水的方法比在各个营位设立污水口的方法成本低，但需考虑用灌木等植物加以美化掩饰。也可以根据具体条件使用沼气池收集粪便，也可将生活垃圾倒入沼气池中发酵，沼液是较好的有机肥源，沼气用于照明和炊事。要求排放出营地的污水符合国家《污水排放综合标准GB 8978—1996》的相关标准，以免造成江河、湖泊以及地下水环境的污染。推荐使用占地小，处理能力较大的污水处理设备，如快速处理污水的“一进清”设备，其占地1平方米就可以日处理100吨污水，并且出水各项指标可达到国家《污水排放综合标准GB 8978—1996》Ⅱ类一级标准。

4. 营地环保教育

加强全民环境教育，提高对持续发展理论的认识，是露营休闲旅游发展的基础，露营旅游的管理者、经营者、旅游者及当地居民素质的高低，直接影响生态旅游的质量与综合效益。旅游发展需要好的环境，各级政府和民众有义务创造好的环境，发展旅游教育，提高从业人员素质是旅游业可持续发展的保证。因此，在营地内设计各种环保提示牌，对露营者有意识地进行环保教育，提倡露营者自我环境约束意识。同时，对露营经营的从业人员加强培训，保证持证上岗。

结 语

中国旅游业正处在进入经济社会发展大舞台的关键时期，它已经完成从旅游资源大国向世界旅游大国的转变，正在向建设世界旅游强国的目标迈进。我国旅游产业要实现由粗放型向集约型转变，由数量扩张向素质提升转变，由满足基本需求向强化服务质量转变，由注重经济向发挥综合功能转变，旅游业态的创新是必由之路。如今，旅游者出游动机日益多元化、出行方式更加多样化、出游形式更加分散化，这使得旅游新业态不断涌现。多样化旅游创新业态的出现是经济活跃、社会繁荣、科技进步和时代发展共同作用的结果，是当今旅游业发展成熟的一个标志，也会在一定程度上进一步推动中国旅游业的发展和整个社会的和谐进步！

海南是“21世纪海上丝绸之路”发展的重要枢纽，其国际旅游岛建设也已上升为国家战略，国家“十三五”规划纲要的发布、供给侧结构性改革、“一带一路”倡议以及三沙设市等国家多元战略的提出，都为海南创建“全域旅游示范省”、重点发展旅游新业态打下了坚实的基础。不仅如此，国家还在政策、财政、金融、建设、税收、就业等多方面给予了全力支持，这使得海南旅游业面临新的历史发展机遇。

虽然有政策扶持，并且地理区位和生态环境优越，但由于各种原因，目前海南旅游业还存在很多问题，尤其是在旅游新业态这一领域。鉴于此，本书从海南旅游新业态的发展现状出发，并选取其中有代表的10种业态即会奖旅游、医疗旅游、文化旅游、乡村旅游、森林旅游、体育旅游、婚庆旅游、邮轮旅游和房车露营旅游，通过对各自业态发展现状进行深入分析和探讨，指出海南在旅游创新业态领域所面临的问题：市场化创新程度低，产业基础薄弱，市场空间封闭；旅游产品特色优势不突出，同质化程度高，缺乏竞争力；产业融合度低，缺乏与地方优势资源和优势产业的深度融合；管理体制不顺畅，存在多头管理。这些都与“国际旅游岛”并不相符，也严重阻碍海南未来旅游业的发展，使得海南国际旅游岛的建设还有很长的路要走。

本书通过对海南旅游新业态的理论和现实问题的深入研究和探讨，并针对每个新业态存在的问题提出一系列具体的对策和建议。前五章讨论的是海南的会奖旅游、医疗旅游、文化旅游、乡村旅游和温泉旅游。会奖旅游作为海南“十三五”规划重点扶持的十二大产业之一，可以带来显著的经济、社会效益，本书就海南目前会奖旅游的发展现状，提出从市场环境、目的地形象、品牌塑造等方面提升海南会奖旅游的竞争力和经济效益。医疗旅游作为医疗业与旅游业相互融合产生的一种新型旅游业态，成为海南“国际旅游岛”建设的重要内容。为更好发展医疗旅游，海南省应该加大政府政策支持，建立有效部门协调机制；开展国际资格认证，完善旅游产业链，打造特色旅游产品；加强医疗人才引进和培养以推动海南医疗旅游的发展。海南文化旅游资源丰富，特色文化突出，利用文化资源优势打造海南特色文化精品旅游项目，加强区域沟通与协调，升级产业要素、优化体验，明确市场导向并实行精准智慧营销，以提升海南文化内涵，突出海南文化旅游的创新性和参与性。乡村旅游作为海南省“精准扶贫”的突破口，应该从科学规划，加快发展乡村旅游产品，解决乡村旅游用地问题，加强基础设施建设等方面突破海南乡村旅游的发展“瓶颈”。海南温泉旅游资源得天独厚，就目前海南温泉旅游发展缓慢、知名度低、游客稀少等问题，应该从加强人才培养，提高服务管理水平；采用“温泉+”模式，丰富产品层次；加强营销，实行差异化战略等方面来促进海南温泉旅游的发展。

本书后五章研究海南的森林旅游、体育旅游、婚庆旅游、邮轮旅游和房车露营旅游五大新业态。森林旅游是海南旅游业新的经济增长点，为推动海南森林旅游高效和可持续发展，应该从资金、基础设施、品牌化建设、产业融合等几方面来发展森林旅游以加速海南旅游业的转型升级。体育旅游作为一种新兴旅游活动日益受到旅游者的追捧，经济带动性强，为大力发展海南体育旅游应充分发挥政府的主导作用，树立发展海南的特色体育旅游新理念并加快基础设施建设和人才培养。以“婚纱摄影+旅游”形式的婚庆旅游成为海南旅游经济发展的新业态和新亮点。为激发海南婚庆旅游市场活力，应加强人才队伍建设，打造婚庆旅游龙头企业；充分完善婚庆旅游产品体系和婚庆旅游产业链；积极打造婚庆旅游品牌以提高海南婚庆旅游产业发展效益。邮轮旅游作为旅游业发展的新模式，经济带动性强，在海南邮轮旅游的发展中，政府要发挥主导作用，做好产业发展规划；吸引多种投资主体参与海南邮轮旅游基础设施建设；实施人才储备战略，培养、引进专业人才以促进海南邮轮旅游快速发展。为加快海南国际旅游岛建设，《海南国际旅游岛建设发展规划纲要》明确鼓励发展房车露营旅游新业态项目。基于国内外房车露营发展经验，海南应该从完善基础设施建设，建立健全房车露营安全服务保障体系，完善房车露营旅游服务项目，加强房车露营地环境保护等方面大力发展海南房车露营旅游。上述建议具有较强现实性和参考性，对于海南旅游业发展具有理论指导意义，对于提高海南“滨海度假、热带雨林、邮轮游艇、温泉疗养”等核心旅游吸引物在游客心目中的认知度和美誉度具有积极的促进作用。

当然，在创新旅游业态和“互联网+”大背景下，要加强产业间融和，使旅游新产品、出游新方式、旅游新市场不断涌现。同时要大力监测旅游新业态的发展方向，依据海南资源特色挖掘有潜力的旅游新业态，引领旅游业的发展潮流，在提高旅游体验质量的同时，提高海南旅游业在全国，甚至在全世界的竞争力。同时还要创新发展理念，转变发展思路，运用创新、协调、绿色、开放、共享的五大理念加快旅游发展模式的转变，促进旅游发展阶段的演进，实现旅游产业的转型升级。走“旅游+”产业融合发展模式，提高对外开放水平，推进海南旅游产业的国际化、标准化、信息化建设，扶持旅游企业做强做大，高质量、高水平地发展旅游产业，真正把海南打造成为环南海旅游经济圈的综合服务平台，从而获得良好的经济效益、社会效益和文化效益。

本书是从海南省旅游业发展的实际情况出发，从各个新业态的现状、存在问题、建设策略等方面进行的探索，为海南旅游新业态今后的发展提供理论依据和指导，也为我国旅游新业态的理论研究打下坚实基础。本书是对海南旅游新业态发展的探讨，是对新问题的研究和探索，因此，一些基础理论和具体实例显得相对匮乏，加之时间和研究能力等方面限制，研究还存在一些不足，关于旅游新业态的很多问题还有待进一步探索与解决。

参考文献

[1] Auld T. & McArthur S. Does event-driven tourism provide economic benefits? A case study from the Manawatu region of New Zealand[J]. Tourism Economics, 2003 (9):191-201.

[2] Cortés-Jiménez I. Which type of tourism matters to the regional economic growth? The cases of Spain and Italy[J]. International Journal of Tourism Research, 2008 (10):127-139.

[3] Dwyer L., Mistilis N., Forsyth P. & Prasada R.International price competitiveness of Australia' s MICE industry [J]. International Journal of Tourism Research, 2001(3):123-139.

[4] Hankinson G. Managing destination brands: establishing a theoretical foundation [J]. Journal of Marketing Management, 2009, 25(2):97-115.

[5] Mistillis N. & Dwyer L. Tourism gateways and regional economies: the distributional impacts of MICE[J]. International Journal of Tourism Research, 1999(1):441-457.

[6] S. Hudson S. & J. R. Brent Ritchie. Branding a Memo-rable Destination Experience: The case of "Brand Canada" [J].International Journal of Tourism Research, 2009(11):217-228.

[7] Whalen T. "Camping" with Annie Proulx: The Shipping News and Tourist Desire[J]. Essays on Canadian Writing, 2004:51-70.

[8] Wynen H, Nancy.A survey of the cruise ship industry:1960—1990[J].Master Abstracts International, 1991, 29(3):394.

[9] Zhao L. Campsites and Camping Tourism Product Development[J]. Journal of the Graduates Sun Yat-Sen University(Natural Sciences, Medicine), 2008.

[10] 毕斗斗. 温泉与广东省温泉旅游产业发展研究[J]. 广州大学学报(社会科学版), 2003, 2(10):87-92.

[11] 常玮洪，陈礼勇. 基于AHP北京会奖旅游影响因素的综合评价[J]. 甘肃科学学报，2016，28(04):141-146.

[12] 陈才，蒋秀芳. 海南乡村旅游度假社区发展模式设计——以包蜜园为例[J]. 大连海事大学学报(社科版)，2014(5):47-51.

[13] 陈聪. 中国房车露营旅游发展研究[D]. 武汉：华中师范大学，2013.

[14] 陈宏奎. 医疗保健与旅游[J]. 旅游学刊，1989，4(2):57-60.

[15] 陈玲玲, 屈作新. 我国森林旅游资源开发现状及可持续发展策略[J]. 江苏农业科学，2016, 44(1):483-486.

[16] 陈乾康.自驾车旅游市场开发研究[J]. 旅游学刊，2004，19(3):66-71.

[17] 陈巧云，黄建宏. 海南乡村旅游发展阶段划分标准研究——基于利益相关者理论和旅游地生命周期理论[J]. 河北旅游职业学院学报，2016(3):6-10.

[18] 陈文玉. 婚庆旅游目的地开发探析——以苏州市为例[J]. 鄂州大学学报，2014，21(9):46-47，52.

[19] 陈祥瑞，范士陈. 海南乡村旅游与文明生态村融合发展初探[J]. 中国集体经济，2011(22):117-118.

[20] 陈小春. 我国婚庆旅游产品开发初探[J]. 合作经济与科技，2007(20):17-18.

[21] 程爵浩.全球邮船旅游发展状况初步研究[J].上海海事大学学报，2006, 27(1).

[22] 崔杰. 海南婚庆市场发展问题与对策[J]. 城市地理，2014(10X):137.

[23] 崔婷婷.我国邮轮经济发展现状及对策[J].港口经济，2009(6):55-57.

[24] 戴言. 房车露营地景观规化设计研究[D]. 昆明：昆明理工大学，2016.

[25] 丁志良. 国际医疗旅游的发展趋势及对海南的启示[J]. 宏观经济管理，2013(12):81-83.

[26] 董少华. 医疗旅游产品开发研究[D]. 上海：华东师范大学，2012.

[27] 杜函函. 海南森林旅游开发模式比较研究[D]. 海口：海南师范大学, 2014.

[28] 杜函函，毕华. 海南国际旅游岛尖峰岭国家森林公园发展规划探讨[J]. 生态经济(学术版)，2013(2):343-348, 351.

[29] 杜江，向萍. 关于乡村旅游可持续发展的思考[J]. 旅游学刊，1999, 14(1):15-18.

[30] 范业正. 我国汽车营地发展模式研究[J]. 北京第二外国语学院学报，2012(7):8-12.

[31] 高静，刘春济. 国际医疗旅游产业发展及其对我国的启示[J]. 旅游学刊，2010，25(7):88-94.

[32] 盖玉洁. 海南乡村旅游发展模式初探[J]. 琼州学院学报，2008(5):104-105.

[33] 耿松涛，王琳. 我国会奖旅游发展的影响因素及动力机制研究[J]. 经济研究参考，2015(69):93-100.

[34] 耿松涛，张凤鸣. 海口会奖旅游目的地品牌化建设路径选择研究[J]. 企业经济, 2015, 34(10):141-147.

[35] 巩文丽.我国邮轮旅游人才培养机制创新研究[D].大连：大连海事大学，2015.

[36] 谷学真. 北京婚庆旅游市场营销策略研究[D]. 北京：首都经济贸易大学，2013.

[37] 郭灿灿. 昆明会奖旅游发展研究[D].昆明：云南财经大学，2014.

[38] 郭丽娜. 宁波汽车露营旅游发展研究[D]. 金华：浙江师范大学，2012.

[39] 韩笑，赵伟韬. 国内婚庆主题公园规划与设计分析——以大连市燕窝岭婚庆主题公园为例[J]. 沈阳农业大学学报(社会科学版)，2012, 14(1):111-114.

[40] 何景明. 国外乡村旅游研究述评[J]. 旅游学刊, 2003, 18(1):76-80.

[41] 何景明，李立华. 关于“乡村旅游”概念的探讨[J]. 西南大学学报(社会科学版)，2002, 28(5):125-128.

[42] 贺小荣. 我国乡村旅游的起源、现状及其发展趋势探讨[J]. 北京第二外国语学院学报, 2001(1):90-94.

[43] 侯兵，黄震方，徐海军. 文化旅游的空间形态研究——基于文化空间的综述与启示[J]. 旅游学刊, 2011, 26(3):70-77.

[44] 黄克己, 杨葵，陈扬乐. 国际旅游岛背景下的海南本土文化旅游产品开发与设计[J]. 中国市场，2010(31):76-79.

[45] 黄助群，林锦屏，陈莹. 体验经济视角下昆明会奖旅游资源整合与开发策略探讨[J]. 云南地理环境研究，2015, 27(4):36-41.

[46] 贾双凤. 海南热带森林旅游开发探讨[D]. 海口：海南师范大学，2012.

[47] 贾云倩. 基于旅游发展的房车营地规划设计研究[D]. 杨凌：西北农林科技大

学, 2016.

[48] 蒋岚，李美萍，陈颖杰. 分析海南乡村旅游发展模式的创新路径[J]. 旅游纵览月刊, 2015(2).

[49] 金雪.基于游客需求的中国赴韩邮轮旅游市场开发研究[D].济南：山东师范大学，2016.

[50] 兰思仁. 国家森林公园理论与实践[M]. 北京：中国林业出版社，2009.

[51] 兰思仁, 戴永务, 沈必胜. 中国森林公园和森林旅游的三十年[J]. 林业经济问题, 2014, 34(2):97-106.

[52] 雷铭. 医疗旅游研究现状及启示[J]. 中国卫生政策研究, 2017，10(7):65-70.

[53] 李凤，汪德根，刘昌雪，等. 中国自驾车房车营地空间分布特征及其驱动机制[J]. 资源科学，2017，39(2):288-302.

[54] 李美娘. 中国游客赴韩国医疗旅游消费行为的实证研究——以整形美容旅游为中心[D]. 济南：山东大学，2013.

[55] 李蓓. 基于游客体验视角下的露营地开发研究[D]. 西安：西安外国语大学，2012.

[56] 李巧玲. 文化旅游及其资源开发刍议[J]. 岭南师范学院学报，2003，24(2):87-90.

[57] 李世东，陈鑫峰. 中国森林公园与森林旅游发展轨迹研究[J]. 旅游学刊，2007(5):66-72.

[58] 李孝坤. 文化旅游资源开发与乡村旅游可持续发展[J]. 重庆师范大学学报(自然科学版)，2004，21(2):76-78.

[59] 李鑫. 我国医疗旅游现状与对策[J]. 山西青年职业学院学报，2012，25(2):84-86.

[60] 李祝舜，叶新才. “国民休闲计划”下的森林旅游开发模式研究——以泉州市为例[J]. 林业经济问题，2010，30(1):65-69，78.

[61] 廖军华，何平. 关于我国房车旅游发展的几点思考[J]. 特区经济，2009(9):141-142.

[62] 林福煜. 广西自驾车旅游营地建设研究[D]. 南宁：广西大学，2008.

[63] 林丽丽，董建文，刘兴诏，等. 森林公园生态系统服务功能评估综述[J/OL]. 林业资源管理，2017(1):19-26.

[64] 刘朝望，王道阳，乔永强. 森林康养基地建设探究[J/OL]. 林业资源管理，2017(2):93-96，156.

[65] 刘德谦. 关于乡村旅游、农业旅游与民俗旅游的几点辨析[J]. 旅游学刊，2006，21(3):12-19.

[66] 刘建国，张永敬. 医疗旅游:国内外文献的回顾与研究展望[J]. 旅游学刊，2016，31(6):113-126.

[67] 刘竞，李瑞.国内邮轮旅游消费市场特征分析及发展对策[J].南阳师范学院学报，2012(9):60-65.

[68] 刘红霞. 探析海南会奖旅游资源优势及开发策略[J]. 经济研究导刊，2015(10):234-235，276.

[69] 刘庭芳，苏延芳，苏承馥. 亚洲医疗旅游产业探悉及其对中国的启示[J]. 中国医院，2009，13(1):74-77.

[70] 刘伟. 会奖旅游区域经济效应评价指标构建研究[J]. 商业经济，2015(5):90-92.

[71] 刘晓霞. 陕西文化旅游资源开发研究[J]. 人文地理，2004，19(5):18-21.

[72] 刘雄. 对我国旅游、体育旅游与环境保护的研究[D]. 上海：上海体育学院，2010.

[73] 刘依. 宜春明月山露营地建设与发展研究[D]. 南昌：江西财经大学，2016.

[74] 娄继权，乔韵，刘雯薇，等. 国内外医疗旅游发展研究综述[J]. 国际医药卫生导报，2013，19(10):1393-1396.

[75] 卢凤荣. 体验经济时代会奖旅游产品设计策略[J]. 现代经济信息，2017(2):371.

[76] 陆军. 广西自驾车旅游营地发展研究[J]. 旅游学刊，2007，22(3):35-39.

[77] 罗丽娟. 关于海南医疗旅游市场的调查报告[J]. 中国市场，2012(5):5-7.

[78] 罗良凌，范士陈. 海南文化旅游业发展的问题与对策[J]. 当代经济，2013(24):96-97.

[79] 罗玉蓉. 上海会奖旅游廊道构筑研究[D].上海：上海师范大学，2009.

[80] 马耀峰，张春晖. 基于瓶颈破解的我国森林旅游发展理念和产品创新[J]. 旅游科学，2013，27(1):84-94.

[81] 马彦琳. 环境旅游与文化旅游紧密结合——贵州省乡村旅游发展的前景和方

向[J]. 旅游学刊，2005，20(1):63-67.

[82] 马勇，赵蕾，宋鸿，等. 中国乡村旅游发展路径及模式——以成都乡村旅游发展模式为例[J]. 经济地理，2007，27(2):336-339.

[83] 麦克切尔. 文化旅游与文化遗产管理[M]. 天津：南开大学出版社，2006.

[84] 蒙吉军，崔凤军. 北京市文化旅游开发研究[J]. 北京联合大学学报，2001，15(1):139-143.

[85] 孟铁鑫. 会奖旅游教育的制约因素及其培养模式构建[J]. 劳动保障世界，2016(32):79，81.

[86] 欧阳元. 基于产业链视角构建三亚婚庆旅游精品城市的战略探析[J]. 商场现代化，2015(30):108-109.

[87] 欧疑云. 海南林区旅游业差异化开发探讨——以海南省吊罗山国家森林公园为例[J]. 热带林业，2012，40(3):35-38.

[88] 钱学礼. 我国房车旅游发展存在的问题及开发对策[J]. 商场现代化，2006(27):243-244.

[89] 曲婧璇. 自驾游旅游目的地服务体系构建——基于自驾车旅游者行为特征研究综述[J]. 金田，2014(1).

[90] 任冲，费利群. 印度医疗旅游业的全球竞争模式及启示[J]. 河北经贸大学学报，2015 (3):82-87.

[91] 任冠文. 文化旅游相关概念辨析[J]. 旅游论坛，2009，2(2):159-162.

[92] 任红.邮轮旅游体验价值对旅游者重游意愿影响的实证研究[D].兰州：兰州财经大学，2015.

[93] 史红梅，党炳康. 北京奥运会对我国体育旅游产业的影响[J]. 体育文化导刊，2008(1):57-58.

[94] 宋卫华. 医疗旅游对城市经济影响的研究[J]. 现代经济信息，2011(14):248-248.

[95] 宋晓. 城市旅游目的地自助旅游服务体系构建研究[D]. 郑州：郑州大学，2015.

[96] 宋振春，纪晓君，吕璐颖，等.文化旅游创新体系的结构与性质研究[J]. 旅游学刊，2012，27(2):80-87.

[97] 孙春华.中国邮轮旅游发展前景探讨[J].经济研究导刊，2013(15):182-183.

[98] 孙晓东，冯学钢.中国邮轮旅游产业:研究现状与展望[J].旅游学刊，2012(2).

[99] 唐彩玲.会奖旅游及其产品特性[J].中外企业家，2013(27):13-14.

[100] 唐彩玲，谢洪忠.云南会奖旅游资源优势及开发策略研究[J].现代商业，2013(36):45-46.

[101] 汤兆宇.上海发展邮轮旅游研究[D].上海：华东师范大学，2010.

[102] 王贝芬，王艳.我国婚庆旅游市场细分与发展对策研究[J].山西广播电视大学学报，2013，18(3):106-108.

[103] 王兵.从中外乡村旅游的现状对比看我国乡村旅游的未来[J].旅游学刊，1999(2):38-42.

[104] 王家荣.云南省房车露营旅游发展研究[D].昆明：云南财经大学，2015.

[105] 王诺.邮轮经济——邮轮管理·邮轮码头·邮轮产业[M].北京；化学工业出版社，2008:148.

[106] 王琼英，冯学钢.乡村旅游研究综述[J].北京第二外国语学院学报，2006(1):115-120.

[107] 王晓晓.云南省旅游业基础设施项目融资模式研究——以香格里拉某房车露营基地为例[D].青岛：青岛理工大学，2015.

[108] 王艳平.温泉旅游经济效益四圈层结构研究——以辽宁省弓长岭温泉为例[J].旅游学刊，2009，24(1):33-36.

[109] 王永辉.对我国汽车露营地运营相关问题的思考[D].成都：四川师范大学，2007.

[110] 王云才.国际乡村旅游发展的政策经验与借鉴[J].旅游学刊，2002，17(4):45-50.

[111] 王云才.中国乡村旅游发展的新形态和新模式[J].旅游学刊，2006，21(4):8.

[112] 魏翔，王绍喜.房车旅游在中国大陆的发展及其战略相互性分析[J].旅游学刊，2005，20(5):81-86.

[113] 文红.欠发达地区森林旅游开发的理论和实证研究[D].长沙：中南林业科技大学，2008.

[114] 文军，唐代剑.乡村旅游开发研究[J].农村经济，2003(10):30-34.

[115] 吴必虎，黄琢玮，马小萌.中国城市周边乡村旅游地空间结构[J].地理科学，2004，24(6):757-763.

[116] 吴必虎，余青. 中国民族文化旅游开发研究综述[J]. 民族研究，2000(4):85-94.

[117] 吴书音，邓须军. 基于层次分析法的海南森林旅游资源评价[J]. 中国热带农业，2016(6):84-89.

[118] 吴淑海，梁居智，陶善军. 尖峰岭国家森林公园旅游开发SWOT分析[J]. 热带林业，2013，41(4):46-49.

[119] 吴之杰，郭清. 国外医疗旅游研究现状及启示[J]. 中国卫生政策研究，2014，7(11):59-63.

[120] 乌恩，蔡运龙，金波. 试论乡村旅游的目标、特色及产品[J]. 北京林业大学学报，2002，24(3):78-82.

[121] 肖佑兴，明庆忠，李松志. 论乡村旅游的概念和类型[J]. 旅游科学，2001(3):8-10.

[122] 谢彦君. 以旅游城市作为客源市场的乡村旅游开发[J]. 财经问题研究，1999(10):79-80.

[123] 徐菲. 迅速发展的印度医疗旅游[J]. 中国卫生事业管理，2006，22(1):60-62.

[124] 徐菊凤. 旅游文化与文化旅游:理论与实践的若干问题[J]. 旅游学刊，2005，20(4):67-72.

[125] 徐菊凤. 北京文化旅游：现状·难点·战略[J]. 人文地理，2003，18(5):84-88.

[126] 徐建军. 森林旅游及其在我国的发展前景[J]. 中国林业产业，2017(2).

[127] 徐立新. 森林旅游产品品牌管理问题研究[D]. 哈尔滨：东北林业大学，2007.

[128] 徐绍玲，宋丹瑛. 旅游与婚庆产业的融合:市场需求分析、产业价值链分析及路径[J].科技广场，2016(4):154-159.

[129] 杨东. 房车营地消费者行为的调查与分析[D]. 杭州：杭州师范大学，2016.

[130] 杨培玉. 中国体育旅游开发研究[D]. 济南：山东师范大学，2003.

[131] 杨忆妍. 中国特色的汽车露营公园建设——以北京国际汽车露营公园为例[J]. 南方建筑，2013(6):73-76.

[132] 杨卓霖，常梦迪. 我国婚庆旅游发展存在问题及对策[J]. 经营管理者，2016(34):112.

[133] 叶明鸿. 中小会奖旅游企业“权变”经营策略分析[D].北京：北京第二外国语学院，2016.

[134] 尹玥，贾利. 国家森林公园森林旅游发展参与主体利益诉求分析[J]. 经济师，2017(8):30-31，36.

[135] 尹正江，李颜. 对海南乡村旅游发展模式的探讨[J]. 中国市场，2006(44):36-38.

[136] 于开锋，金颖若. 国内外森林旅游理论研究综述[J]. 林业经济问题，2007(4):380-384.

[137] 于洪润. 海南体育旅游目的地市场开发策略研究[D]. 海口：海南师范大学，2014.

[138] 于立新，孙根年. 宁夏六盘山森林公园的深层生态旅游开发模式[J]. 生态经济，2007(3):125-128，142.

[139] 余中元，毕华，赵志忠，等. 海南文化旅游资源特色与开发研究[J]. 农业现代化研究，2009，30(5):552-556.

[140] 俞斯桂，孙珊.从源头上认识邮轮经济[J].上海城市规划，2005(2):28- 29.

[141] 元旦旺久. 西藏体育旅游资源评价与开发研究[D]. 成都：西南交通大学，2015.

[142] 张国洪. 中国文化旅游:理论、战略、实践[M]. 天津：南开大学出版社，2001.

[143] 张红，郝庆智. 可替代性旅游在会奖旅游市场开发中的运用研究[J]. 旅游论坛，2009，2(5):752-755.

[144] 张建. 我国温泉旅游资源的开发与利用[J]. 资源开发与市场，2004，20(5):387-389.

[145] 张丽娜. 婚庆旅游市场细分化及营销策略分析[J]. 教育教学论坛，2015(51):197-199.

[146] 张言庆，马波，范英杰. 邮轮旅游产业经济特征、发展趋势及对中国的启示[J].北京第二外国语学院学报，2010(7).

[147] 张艳，张勇. 乡村文化与乡村旅游开发[J]. 经济地理，2007，27(3):509-512.

[148] 张志. 体育旅游开发研究[D]. 重庆：重庆师范大学，2005.

[149] 赵福祥. 丽江市会奖旅游资源现状及对策研究[J]. 商场现代化，2013，(28):143-144.

[150] 赵靖媛，马鹏，卢政营. 温泉旅游目的地形象、感知价值与游客忠诚度关

系——以辽宁省汤岗子为例[J]. 企业经济，2013，32(3):129–132.

[151] 赵亮. 露营地及其旅游产品开发初探[J]. 中山大学研究生学刊:自然科学、医学版，2008(2):95–104.

[152] 赵娜娜，李如跃. 三亚婚庆旅游产业发展研究[J]. 四川文理学院学报，2015，25(5):119–121.

[153] 郑斌，刘家明，杨兆萍. 基于“一站式体验”的文化旅游创意产业园区研究[J]. 旅游学刊，2008，23(9):49–53.

[154] 郑海燕，徐红罡，戴光全. 构建旅游目的地的文化旅游产品结构体系——以苏州为例[J]. 人文地理，2003，18(2):55–59.

[155] 郑群明，钟林生. 参与式乡村旅游开发模式探讨[J]. 旅游学刊，2004，19(4):33–37.

[156] 钟军. 海南文化旅游产业建设研究[D]. 武汉：中南大学，2011.

[157] 邹统钎. 中国乡村旅游发展模式研究——成都农家乐与北京民俗村的比较与对策分析[J]. 旅游学刊，2005，20(3):63–68.

[158] 邹统钎. 乡村旅游发展的围城效应与对策[J]. 旅游学刊，2006，21(3):8–9.